중국인쇄사 中國印刷史

색인

History of Chinese Printing

【五】

장수민張秀民 저 / 한기韓琦 증보

강영매姜姶妹 옮김

세창출판사

중국인쇄사 [五] 中國印刷史 – 색인

1판 1쇄 인쇄   2017년 11월 10일
1판 1쇄 발행   2017년 11월 15일

저 자 ㅣ 장수민張秀民(한기韓琦 증보)
옮긴이 ㅣ 강영매姜始妹
발행인 ㅣ 이방원
발행처 ㅣ 세창출판사
신고번호 ㅣ 제300-1990-63호
주소 ㅣ 서울 서대문구 경기대로 88 냉천빌딩 4층
전화 ㅣ (02) 723-8660   팩스 ㅣ (02) 720-4579
http://www.sechangpub.co.kr
e-mail: edit@sechangpub.co.kr
ISBN 978-89-8411-533-0 94910
        978-89-8411-528-6 (세트)

이 도서의 국립중앙도서관 출판예정도서목록(CIP)은 서지정보유통지원시스템 홈페이지
(http://seoji.nl.go.kr)와 국가자료공동목록시스템(http://www.nl.go.kr/kolisnet)에서
이용하실 수 있습니다.(CIP제어번호: CIP2017026105)

자서 自序

　　인쇄술·화약·나침판을 서양인들은 중국의 3대 발명품이라고 한다. 영국의 프랜시스 베이컨은 17세기에 이미 "이 세 가지 발명은 전 세계 사물의 면모와 상태를 모두 바꾸어 놓았으며 이로써 수많은 변화를 만들어 내었다. 인쇄술은 문학에서, 화약은 전쟁에서, 나침판은 항해에서 변화를 주었다. 역사상 어떠한 제국이나 종교 혹은 혁혁한 인물도 이 세 가지가 인류에 끼친 영향보다 더욱 많은 영향력을 주지는 못했다. 우리는 지금 확실히 이 발명품은 중국에서 왔다는 것을 알고 있다"고 말한 바 있다. 거기에 제지술을 더하여 중국의 4대발명이 되었고 인류사회를 위하여 위대한 공헌을 하였으니 더없이 커다란 영향을 주었다.

　　인쇄술은 "신성한 예술"이라고 하며 또한 "문명의 어머니"라고도 하니 그 중요성은 사람마다 모두 알고 있는 바와 같다. "아는 것이 힘이다"라고 하지만 그러나 힘의 원천의 하나는 바로 책에서 나온다. 셰익스피어는 "책은 전 인류의 영양품"이라고 하였는데 이 영양품은 작가가 창작한 정신적 산물이며 또 종이와 먹을 이용하여 인쇄한 물질적인 산물이다. 손중산 선생은 인쇄업을 몹시 중시하여 인쇄를 의·식·주·이동 네 가지와 더불어 생활에 필수적인 물질조건이라고 하여 똑같이 중시하였다. 인쇄품은 도서, 지폐, 신문, 각종 구매권 등으로 일상생활에서 없어서는 안 될 물건들이다. 인쇄업은 교육 문화영역으로부터 상공업으로까지 확대되어 각국의 중요한 산업

이 되었다.

7세기 당나라 초 정관貞觀 연간에 중국은 목판 인쇄를 발명하였으니 유럽보다 7백 년이나 빠른 시기다. 11세기에 북송 경력慶曆 연간에는 필승畢昇이 활자판을 발명하였으니 독일의 구텐베르크보다 4백 년이나 앞선다. 유럽에서는 활자인쇄를 채용한 후에 문예부흥이 일어났으며 과학문화가 비약적으로 발전하였으나 중국은 오히려 낙후되었다. 이는 명청 시기에 팔고문을 실행하여 관리를 뽑았기 때문에 지식분자들의 총명함과 지혜를 아무짝에도 필요 없는 팔고문에 쏟았기 때문이다. 또한 청나라의 강희·옹정·건륭 시기에 120여 차례의 문자옥文字獄이 있었기 때문이다. 학자들은 몸을 보전하기 위하여 부득이 고서더미 속에 묻혀 문자의 음훈만을 연구하니 청나라 초기의 고염무顧炎武가 제창한 경세치용과는 서로 다른 길을 걸었다. 사회에서는 무엇을 발명하거나 창조하는 것을 사악한 속임수나 보잘것없는 재주로 간주했기 때문에 도움을 받거나 발전시킬 수가 없었다. 이리하여 인쇄술도 별다른 진보가 없이 1300년간이나 줄곧 목판 인쇄 위주였다. 청대 각본刻本은 원·명의 각본에 미치지 못하고, 원·명판은 또 송 목판 자체字體의 아름다움, 종이와 먹의 우수함, 장정의 우아함에 미치지 못한다. 활자본은 본래 수량이 많지 않아 인쇄에서 그다음 지위를 차지한다. 목활자가 처음 나왔고 다음이 동활자인데 대부분 개인의 손에서 나왔다. 단지 강희 연간에 내부內府에서 동활자를 새겼고 건륭 시기에는 목활자를 만들었는데 조선의 여러 왕들이 동활자, 연활자, 철활자를 34차례나 주조한 것과는 아주 다르다. 19세기 아편전쟁 전후에 서양의 석인石印과 연인鉛印이 중국에 전래된 후에야 전통적인 목판과 목활자 인쇄는 점점 도태되었다.

중화인민공화국 성립 후에 중국의 인쇄업은 커다란 발전이 있었

지만 선진국가들에 비하면 아직 차이가 컸다. 이는 기술이 낙후되고, 책이 나오는 주기가 길며, 책 한 권이 수백 페이지나 되어서 다른 나라에서 1~2주일이면 출판이 되는 데 비하여 중국은 반년, 심지어는 2~3년이 소요되기 때문이다. 설사 진즉에 사진식자기를 들여왔다 해도 아직 널리 보급되지 못하였고 일반적으로 여전히 수공으로 식자를 하고 기꺼이 구식의 느리디 느린 인쇄기를 사용하고, 장정도 기계화되지 못하여 소위 '정장본'이라고 하면서도 전혀 정교하지 않다. 이런 것은 가장 먼저 인쇄술을 발명한 중국과는 걸맞지 않았다. 만일 결점을 고치려면 박차를 가하여 따라잡아야만 하는데 아직 관련 분야에서 결심하여 해결하기를 기다릴 뿐이다.

중국이 최초로 인쇄술을 발명했으니 이치대로라면 수많은 저서에서 이를 찬양하는 기록이 있어야 하는데 과거에 이 방면에 관한 전문서적이 별로 없었다. 근대 손육수孫毓修의 《중국조판원류고中國雕板源流考》는 지나치게 간략하고, 섭덕휘葉德輝의 《서림청화書林淸話》는 판본자료들만을 모아 편집했다. 미국 카터 교수의 《중국인쇄술의 발명과 서방 전파》가 출판되니 비로소 체계적인 전문서적이 나오게 되었다. 프랑스 폴 펠리오의 《중국인쇄술의 기원》이라는 책은 자료를 널리 풍부하게 인용했으니 학식은 비록 넓지만 요점을 파악하지는 못했다. 카터가 쓴 저서의 내용에 미치지 못한다. 인쇄술은 중국 고대 노동자의 중대한 발명임에도 인쇄사에 관한 저서는 외국인이 대신 썼으니 실로 부끄럽기 짝이 없다. 그리하여 내 자신의 분수를 모르고 모기가 산을 짊어지는 심정으로 《중국인쇄사》를 쓰고자 하였다.

처음에 나는 하문대학廈門大學(당시에 화교 진가경陳嘉庚 선생이 창립)에서 수학할 때 서안瑞安 출신 이립李笠(雁晴) 선생님의 깊은 깨우침을 받아서 도서목록학에 관해 흥미가 생겼다. 그래서 수업이 없을 때면

도서관(集美樓)의 서가로 달려가서 자유스럽게 책을 열람하였다. 판본목록과 관계있는 글 두 편을 발표했는데 이립 선생님이 이를 당시 북평도서관에 계신 서수徐水 출신 원동례袁同禮(守和) 부관장님께 보내었다. 원선생이 이를 보고 도서관 명의로 "신관(지금의 문진가文津街에 있는 북경도서관)이 낙성되어 사람이 필요하니 급히 상경하기 바랍니다"라는 편지를 보내왔다. 이리하여 졸업식에도 참가하지 못하고 북경도서관에 도착하니 1931년 7월 초의 일이다.

북경도서관은 역사가 유구하고 세계적으로 유명한 국가도서관이다. 그중 몇몇 인본印本에는 남송 황실의 '집희전緝熙殿', 원나라의 '국자감숭문각관서國子監崇文閣官書' '소흥부학관서紹興府學官書' '한림국사원관서翰林國史院官書'라고 적힌 커다란 주문인朱文印이 찍혀 있다. 기타 송, 금, 원의 목판본과 당나라 사람이 쓴 경전과 명청대의 정밀한 필사본 등은 모두 세상에 귀한 진품들이다. 신중국 성립 전에 장서의 총량은 145만 권이었다. 얼마 전에 이미 장서는 1천만 권을 초과하니 이제는 책이 많은 것이 걱정거리가 되어 신관을 건립할 필요가 있게 되었다. 내게 좋은 기회가 있어 이렇게 수많은 책이 있는 좋은 환경 속에서 장장 40년간이나 일할 수 있었다는 것은 정말 행운이라고 할 수 있다.

원동례 관장은 공공도서관으로서의 직능을 발휘했을 뿐만 아니라 동시에 도서관을 하나의 학술연구 기구로 하여 일련의 전문성을 갖춘 기구로 만들었다. 그리하여 유명 학자들인 서홍보徐鴻寶 · 섭위청葉渭淸 · 상달向達(覺明) · 왕중민王重民(友三) · 조만리趙萬里 · 사국정謝國禎(剛主) · 손해제孫楷弟(子書) · 하창군賀昌群(藏雲) · 유절劉節(子植) · 왕용王庸(以中) · 양계웅梁啓雄(述任, 양계초의 동생) · 담기양譚其驤(季龍) · 팽색단彭色丹 라마 · 우도천于道泉 선생 등 10여 명을 초빙하여 사학지리 · 판본 · 금석 · 문학 · 철학 및 만주어 · 티베트어 · 몽골어

등을 연구하도록 하였다. 이런 농후한 학술 분위기 속에서 자연스럽게 감화를 받고 절차탁마의 이로움을 얻게 되니 인쇄사를 쓰리라는 결심을 굳히게 되었다.

도서관에 들어온 후에는 도서편목팀에서 고서카드목록을 정리하였는데 책마다 반드시 책 내용, 서발序跋을 자세히 살피고 저자의 성명, 자와 호, 본관, 출생과 사망, 경력, 출판한 곳, 연대, 서적의 성질 등을 확실하게 하여 분류번호와 저자번호를 적어 넣었다. 후에 또 몇십 년간 '사승류史乘類'와 집부의 도서목록을 편집하였다. 인쇄사를 쓰기 위하여 판본인쇄에 관한 자료를 수집하는 데 주의를 기울였는데 당시 대부분 작은 쪽지에 기입했다가 작은 노트에 다시 썼는데 70권이었다. 그중에《송판서경안록宋板書經眼錄》과《송각공명록宋刻工名錄》각각 2책을 완성했다. 자료를 찾기 위하여 도서관에 소장된 송판본 355종과 잔존殘存《영락대전》2백여 책을 읽고, 명청 초고본을 읽고 제요 115종, 청대 집부 제요 85종, 명청 초고본의 간단한 목록 5백 종을 만들었다. 수십 년 동안 큰 서고에 있는 수천 종의 지방지·시문집·필기잡설 및 일문·서양판본 목록 도서를 보았다. 그러나 이는 큰 서고 중의 몇십 개 책장만을 보았을 뿐이다.

1937년 노구교전쟁이 발발하자 국가의 위급함을 느끼고 평소 작업했던 판본 목록은 그저 책속의 학문일 뿐 국가 흥망에 대해서 결코 실제적으로는 쓸모가 없음을 느끼게 되었다. 이리하여 결심을 내 팽개치고 생각을 바꾸어 안남사安南史를 연구하기 시작했다.

1952년 10월 도서관에서 중국인본서적전람회를 개최했다. 당시에 〈중국인쇄술의 발명 및 아시아 각국에 대한 영향〉이라는 글을《광명일보》에 발표하였고 후에《문물참고자료文物參考資料》에 전재되었다. 등충騰冲의 이인로李印老(根源, 印泉, 이희필 선생의 부친)의 과도한 칭찬을 듣게 되어 세상에 전해질 수 있었다. 이리하여 몇 년 동안

방치했던 판본목록을 다시 꺼내어 확충하여《중국인쇄술의 발명 및 그 영향》이라는 책이 완성되었다. 1958년 인민출판사에서 출판하였고 1978년에 재판을 내었다. 일본의 유명한 역사가이자 문학가인 간다 기이치로 박사가 이 책을 보고 "몹시 성실하고 진지한 좋은 책"이라고 하였으며 히로야마 히데노리[廣山秀則]에게 부탁하여 일어로 번역하도록 하니 1960년에 일본 교토에서 출판되었다. 일시에 일본, 소련, 미국 간행물에 모두 좋은 책이라고 소개되거나 보도되었다. 1977년 일본 야부우치 기요시(藪內淸) 교수가 카터의 책을 번역하고 주를 달았는데 나의 졸작과 졸문拙文을 대부분 인용했다. 이서화李書華 선생은 1962년에 홍콩에서《중국인쇄술 기원》이라는 책을 출판했는데 대부분 카터와 내 졸작의 내용을 인용하고는 따로따로 자세히 주석을 달았다. 1981년 6월 왕익王益 선생이《인쇄전선印刷戰線》에서 카터가 쓴 책을 좋은 책이라고 평가하고 필자의 졸작에 대해서도 "적지 않은 독창적 견해를 제기했고 수많은 가치가 있는 사료를 발굴하여 중국인쇄술 발명사를 연구한 가장 권위 있는 저작"이라고 평가하였다. 칭찬을 고맙게 생각하며 공연히 부끄러워 진땀을 흘릴 뿐이다. 어떤 대학 도서관학과에서는 이 책을 교재로 쓴다고 한다.

이전에 쓴《중국인쇄술의 발명과 그 영향》은 단지《중국인쇄사》의 첫머리와 결말 두 부분일 뿐이다. 그 내용의 주체는 당, 오대 이후에서 청말까지로 엉성하게 발표한 30편의 문장이다. 활자판 부분은 1963년에 중화서국에서《중국활자인쇄사화中國活字印刷史話》(《중국역사소총서》중의 하나)라는 제목으로 출판되었고 1979년에 재판 3쇄를 냈다. 겨우 1만여 자로 지나치게 간략하여 후에 5만 자로 확충하여 전문서적으로 하고자 사람을 청하여 원고 정서를 하고 또한 전체《중국인쇄사》를 기획하여 일찍이 탈고하였다.

'문화대혁명'이 일어나자 수십 년 동안 근검절약하여 모아 놓은 도

서간행물을 두 대의 삼륜차에 가득 실어서 부득이하게 사람에게 부탁하여 근으로 쳐서 팔아 버려 종이원료가 되었고 인쇄사와 월남사의 자료는 모두 손실되어 자연스럽게 다시는 집필할 수가 없게 되었다. 후에 호북성 함녕咸寧 문화부 57 간부학교로 하방下放되어 황량하고 습한 호수 곁의 작은 언덕 위에서 노동을 하며 약 1년여를 생활했다. 1971년 다행히 퇴직했다. 1931년부터 도서관에 근무하여 40년 머물렀던 제2의 고향인 북경을 떠나 절강성 승현嵊縣 입팔도廿八都 옛집으로 돌아왔다. 다행히 85세이신 노모가 건강하시고 나 역시 환갑을 넘기고도 어머니와 함께 있으니 기쁨이 배가되었다.

퇴직 후에 본래는 2, 3년 안에 인쇄사를 마무리하리라 마음먹었다. 그래서 비록 북경도서관, 북경사대, 난주대학, 남경대학, 항주대학의 강양부姜亮夫 교수 등이 수차 초청을 했지만 모두 집에서 어머니를 봉양한다는 이유를 들어 사절했다. 오직 자료를 찾거나 친구를 방문할 때만 복건으로 나갔다. 모교로 돌아와서 옛 친구 섭국경葉國慶 교수를 만나 집미集美로 가서 진가경 선생의 웅대한 묘지를 참배하였다. 천주泉州의 고찰인 개원사開元寺를 방문하여 송나라 때 복주판 장경잔본이 적지 않음을 보았다. 복주에 가서 옛 동창 포수당包樹棠(笠山) 교수와 함께 민왕사閩王祠에 가서 참배하고 비문을 베껴 왔다. 시내의 개원사는 송나라때 《대장大藏》을 판각했으나 지금은 이미 공장으로 변해 버렸다. 본래 송원명 이래로 출판중심이었던 건양마사와 숭화서방을 가보려고 했으나 길동무가 없어서 그만두었다.

1973년 영파 천일각에 갔다. 명나라 범흠의 천일각은 중국 내에서 유일하게 남아 있는 고대 개인 장서루이다. 구사빈丘嗣斌 · 낙조평駱兆平 선생과 함께 새로 접수된 대량의 도서 중에서 선본善本 고르는 작업을 했다. 50일 동안 천일각에서 심사하고 선정한 선본은 모두 168상자에서 21상자를 골라내었으니 한 상자당 평균 약 21종이었

다. 명나라 시기의 판본은 경창본經廠本·번부본藩府本·금릉본金陵本·건양방본建陽坊本·활자본 등이 있었다. 또 명청 필사본도 있었는데 수시로 기록하였다. 여요의 황종희는 강희 12년(1673)에 예외적으로 천일각에 올라가 책을 관람했다. 그 뒤를 이어 서건학徐乾學·만사동万斯同·전조망全祖望·전대흔錢大昕·완원阮元·설복성薛福成 등이 있었다. 나는 천일각 옆에 한 달 반 넘게 묵었는데, 때는 마침 황종희가 천일각에 올라간 지 3백 년이 되는 해였다. 1978년 11월, 다시 천일각에 올라갔다. 비록 선현의 미덕을 잇지는 못했지만 일생에서 만족할 만한 일이라고 할 수 있다.

1975년에 다시 북경으로 갔다. 매일 북경도서관에 가서 자료를 찾으며 두 달을 보냈다. 명나라의 무림 관묘재觀妙齋 판각본《상자商子》등 여덟 가지 책을 도서관에 기증했다.

1977년에는 상해도서관으로 자료를 찾으러 갔다. 고기잠顧起潛 관장님의 배려 덕분에 편하게 책을 열람할 수 있었다. 복단대학교에서 옛 친구 담계룡譚季龍을 만나 기쁘기 그지없었으나, 서안瑞安 이립 스승님이 몇 년 전 학교에서 돌아가셨다니 참으로 애석했다.

1979년 5월에는《중국지방지연합목록中國地方志聯合目錄》심사 요청을 받아 북경으로 갔다. 거기서 주사가朱士嘉·풍보림馮寶琳·양전순楊殿珣·장위봉蔣威鳳·오풍배吳豐培 등 동지들을 만났고 약 한 달간의 회의를 하였다. 회의가 끝난 후 문진가文津街의 북경도서관과 백림사柏林寺 분관에서 책을 보고 절강에는 9월 초에 돌아왔다.

1981년부터 1984년까지는 해마다 항주 절강도서관 서호 분관 고적부에 가서 열람하며 원고쓰기와 수정을 하였는데 삭제할 것은 삭제하고 또 덧붙이거나 빼면서 수차례 왕복하였다. 명 번부본藩府本의 경우 예닐곱 차례나 고쳐 썼다. 늙은 소가 낡은 마차를 끌듯이 진전은 아주 더디었고 계속 미루어져 근 10년이나 미루어졌다. 고향에

서 저술을 하자니 처음 몇 년간은 물자가 부족하여 몇 달 동안 고기 한 점 먹지를 못했다. 글을 쓸 때 가장 어려움은 시골에 참고할 만한 서적이 없다는 점이었다. 인명·지명사전조차 시내에 나가 빌려야 했다. 그리하여 일단 가지고 있던 노트 70권의 내용을 정리하였다. 고향집은 겨울에는 난방이 되지 않아 실내 온도가 영하 2, 3도까지 떨어져 그야말로 얼음집이 따로 없었다. 찬 공기가 뼛속까지 파고들어 손이 동상에 걸릴 정도였다. 여름에는 또 37, 38도를 오르내리는 폭염으로 등이 온통 땀으로 젖었다. 그럼에도 불구하고 글쓰기를 계속했다. 침식을 잊고 몰두하는 나를 본 어머니는 속이 타셨는지 여러 번 당부하셨다. "이 책 다 쓰고 나면 다시는 책 쓰지 말거라." 원래는 어머니 생전에 출간해 기쁨을 드리고 싶었지만 생각지도 않게 1983년 4월 7일 어머니께서 향년 97세로 세상을 떠나시니 아아! 그 슬픔을 말로 다할 수 없었다. 어머니 상을 마치고 다시 항주로 가서 이 책을 완성하였다.

이 책은 당·오대·송·요·금·서하·대리·원·명·청(태평천국 부가) 나라까지 차례대로 인쇄 개황을 논하였다. 중국인쇄사의 주요부분을 위해 이전에 쓴 《중국인쇄술의 발명과 그 영향》의 요점을 정리하여 이 책의 첫머리와 결말로 삼아 《중국인쇄사》라고 제목을 달았다. 이 책에서는 각 시기의 인쇄에 대하여 먼저 총론을 말하고 다음에 판각도서의 지역, 각종 관방과 개인의 각본刻本, 도서간행의 서방, 각본의 특색을 설명하였다. 다음에는 각 시대별 활자본을 논하였다. 또한 인본내용을 설명할때는 편리함을 위해 사부四部의 차례에 따르되 약간 변통을 하였다. 경부經部는 대부분 여러 경들을 해석하되 약간 개인철학을 덧붙였으니 한·송의 여러 분파는 번잡하여 그 중요한 것을 기록했다. 소학류는 문자의 훈고, 음운서 외에 계몽적인 도서를 부가하였다. 사부史部에서는 고사古史·정사 외에 다

양한 그 당대의 역사저작인 지방지, 등과록, 족보, 역서曆書 등을 논하였다. 자부子部는 고대 제자諸子 이외에 각 시대의 과학기술서, 의약서에 대해 상세하게 논술하여 옛것의 좋은 점을 현실에 이용할 수 있기를 갈망하였다. 집부集部에서는 송판 시문집을 상세히 설명하고 각 시대의 사곡 소설 및 총집을 약간 서술하였다. 종교서는 불교, 도장道藏 및 이슬람교, 천주교 기독교의 출판물을 서술하였다. 총서는 고금의 저작을 다루지 않은 것이 없으니 인본서가 중요부분을 이루며 사부의 뒤에 부가하였다. 한문 각본 이외에 소수민족 및 외국문자 인쇄도 다루었다. 각 시대의 말미에 관방과 개인 장서를 부가하였다.

송대 출판은 비교적 자유로웠으나 여러 차례 금지령이 있었다. 번부본은 명대의 특수한 것으로 비록 일찍이 주의를 기울인 사람이 있긴 했으나 완전하지 못했다. 명대 '제서制書'는 환관들이 출자하여 도서를 간행하였으니 다른 시대에는 없는 것이다. 국각본과 사가에서 교정간행한 총서는 청대의 특징이므로 서술을 더하였다. 아편전쟁 전후에 서양의 석인과 연인이 중국에 수입되어 도서는 석인으로 바뀌는 시대가 되었으므로 한문을 연자로 주조하는 경위를 서술하였다. 명나라 무석 화씨가 동활자로 인쇄를 한 것과 휘파 판화의 황씨 판각공들에 대하여 이전의 논술자들이 뒤죽박죽으로 말한 세계世系를 모두 고쳤다.

본서는 인본서 이외에 또한 각 시대의 신문과 지폐, 다염인茶鹽印, 인계印契, 세화 등의 인쇄품에 관해서도 서술하였다.

필사공, 각자공, 인쇄공, 제본공[1]은 인본서의 직접 생산자들인데 구

1_ 이 책에서는 제본으로 번역했다. 제본의 사전적 의미는 "낱장으로 된 인쇄물 따위를 실, 철사로 매거나 본드로 붙이고 표지와 함께 책으로 만듦"이라고 되어 있기 때문에 간혹 선장본을 말할 때는 장정도 사용했지만 대부분은 제본으로 번역했다.

시대에는 이들을 경시하였다. 이 책에서는 여러 방면으로 그들의 생활 사적과, 여성, 승려, 감생監生들이 글자를 새긴 일을 망라하였다.

인쇄물은 제본이 된 후에야 읽어 볼 수 있기 때문에 각 시대 제본의 변천도 약간 서술하였다.

인쇄 재료 중 특히 종이와 먹은 직접 서적의 질과 생산량에 영향을 준다. 송대에는 이미 양면에 인쇄할 수 있는 두꺼운 종이가 생산되었으며 어떤 것은 좀이 먹는 것도 방지하였다. 종이공장의 직공은 1200명까지 있는 곳도 있었다. 또 검은빛을 발하고 향기가 나는 향묵香墨을 생산해 낼 수 있었고 많은 사대부들 역시 먹을 제조하였으니 해마다 백 근에 이를 정도였다. 명대의 종이와 먹 역시 훌륭했으나 청대에는 쇠락하였다. 이런 실상에 관해 번잡함을 두려워하지 않고 모두 수록하였다.

나는 평생 다른 취미가 없이 그저 중국인쇄사와 안남사를 연구하였는데 나이 80에 가까워서야 비로소 《중국인쇄사》를 완성하게 되니 정말로 별 볼일 없는 사람이라고 할 수 있다.

이전에 고형림이 저서의 어려움을 "반드시 이전에는 없는 것이어야 하고 후세에는 없어서는 안 되며 후세를 위한 것이어야 한다"고 하였다. 이렇게 책을 엮는 것이 이 뜻에 부합하는지 모르겠다. 양임공梁王公 선생은 "문화재의 역사를 쓰기 위해서는 첫째 전문적이어야 하고, 둘째 욕심을 부리지 말 일이다. 만일 평생의 힘으로 한 가지 문화재의 역사를 쓰게 된다면 사학계에서는 불후의 가치가 있다"고 했다. 이 책의 가치 유무는 학자들의 검증을 기다릴 뿐이다. 이 책은 40~50년의 심혈을 기울였으나 글의 바다는 끝이 없는데 필자의 이론 수준이 낮고 학식은 적고 견문은 적어 오류가 반드시 많을 것이니 독자 여러분의 질정을 바라 마지 않는다.

나는 이 책을 이미 끝내고 나서 두 가지 희망이 있다. 필자는 20여

년 전에 《인쇄》라는 잡지에 역대의 아름다운 인쇄를 소개하며 송판 중의 구양순, 안진경, 류공근, 수금체, 혹은 원본 중에서 조맹부체(해서, 행서 2종)를 정선하여 동활자를 주조하여 독자들이 책을 펴기만 해도 눈이 즐겁고 미적 감각이 생겨나도록 하자고 건의한 적이 있다. 어찌하여 지금 사용하고 있는 횡경직중橫經直重(가로는 가늘고 세로는 굵은)의 네모난 인쇄체보다 더욱 아름다운 판면을 만들 수 없단 말인가? 또한 중국은 최초로 종이와 인쇄를 발명하였기 때문에 고대 필사본과 인본수의 생산량은 아주 풍부하다. 그러나 역대로 전란이 끊이질 않았으니 도서라고 어찌 여러 차례의 액운을 피할 수 있었단 말인가? 또한 문화혁명 기간에 '사구四舊'를 소탕한다고 하여 광범위하게 도서문물 손실이 너무나 많았으니 예부터 지금까지 없던 일이었다. 현재 당·오대의 인본은 기린이나 봉황처럼 희귀하다. 송판서는 가장 많은데 지금 국내외에 현존하는 서적은 1천 종쯤 되며 그 반은 잔질殘帙이거나 복본이다. 송대의 신문, 송·금의 화폐, 다염인은 이미 찾아볼 수가 없다. 송·원 목판서의 판본과, 명·청시기의 동활자, 연활자, 석활자 및 당시 조판했던 인쇄 공구들 역시 실물로 남아있는 것이 없다. 1959년에 독일 라이프치히 도서 전시회에 청대 상주의 목활자 한 판만을 보내었다. 당시 독일의 구텐베르크 인쇄박물관을 본떠 급히 중국인쇄박물관을 설립하여 종이, 먹, 붓, 벼루 등을 전시하는 분관을 만들고 고대의 수공업 생산에서부터 최근의 기계와 최신 과학기술까지 진열하는 것이 마땅하다는 의견을 제출했다. 그리하여 관람객들이 감성과 지식을 얻고 애국주의 교육을 진행하여 조상들이 발명한 위대한 창조물을 느끼게 하고 부국강병과 중화를 진작시켜서 인류에게 새로운 공헌을 할 수 있는 것이 사소한 희망이다.

　퇴직 후 집필기간에 나는 노모와 생활했는데 전부 큰 누이동생 장수영張秀英의 도움을 받았다. 10여 년간 엉성하게 인쇄사와 월남사

논문 10여 편을 발표하였고 그 명예에 기대어 다시 쓰기도 하였다. 2, 3년간 본서의 전체 원고 약 50만 자는 둘째 여동생 장전영張全瑛이 맡아서 정서해 주었다. 그중 얼마간은 한경韓慶·한녕韓寧 부자가 정서해 주었다. 남동생 장수요張秀銚와 생질 한기韓琦는 신문이나 잡지의 관련 있는 자료들을 알려 주었다. 또한 북경도서관 참고조參考組와 복사제본팀, 상해도서관, 절강성도서관 서호분관 고적부, 영파 천일각의 도움을 받아서 책을 빌리고 복제하는 데 편하도록 해 주었다. 장신부·고정룡(기잠)·주사가(용강)·백수이·호도정·이희필·풍보림·노공·최부장 선생 등 및 이미 고인이 된 시정용(봉생)·사국정(강주)은 서문을 써 주시거나 대작을 주시거나 자료를 베끼도록 해 주시거나 하여 적지 않은 도움을 받았다. 담기양 선생은 이전 작품이 재판되었을 때 "전체《중국인쇄사》가 하루빨리 출판되어 전체 중국문화사의 연구에 일부분 굳건한 토대를 만들기를 희망한다"고 하셨다. 또한 일본 간다 기이치로 선생 역시 편지를 보내와 이 원고에 대해 관심을 보였다. 반현모 선생은 미국에서 청대 납판《원문초轅門鈔》의 사진을 보내 주었다. 미국 국적인 전존훈 박사는 창피득 선생의《명대번각》자료를 복제하여 보내 주었고 또한 서문을 써 주시기까지 하였다. 스웨덴의 원 황실도서관에서 아시아 인쇄사를 연구하는 에즈런(S. Edgren) 선생은 1974년에 자신의 대작을 보내 주셨다. 올해 2월 항주에 오셔서 만나 뵙고 싶었는데 아쉽게도 설날이라서 나는 이미 항주에서 승현으로 왔기 때문에 뵙지 못해서 정말 유감이다. 이상 여러 선생님들이 졸작에 대해 관심과 도움을 주셨으니 감격스러워서 특히 이 자리를 빌려 그분들께 충심으로 감사의 마음을 드린다.

1984년 갑자 단오절에 승현 입팔도 고향집에서
장수민이 쓰니 이때 내 나이 77세다.

증보판 자서

나는 진가경 선생이 설립한 하문대학 국학과에 진학한 후 서안 이 안청 스승의 지도를 받아 판본 목록학을 좋아하게 되었다. 1931년 대학을 졸업한 후에 북평도서관(지금의 국가도서관)에 들어가 고서 카드 및 서본목록 편집을 10여 년간 하였으며 판본인쇄에 관한 자료를 수집하였다. 1958년 졸저 《중국인쇄술의 발명과 그 영향》을 출판하였는데 일본의 유명한 사학가인 간다 기이치로[神田喜一郎] 박사가 이를 보고 "몹시 성실하고 진지한 좋은 책"이라고 평가해 주시고 히로야마 히데노리[廣山秀則]에게 부탁하여 일어로 번역하도록 하니 1960년에 일본 교토에서 출판되었다. 왕익王益 선생은 "이 책은 국제적으로 아주 영향력 있는 책으로 카터의 부족함을 메꿀 수 있는 권위적인 학술저작"이라고 하셨다. 인민출판사와 대만의 문사철출판사에서 두 번 출판되었다. 이후에 또 《활자인쇄사화》(중화서국, 1963년) · 《장수민인쇄사논문집》(인쇄공업출판사, 1988년) 등을 출판하였다.

1984년 전체 《중국인쇄사》원고 64만 자를 상해 인민출판사로 보냈다. 1987년 초교본이 나왔는데 중국인쇄기술협회에서 수여하는 필승상畢昇賞과 일본 모리사와 노부오[森澤信夫]상을 수상했다. 1989년에 정식으로 출판된 후 또 전국과학기술사 우수도서명예상을 수상하였고, 제4회 중국도서상 2등상과 화동지구도서 1등상을 받았다. 국내외의 학자들의 예상치 못한 명예를 받았다. 옛 친구 담기양은 "대작의 내용이 풍부하고 상세하니 지금까지 누구도 해본 적이

없음은 물론이고 또한 후세인들도 넘기 어려울 것입니다"고 했다. 미국의 전존훈 교수는 편지에 "대작의 자료의 풍부함, 내용의 충실함이 있고, 분석이 자세하고 분명하며 견해가 독창적이니 저의 졸렬한 서序이지만 확실히 헛되지 않습니다"고 했다. 사수청史樹青 선생도 편지를 보내 "이 책은 인쇄사 연구에 있어 공전에 없던 거작입니다"고 했다. 스웨덴의 중국인쇄사 연구자인 에즈런 선생은 미국에서 편지를 보내 "이 대작이 드디어 출판을 하게 되어 전 정말로 기쁩니다. 이는 선생의 중국인쇄사에 대한 중대한 공헌입니다"라고 했다. 《중화공상시보中華工商時報》(1994.1.8.)에서는 이 책을 "절대로 엉터리로 대중에 영합하여 호감을 살 만한 것을 볼 수 없으며, 졸속으로 대강대강 끝낸 곳도 찾아볼 수 없다. 이런 책을 읽는다는 것은 마치 지식의 보고를 마주한 것 같으니 순식간에 많은 것을 얻을 수 있어 한 글자, 한 글자 제마다의 분량을 갖고 있다"라고 평하였다. 이 외에도 오도정, 주가렴 두 선생은 《북경일보》(1990.10.1.), 잡지 《독서》(1991. 제8기) 및 미국 《동아도서관 100기 기념특집》에 모두 이와 같은 호평을 해 주었다.[2] 이상 여러 칭찬은 과장됨이 지나치니 부끄러워 진땀이 나오는 것을 이길 수가 없다.

이 책의 출판에 대해서 "일본 인쇄업 전문가들은 몹시 기뻐하며 그치지 않고 칭찬을 하고 있으니 우수한 작품임을 찬미하여 마지않는다"[3]고 하였다.

일본 요코하마 사토[佐藤] 활자연구소의 고미야마 히로시[小宮山博史] 선생은 책을 본 후에 승현의 입팔도를 방문한다고 하여 여러 차례 사양하였다가 1993년 봄에 항주 서호에서 만나 뵈었다. 고미야마 히

2_ Bulletin of East Asian Libraries. 《미국 동아도서관 100기 기념특집》 허휘許暉의 〈사부 최신의 중국인쇄사평론〉.
3_ 오건문, 〈중국인쇄사학의 새로운 글〉, 상해 《인쇄잡지》 참조, 1990. 제1기.

로시 선생 부부, 오가와 데루미[大川光美], 기다 겐[木田元], 가와무라 사부로[川村三郎] 선생과 중국인 통역사, 미국인 사진기사를 데리고 일곱 분이 특별히 항주로 와서 만남의 시간을 가졌다. 3월 24, 25일 이틀간 샹그릴라 호텔에서 만났다. 그들은 목판본과 팔자판 등 인쇄사 방면에 관하여 수많은 문제를 말하였다. 본래 아는 것은 안다 하고, 모르는 것은 모른다고 하는 원칙 하에 일일이 대답을 하였다. 그들은 일본에서 졸저 두 부를 가지고 와 사인을 청하였고, 또 일본 헤이세이[平成] 4년(1992)에 새롭게 출판한 《세이가토[靜嘉堂]문고 송원판도록, 해제편》을 선물로 주었다.

이 책은 위아래 1천3백여 년의 도서 수천 종을 다루었다. 나는 이 《중국인쇄사》에 비록 40~50년의 심혈을 기울였지만 재주가 부족하고 학식이 미천하여 스스로도 틀린 곳이 많다는 것을 알고 있으니 출판사의 초교를 거치고 나도 친히 2교와 3교를 보고, 또 생질 한기에게 재교를 보라고 하였다. 글자수가 너무 많아 여전히 틀린 글자와 잘못된 문장을 80여 곳이나 찾아내고 동시에 적지 않은 결함을 발견하게 되어 수정증보가 필요하다고 생각하였다.

나의 어린 생질 한기 박사는 명청시대의 중서과학과 문화교류사를 연구하는 데 폭넓게 외국의 원시자료를 이용하여 근년에 인쇄사 방면에 관한 문장 10여 편을 발표하였다. 청대의 납판인쇄와 서양의 동판인쇄의 전래, 만청 석인술의 전래와 흥망성쇠, 19세기 중문연활자(병합활자, 혹은 첩적疊積활자, 첩접疊接활자라고도 함)의 전파 및 북송 말 등숙鄧肅 문집중의 필승 활자인쇄에 관한 기록은 《중국인쇄사》의 부족함을 메꿀 수 있었다. 한기는 중국인쇄술과 유럽, 필리핀과의 관계에 대한 것과 활자인쇄의 몇 가지 문제점, 서하 활자, 위그르문 목활자 등의 내용 역시 이 책 속에(약 8만 자) 보충하여 넣었다. 또한 온갖 마음을 다하여 중국인쇄사 연구에 관한 논저목록(약 4만 자)을 정

리하였고 또한 근 3백 편에 달하는 도편을 새롭게 넣어 이 책을 더욱 광채가 나게 하였다. 동시에 내가 썼던 "송각공의 도서간행표," "활자본 형식과 내용," "활자본목록" 등을 보충하여 넣었고 부분적으로 개정하거나 보충한 것도 있다. 예를 들면 청대의 불산, 천주, 산서, 섬서 등의 도서 간행, 명나라 호주의 투인, 원명청의 서원본, 티베트어《대장경》은 혹은 길게 혹은 짧게 근 1백여 곳을 새롭게 보충하니 약 7만여 자가 되었다. 이 책은 이번에 개정과 보충을 거쳐서 부분내용이 충실하게 되었고 또 잘못을 교정하였다. 그러나 학문의 바다는 끝이 없고 필자의 학술 수준은 한계가 있으며 근자에는 또 시골에 칩거하여 보고 들은 바가 없어 책 속의 잘못과 결루缺漏된 곳이 있을 터이니 여전히 두려움을 피할 수가 없다. 독자 여러분의 지도편달을 간절히 바라 마지않는다. 이 책이 출판될 수 있었던 것은 전적으로 절강 고적출판사와 서충량徐忠良 선생의 전폭적인 지지에 의해 가능하였다. 특별히 충심으로 감사드린다.

2004년 승주 첨산 입팔도 고향집에서
장수민이 쓰니 내 나이 97세다.

일러두기

❶ 한자는 한글 독음 바로 옆에 병기하였으며 여러 번 나올 경우 맨 처음만 표기하는 것을 원칙으로 했으나 필요할 경우에는 재차 병기하였다.

❷ 역주는 각주로 처리하였으며 표시는 1_, 2_, 3_으로 하였다.

❸ 원문의 주는 미주로 처리하였으며 표시는 [1] [2] [3]으로 하였다.

❹ 연호 다음 ( ) 속의 연도에는 '년'자를 표기하지 않았다.

　　예) 정관 3년(929)

❺ 원문에는 인명 후 사망연대만 나왔으므로 가능한 생존연대를 첨가하였다.

　　예) 주후엽(朱厚燁, 1498~1556)

❻ 발음상 같지 않으나 한자를 병기해야 할 경우는 [ ] 표시로 하였다.

　　예) 남방에서 생산된 종이[南方紙]

❼ 연도는 물결표시 사용

　　예) 1115~1234

❽ 본문 안의 ( )의 설명의 종결어미는 명사형으로 하였다.

❾ 행정구역을 나타낼 경우는 '수도'를 사용하였고 일반적인 경우는 '서울'을 사용하였다.

　　예) '이라크 수도 바그다드' '당나라 수도 장안'

　　　 '서울 사람' '서울로 갔다' '서울의 봄' 등

❿ 원서에 나라와 연호가 함께 나오는 경우는 다음과 같이 했다.

　　예) 淸乾隆-청 건륭, 明萬曆-명 만력

⓫ 원서에 나라와 황제가 함께 나오는 경우는 다음과 같이 했다.

　　예) 唐太宗-당 태종, 宋英宗-송 영종

⓬ 원서에 나라와 이름이 함께 나오는 경우는 다음과 같이 했다.

　　예) 唐范攄-당나라 범터, 宋熊禾-송나라 웅화

이와 같이 한 이유는 唐范攄와 唐愼微의 경우, 앞은 당나라의 범터范攄(인명)이고 뒤는 당신미 자체가 이름이므로 반드시 구별해야 이해하기 쉽기 때문이다. 또한 앞의 ❿, ⓫의 예와 구별하기 위해서다. 그렇지 않으면 元費著, 明周山 등은 그냥 이름으로 오해하기 쉽다. 이런 경우가 많지만 몇 가지 예를 들어 보면 다음과 같다. 宋王明淸(송나라 왕명청), 元吳澄(원나라 오징), 宋王存(송나라 왕존), 元危素(원나라 위소), 明周山(명나라 주산), 晉王叔和(진나라 왕숙화), 元費著(원나라 비저), 宋玉讚(송나라 옥당), 宋馬令(송나라 마령), 元虞集(원나라 우집) 등등이다. 원칙으로 한다면 '당나라의 범터'처럼 해야 하나 '당나라 범터'식으로 통일했다.

⓭ 인명과 지명은 한자독음을 원칙으로 했지만 이미 습관이 된 이민족의 이름이나 지명은 습관대로 썼다. 익숙하지 않은 경우는 한글 옆에 [ ] 표시를 하여 한자를 병기했다. 또한 잘 모르는 경우는 몽골어나 만주어 등 원어를 알 수 없어 부득이하게 한자독음을 사용했다.

예) 칭기즈칸, 쿠빌라이, 누루하치, 파스파, 숭첸감포[松贊干布]—인명

　　라싸 쿠차 등—지명

⓮ 원서에 朝鮮이라고 한 경우도 조선시대를 말한 경우는 조선이지만 현재를 말한 경우는 모두 한국으로 번역했다.

예) '조선의 서적이 일본으로 전해졌다', 朝鮮海印寺—한국 해인사,

⓯ 인명과 책명에 일일이 주석을 달지 않았지만 沙圖穆蘇처럼 사람인지 어떤지 알기 어렵거나 또는 내용상 더욱 명확한 설명이 필요할 경우에는 주석을 달았다.

⓰ 일본 인명은 일본음으로 쓰고 최대한 주를 달았다.

예) 간다 기이치로[神田喜一郎]

⓱ 비슷한 의미로 쓰인 용어들은 일률적으로 통일하지 않고 내용에 적절하도록 번역했다. 예컨대 새기다, 판각하다는 뜻으로는 刻, 鐫, 鋟版, 刓劂, 雕鏤, 雕版, 刊刻이 나온다. 더 넓은 의비인 출판하다는 의미로 보면 여기에 刊, 印 등까지 포함된다. 원서의 뜻을 존중해 최대한 나누어 표현하고자 했지만 한글 표현상 그럴 수 없었다. 그러나 刻은 주로 새기다, 판각하다, 刊은 간행하다, 印은 인쇄하다 등으로 나누었다. 그러나 印本은 인쇄본으로 하지 않고 인본으로 했다. 고서에서 보통 明印本, 元印本이라고 하

지 명인쇄본, 원인쇄본이라고는 하지 않기 때문이다.

⓳ 역사적으로 굳어진 용어는 그대로 썼다.

　예) 靖康之亂—정강의 난, 土木之變—토목의 변,

⓳ 본문 ( )의 내용은 대체적으로 원저자의 설명이다.

　예) 천복 15년(950, 원래는 기유己酉년으로 되어 있는데 경술庚戌의 오기임)

⓴ 표기사항

　《　》 서명

　〈　〉 편명, 시 제목, 서명 외의 고유 명사

　"　" 인용문

　'　' 강조 부분

　《~·~》 서명과 편명이 함께 있는 경우

㉑ 역주의 많은 부분은 중국어 사이트인 www.baidu.com과 일본어 사이트

　인 www.yahoo.co.jp에서 자료를 찾았다.

목 차

인명 색인 / 1895

도서 색인 / 1996

일반 색인 / 2147

총 목차

一卷

제1장 | 목판 인쇄술의 발명과 발전

❀ 머리말

❀ 목판 인쇄술의 발명

❀ 목판 인쇄의 발전

당대(618~907): 목판 인쇄의 시작과 흥기
오대(907~960): 감본과 촉·오월의 인쇄
송대(960~1279): 목판 인쇄의 황금시대
요대(916~1125): 《거란장》의 판각
금대(1115~1234): 감본과 불장·도장의 목판 인쇄
서하(1038~1227)
대리(937~1253)
원대(1271~1368): 도서 간행의 쇠락

二卷

명대(1368~1644): 도서 간행의 재흥기
청대(1644~1911): 각종 인쇄의 흥망성쇠
태평천국(1851~1864)의 도서간행

제2장 | 활자인쇄술의 발명과 발전

제3장 | 역대 필사공·각자공·인쇄공의 생활과 생애

제4장 | 아시아 각국과 아프리카·유럽에 미친 중국인쇄술의 영향

四卷

부 록

五卷

색 인

동양 인명 색인

ㄱ

가거賈琚 1674
가규賈逵 1080
가노柯輅 1362
가단賈端 1674
가단인賈端仁 1674
가도賈島 228, 437
가목양嘉木様 1717
가문柯文 1669
가방賈芳 1846
가보위賈步緯 1109
가사협賈思勰 390
가성지家誠之 233
가영賈詠 1283
가와다 히사나가[川田久長] 1031
가유기柯維騏 604
가의賈義 1674
가조賈祚 1687

가진賈眞 1674
가창조賈昌朝 143, 190, 1677
간다 키이치로[神田喜一郎] 50, 385, 1756, 1877
갈립방葛立方 243, 254
갈문葛文 1680, 1689
갈우지葛祐之 259
갈원葛元 1680
갈장경葛長庚 515
갈진葛珍 1680
갈해葛楷 1680
갈홍葛洪 246, 726
감정甘正 1687
감존甘存 1636
감진鑒眞 1552
강고江皐 1688
강공보姜公輔 1853
강기姜夔 247, 249
강대형江大亨 1641, 1689
강도江度 1690

강량江亮　　　　1642, 1689

강릉江陵　　　　1642

강리노노康里巙巙　485

강린康麟　　　　738

강문姜文　　　　1691

강보江甫　　　　1506

강보주姜輔周　　1504

강성強晟　　　　1750

강성江聲　　　1109, 1144

강소우江少虞　　217

강수江受　　　　1687

강수평康壽平　　254

강신영姜宸英　　1466

강안江安 부씨傅氏　1154

강언江彦　　　　1642

강엄江淹　　　　223

강여순強汝詢　　1442

강영江榮　　　　1689

강영江永　1079, 1081, 1091, 1108

강원문江元文　　1517

강위장康爲章　　392

강유위康有爲　　1102, 1168

강음江陰　　　　127

강일승江日升　　1446

강재江才　1642, 1689, 1692

강전江佃　　　　253

강전江全　　　　1690

강정江政　　　　1642

강준江俊　　　　1642

강즙江楫　　　　1689

강지원江之源　　810

강천江泉　　　　1642

강철江喆　　　　1113

강청江清　　　　1642

강탄江坦　　　　1642

강태康泰　　　　321

강태江太　　　　1642

강통江通　　　1642, 1690

강한江漢　　　1688, 1692

강화江華　　　　1642

강회江淮　　　　1688

강휘江輝　　　　1690

거간居簡　　248, 280, 1674

계혜사揭傒斯　　484

경년景年　　　　1690

경덕진景德眞　116, 117, 391, 480, 609, 910, 919, 933, 1325

경생景生　　　　1690

경여기耿如杞　　1466

계대季大　　　　1688

계복桂馥　　　1081, 1472

계본季本　　　　770

계서揆敍　　　　1144

계승季升　　　　1664

계유공計有功　　254

계육기計六奇　　1446

계자량季子良	1519	고문진高文進	1485
계진의季振宜	1152	고문호高文虎	358
계청季淸	1664	고미야마 히로시[小宮山博史]	1621, 1886
계추화季秋華	1886		
고겸顧廉	1507	고반룡高攀龍	785
고경高庚	1687	고방顧滂	1675
고경화高慶和	564	고보형高保衡	266
고계高桂	1621, 1676	고복딩顧福棠	1456
고고高杲	1451	고봉지高鳳池	1078
고공高拱	770	고사기高士奇	79, 714
고공건高拱乾	1088	고사손高似孫	156, 252, 256, 261, 358, 362, 390, 1364, 1365, 1451, 1458, 1747
고관광顧觀光	1108		
고광기顧廣圻	319, 1105		
고극공高克恭	485, 1124	고선高宣	1687
고극명高克明	285	고선지高仙芝	1538
고기원顧起元	895, 1750	고성장顧成章	1442
고달顧達	1675	고수顧修	1105, 1455
고대문顧大文	948	고수高秀	1685
고동고顧楝高	1079	고수암顧秀岩	898
고동헌高桐軒	1174	고수연高樹然	1441
고량顧亮	745, 746, 1281	고순顧淳	1443
고량高諒	1687	고순顧純	1517
고렴高濂	43, 44, 326, 327, 810, 1750	고승高承	1746
		고승연高承埏	886
고류사高類思	1010	고식顧植	1507
고명봉高鳴鳳	807	고악高鶚	1099
고문高文	1675, 1687, 1691	고안高安	1616, 1675
고문정高文定	1616, 1675	고안국高安國	1676

고안녕高安寧　　　　　1616, 1675

고안도高安道　　　　　　　1676

고안례高安禮　　　　　　　1675

고안부高安富　　　　　　　1676

고야왕顧野王　　　　　69, 191

고언高彦　　　　　1676, 1685

고염무顧炎武　917, 1079, 1081,
　1084, 1093, 1107, 1152, 1361,
　1389, 1422, 1443, 1449

고영高榮　　　　　　　　1676

고왕경高王經　　　　　　　449

고우高郵　　　　　　　　1638

고우성高友成　　　　　　1675

고욱顧煜　　　　　　　　786

고원경顧元慶　　　　　　1286

고유高儒　　　791, 886, 1750

고응상顧應祥　　　　　　809

고이高異　1676, 1684, 1687, 1691

고이례高二禮　　　1616, 1675

고이전庫爾纏　　　　　　1130

고인顧諲　　　　　　　　1688

고인高寅　　　　1687, 1691

고자강顧子剛　　　　　1857

고적高適　　　　　　　　224

고정高定　　　　1616, 1676

고정림顧亭林　633, 1751, 1879

고조우顧祖禹　1084, 1362, 1449

고종덕顧從德　　1284, 1456

고종회高從誨　　　　　　110

고준高俊　　　　1676, 1685

고준高峻　　　　　　　　137

고중高中　　　　　　　　1675

고지규顧之逵　　　　　1152

고징顧澄　　　　　　　　1675

고충顧忠　　　　　　　　1675

고토 스에오[后藤末雄]　39, 40

고헌성顧憲成　　　　　　785

고호高琥　　　　　　　　254

고환顧櫰　　　　　　　1504

곡응태谷應泰　　1365, 1445

곡중谷仲　　　　　　　1692

공괴鞏槐　　　　　　　1504

공단례龔端禮　　　　　1499

공단조龔端朝　　　　　　202

공련龔輦　　　　　　　　754

공명지龔明之　　　　　1449

공문중孔文仲　　　　　　234

공민龔旻　　　　　　　1679

공방록龔邦錄　　　　　　624

공보功甫　　　　　　　1620

공상임孔尚任　　918, 1100

공성龔成　　　　　　　1686

공소산龔紹山　　　　　　32

공습龔襲　　　　　　　1691

공시龔柴　　　　　　　1086

공영달孔穎達　69, 131, 432

공우龔友	1691
공원조孔元措	434
공이정龔頤正	169, 352
공자孔子	11, 103, 1083
공자진龔自珍	1094
공전孔傳	160, 202, 217
공정현龔廷賢	44
공종한孔宗翰	202
공진鞏珍	780
공행성龔行成	1686
공현증龔顯曾	1279, 1294, 1362, 1382, 1383, 1393, 1420, 1459
과공진戈公振	1163, 1753, 1769
과정훈過庭訓	776
곽가郭可	1674
곽강郭康	1687
곽경郭敬	1675
곽계郭嵠	88, 1478
곽기郭淇	1675
곽돈郭惇	1675, 1686
곽말약郭沫若	1851
곽명여郭明如	435
곽무정郭武定	791
곽무천郭茂倩	1635
곽문郭文	1674
곽문량郭文良	1674
곽미거郭味蕖	1754
곽방녕郭邦寧	1504
곽삼경郭森卿	231
곽상규郭相奎	1284, 1444
곽상정郭祥正	239, 1677
곽성郭成	1502
곽세창郭世昌	1689
곽소오郭小五	1674
곽소육郭小六	1674
곽송도郭松燾	1086
곽수경郭守敬	484, 520
곽순郭淳	1675
곽실郭實	1674
곽심郭諶	747
곽약허郭若虛	215, 1747
곽여郭璵	1675
곽원郭願	18
곽윤도郭允蹈	727
곽자장郭子章	687, 784, 811
곽중郭仲	1674
곽지미郭之美	209
곽지학郭志學	1504
곽천민郭天民	1508
곽포郭浦	1496
곽훈郭勳	636, 1725
곽흥郭興	1675
곽희郭喜	1687
관선官先	1665
관시민管時敏	724
관안官安	1689

관연분管延芬 1752
관연지管延枝 705
관운석貫雲石 485
관인官仁 1664
관중管仲 214
관지官至 1691
관진택關振澤 1851
관치管致 1691
관치원管致遠 1691
관칠關七 1527
관태官太 1665
관하환管賀梡 80
관한경關漢卿 484, 495, 518
관휴貫休 106, 231
광례光禮 1636
광류廣劉 1625
광번鄺璠 810
광초廣超 1497
광택왕光澤王 731
교세녕喬世寧 693, 784
교세정喬世定 693
교우喬宇 1296
구가행邱可行 564
구거裘擧 1681
구광정邱光庭 1365, 1455
구구사瞿九思 774
구대유邱大猷 1443
구립丘立 1634

구문丘文 1634, 1684, 1691
구붕仇鵬 1507
구사빈丘嗣斌 1853
구소기瞿紹基 1154
구수丘受 1634
구심여邱心如 1096
구안瞿顔 1684
구양경무歐陽竟無 1118
구양문충공歐陽文忠公 1461
구양민歐陽忞 204, 1482, 1674
구양수歐陽修 78, 123, 127, 159,
  194, 197, 210, 234, 290, 380,
  387, 434, 437, 1094, 1628,
  1629, 1746, 1747, 1884
구양순歐陽詢 55, 1459
구양철歐陽澈 242
구양현歐陽玄 521, 1275
구영丘永 1634
구와바라 지츠조[桑原騭藏] 50
구우瞿佑 793
구이재仇以才 870
구재丘才 1634, 1691
구적丘迪 1687
구전丘甸 1686
구종석寇宗奭 274, 315, 525, 1631
구준丘濬 604, 774, 785, 789,
  1861
구준寇準 231

구진丘臻 1684

구창寇昌 443

구평寇平 868

구헌방裵憲邦 1838

국보國寶 1620

국전國詮 1492

굴대균屈大均 948, 1093

굴만리屈萬里 1755

굴아앙屈亞昻 1017, 1018, 1128, 1530, 1531, 1533, 1580

굴아희屈亞熙 1531

궁성弓成 1625, 1690

궁우弓友 1691

권덕여權德輿 225

권사진權司辰 1495

귀유광歸有光 789, 812

극안郄安 1484, 1618, 1669

기숙영冀淑英 1505

기승업祁承㸁 886

기윤紀昀 1093, 1099, 1152, 1753

길용吉用 443

길지吉贄 443

김각金桷 1668

김간金簡 1348, 1350, 1354, 1410, 1826

김규金珪 1690

김농金農 1144

김대유金大有 1668

김돈金敦 1668

김동심金冬心 1188

김량金梁 1000, 1001

김무金茂 1685, 1692

김무상金武祥 938, 1752

김문전金文田 1448

김문조金門詔 432

김상언金常彦 438

김선金宣 1668

김소金紹 1490

김숭金嵩 1668, 1691

김숭겸金崇謙 1466

김승金升 1668

김승金昇 1668, 1688

김식金埴 1323

김언金彦 1668, 1688

김영金榮 1668, 1687, 1691

김영金永 1668

김유목金幼孜 789

김육金六 1558

김육불金毓黻 1849

김자金滋 1668, 1687, 1692

김제金梯 255

김조金祖 1687, 1691

김종직金宗直 1263, 1264, 1542, 1547

김중金仲 1668

김진金震 1687

김천주金天柱 1125

김춘순金春順 1175

김택金澤 1668

김화金華 1685

김화진金化珍 255

ㄴ

나가사와 키쿠야[長澤規矩也] 76, 1482, 1499, 1500, 1614, 1622, 1756

나관중羅貫中 605, 792

나기羅頎 93

나대경羅大經 1246, 1286, 1458

나륜羅倫 604, 770, 789

나명견羅明堅 835

나벽羅璧 335

나사림羅士琳 1108

나세요羅世瑤 1113

나세창羅世昌 477

나송창羅松窗 1097

나수보羅樹寶 1886

나염암羅念庵 683

나영羅榮 1666

나원羅愿 659

나월羅樾 353

나유羅裕 1666

나은羅隱 96, 230

나이토 도라지로[內藤虎次郎] 1550

나일경羅日褧 780

나정羅定 1666

나종언羅從彦 242, 515

나진옥羅振玉 1154

나충羅忠 1690

나카야마 큐시로[中山久四郎] 1756

나포장갈이상목차羅布藏噶爾桑木磋 1120

나학붕羅學鵬 931

나홍선羅洪先 780

나흔羅欣 687

나흠순羅欽順 785

낙돈駱惇 1671

낙량駱良 1671

낙보駱寶 1671

낙상현駱象賢 1466

낙선駱善 1671

낙승駱昇 1671

낙원駱元 1671

낙정駱正 1671

낙조평駱兆平 1853

낙천양駱天驤 511

남궁정일南宮靖一 731

남대례藍大禮 1505

남윤藍允 1691

남포藍浦 1111

남현조男顯祖 530

납란성덕納蘭性德 1079, 1094,

1103

낭세녕郎世寧	1004
낭송郎松	1685
낭엽郎曄	201
낭영郎瑛	790, 1750
내현迺賢	1365, 1454
노개삼盧開三	1684
노계순勞啟恂	1453, 1454
노관盧寬	1516
노구고魯九皐	1752
노노盧老	1615, 1635, 1689
노류盧柳	255
노문초盧文弨	1079, 1105, 1379, 1381, 1518
노사신盧思愼	1756
노상승盧象升	1466
노숭광勞崇光	1454
노시魯時	1681
노신魯迅	791
노온서路溫舒	6
노자老子	105, 106, 1090
노적盧適	1689
노절盧浙	1454
노조盧肇	229
노중례盧仲禮	1541
노중현路仲顯	437
노지盧址	1153
노한勞韓	15
노항路航	88
노홍盧洪	1689
노홍휴路鴻休	1448
녹주綠珠	430
뇌례雷禮	776
뇌림雷琳	1752
뇌명춘雷鳴春	739
뇌언우賴彦于	1755
뇌연미雷延美	1478, 1485
뇌준耒濬	784
누근婁謹	1685, 1690
누근樓僅	1681
누근樓謹	1690
누련樓璉	1505
누약樓鑰	245
능두약凌杜若	758
능몽초凌濛初	654, 758, 794
능성덕凌性德	758
능양조凌楊藻	932
능여형凌汝亨	755
능연희凌延喜	758
능영초凌瀛初	755, 758
능운한凌雲翰	495
능유남凌毓楠	758
능장凌璋	1671
능종凌宗	1671, 1687, 1692
능지凌志	1453
능징초凌澄初	758

능치륭凌稚隆 787

능현주凌玄洲 758

능홍헌凌弘憲 758

니이다 노보루[仁井田陞] 1756

ㄷ

단극기段克己 519

단대사端大師 1485

단방端方 1089

단성기段成己 519

단성식段成式 1584

단옥재段玉裁 1081

단옹段顒 88

단조단段朝端 1399

단창무段昌武 353

단화예段和譽 479

단휘段輝 1506

달문성공해達文成公海 1130

달해達海 1131

담계룡譚季龍 1855

담기양譚其驤 1844, 1846, 1876, 1881

담륜譚綸 775

담병譚柄 1686

담신가譚新嘉 1844, 1846

담약수湛若水 770, 785

담언譚彦 1691

담언재譚彦才 1691

담영譚瑩 1110

담처단譚處端 451

담초譚峭 729

담헌譚獻 944

당감唐鑒 1083

당견唐甄 1091

당겸唐謙 625

당경唐庚 134, 240, 1463, 1627

당경唐慶 1672

당계唐溪 1409

당금唐錦 1297, 1315, 1750

당병균唐秉鈞 1111

당소교唐少橋 866

당순지唐順之 608, 787, 789, 886

당신미唐愼微 274, 442, 491, 525, 725

당언唐彦 1672

당용唐用 1672

당윤唐尹 1504

당인唐寅 786

당재唐才 1672

당주唐周 1507

당중우唐仲友 121, 205, 211, 226, 356, 397, 1487, 1491, 1493, 1638

당혜주唐惠疇 621

대량신戴良臣 1683

대렴증戴廉增 1173

대망戴望 943, 1090

대복고戴復古 245

대세영戴世榮 1683

대식戴埴 292

대잠허戴潛虛 1466

대전戴全 1688

대진戴震 1079, 1087, 1091, 1093, 1108

대후戴煦 1108

덴카이[天海] 1556

도경산屠敬山 945

도륭屠隆 44, 811, 903

도륭道隆 1551

도목都穆 784, 885

도몽신陶夢信 1506

도본준屠本畯 811

도비塗棐 1286, 1447

도상道常 480

도선道詵 103

도수陶秀 1501

도약陶鑰 1515

도오주인桃塢主人 1175

도요토미 히데요시[豐臣秀吉] 1555

도월陶越 1107, 1420

도잠道潛 248

도잠陶潛 222, 1083, 1461

도종의陶宗儀 1748

도찬道璨 248

도쿠도미 이이치로德富猪一郎 1332

도혜道惠 1498

도홍경陶弘景 223, 273

돈호루惇好樓 886

돌려부등突呂不等 418

동강董康 1154, 1755

동고董誥 1446

동기창董其昌 302, 328, 1750

동명董明 1616, 1680, 1685, 1690

동방명東方明 436

동방치董邦治 1504

동사삼董四三 1688

동사장董斯張 787

동삼육董三六 1688

동순董恂 1042

동승서童承敍 774

동안董安 1688

동양東陽 1626

동양董暘 1616, 1680

동영童泳 1680, 1689

동완東莞 931

동우童遇 1680, 1686, 1688, 1691, 1692

동원董源 1685

동원량董元亮 1457

동이董彝 504

동이董易 1688

동전신董傳信 1286, 1474

1906

등정鄧正　　　　　　　1691

등정鄧鼎　　　　　　　1634

등준鄧俊　　　　　　　1634

등지鄧志　　　　　　　1689

등지성鄧之誠　　　　　1754

등진鄧振　　　　1634, 1690

등징鄧澄　　　　　　　1465

등총鄧聰　　　　　　　1691

등칠鄧七　　　　　　　1634

등태매鄧泰梅　　　1565, 1852

등태초滕泰初　　　　　1500

등파재인登巴才仁　　　1120

ㄹ

류균劉鈞　　　　　　　1686

류완소劉完素　　　　　430

ㅁ

마관군馬冠群　　　　　1457

마광조馬光詛　　　190, 1627

마국한馬國翰　　　　　1107

마능운馬凌雲　　　　　1506

마단림馬端臨　360, 370, 484, 508,
　1397, 1445, 1748

마덕신馬德新　　　1125, 1137

마량馬良　　　1484, 1616, 1625

마령馬令　　　　　　　1444

마문승馬文升　　　　　775

마사룡馬士龍　　　　　1689

마상馬祥　　　　　　　1625

마생馬生　　　　　　　1689

마송馬松　　　　　1625, 1691

마숙馬驌　　　　　1365, 1441

마순馬純　　　　　　　705

마신이馬新眙　　　　　943

마안례馬安禮　　　　　1584

마에다 요토요시[前田乙吉]　1054

마여용馬如龍　　　　　1508

마옥馬鈺　　　　　　　451

마육갑馬六甲　　956, 957, 1578

마융馬融　　　　　　　1080

마일용馬一龍　　　　　810

마정馬正　　　　　　　1625

마조馬祖　　　　　　　1625

마조상馬祖常　　　　　517

마천장馬天章　　　　　1496

마총馬總　　　　　1294, 1455

마충馬忠　　　　　　　1625

마치원馬致遠　　　　　484

마칭덕馬稱德　1272, 1273, 1587,
　1717, 1877

마호馬縞　　　　　　　88

마환馬歡　　　　　604, 780

막공莫公　　　　　　　1674

막백기莫伯驥　　　　　45

막연莫衍　　　　　　　1674

막우지莫友芝 225, 1274, 1753
막윤莫允 1688
막중莫中 1688
막천석莫天錫 1563
막충莫冲 1674
막충莫忠 1688
만금萬金 1625
만기萬祈 1506
만념漫恬 1845
만사대萬斯大 1079
만사동万斯同 917, 1082, 1092, 1855
만송노인 489
만전萬全 1625
만정萬正 1625
만준萬俊 1461
만중萬中 1624
만천萬千 1624
만충萬忠 1625
매문정梅文鼎 917, 1108
매보梅保 1677
매요신梅堯臣 234, 1670
매유봉梅裕鳳 998, 1000
매응조梅膺祚 609, 654, 772, 1329
매작梅鷟 770
매정조梅鼎祥 796
매흥梅興 1677
맹건孟建 1684

맹상선孟常善 453
맹순칭孟舜稱 519
맹자孟子 1083
맹창孟昶 94
명각대사明覺大師 1483
명옥진明玉珍 908
모거정毛巨正 141
모곤茅坤 789, 851, 886, 1312
모과母過 1690
모기毛奇 1627
모기毛杞 1627, 1689
모기령毛奇齡 1079, 1093, 1107
모단毛端 1688
모단毛袒 1628
모도기 쇼조[本木昌造] 1043
모량毛諒 1628, 1684, 1685
모삼毛森 1628, 1689
모서징茅瑞徵 774, 780
모선毛仙 1627, 1686
모순민茅順民 1506
모양冒襄 1110
모언毛彦 1685
모역毛易 1627, 1688
모용毛用 1481, 1627
모용언봉慕容彦逢 240
모원명茅元銘 1525
모원의茅元儀 786, 812, 1284, 1421, 1425, 1456

모원형毛元亨	1688
모육민茅育民	1506
모재毛梓	1690
모정毛正	1627
모조毛祖	1691
모준毛俊	1627
모지휘毛志輝	1886
모진毛晉	302, 1507
모창毛昌	1627
모춘상毛春翔	1755
목군도穆君度	1140, 1529
목근문穆近文	1140, 1527, 1528
목대전穆大展	1140
목세석穆世錫	812
목수穆修	232
목함녕穆咸寧	1495
목희문穆希文	811
묘호겸苗好謙	521
무공繆恭	1681, 1691
무륭아武隆阿	1393, 1732
무소예母昭裔	94, 95, 104, 105, 107, 119, 133, 215, 754, 1096, 1697, 1700
무숙武肅왕 전류錢鏐	1854
무예풍繆藝風	1243
무전손繆荃孫	1244, 1286
무제武帝	13, 16
무중武仲	234
무측천武測天	76
무희옹繆希雍	819
묵낭자墨浪子	1175
묵림거사墨林居士	1175
문경안門慶安	1141
문고文臯	1519
문공文公	291
문기文奇	1626
문동文同	233
문백文伯	1626
문서文恕	1626
문수文受	1626
문언박文彦博	269
문정식文廷式	1444, 1752
문중文中	1484, 1618
문중文仲	1626
문진맹文震孟	302
문징명文徵明	886, 1307, 1505, 1750
문천상	625
문초文超	1626
문현文顯	1626
문호文虎	1626
미문-중帽文中	1679
미불米芾	239, 390
미원장米元章	396
민광유閔光瑜	758
민몽득閔夢得	755

민무파閔無頗 758
민문진閔文振 1286, 1425, 1460
민승초閔繩初 758
민영旻寧 1745
민영벽閔映璧 758
민우침閔于忱 758
민욱閔昱 1659
민원구閔元衢 758
민일식閔一拭 758
민진성閔振聲 755, 758
민진업閔振業 755
민효중閔孝中 1659
밀암密庵 416
밀영密榮 1490

ㅂ

박선朴宣 259
박인량朴寅亮 255
반계순潘季馴 604, 775, 812
반고班固 1871
반국광潘國光 1126
반길성潘吉星 16
반대유潘大有 1404
반덕여潘德輿 1398
반랑潘閬 231, 249
반량潘亮 1683
반명潘明 1512
반사성潘仕誠 1105

반성장潘聖章 1525
반송거사半松居士 1365
반역녕潘亦寧 1886
반운곡潘雲谷 564
반원潘元 1687
반은潘恩 1284, 1465
반임潘任 1442
반자목潘自牧 217, 514, 1292, 1459
반재潘梓 1683
반조음潘祖蔭 1089, 1105, 1152
반존潘存 1092
반준潘俊 1683
반준潘浚 1684
반중潘仲 1683
반증영潘曾瑩 1458
반진潘眞 753
반태潘太 1683
반필창潘必昌 1690
반헌潘憲 1683
반형潘亨 1683, 1685
반화潘華 1512
반휘潘輝 1484, 1618, 1683
반희班姬 430
방가승龐可昇 1495
방견方堅 1626, 1689
방곡方谷 819
방기方琦 1691

방대진方大鎭　　　　　1286
방득시方得時　　　　　1627
방명方明　　　　　　　1692
방무方茂　　1627, 1689, 1691
방문方文　　　　　　　1626
방문호方文虎　　　　　1689
방백이方百二　　　372, 1487
방범方范　　　　　　　1689
방봉方鳳　　　　　　　1464
방봉진方逢辰　771, 1286, 1464
방서생方瑞生　　　840, 1751
방선方先　　　　　　　1689
방성규方成珪　　　　　1468
방순方淳　　　　　　　1689
방숭경方崧卿　　　　　226
방승方昇　　1627, 1689, 1690
방신方申　　　　　　　1689
방악方岳　　248, 1464, 1485
방악현方岳賢　　　　　816
방안시龐安時　　　　　269
방언성方彥成　　　　　1690
방언수方彥壽　　　　　1886
방여림龐汝林　　　　　1665
빙 어승龐汝升　1665, 1686, 1691
방영方榮　　　　　　　1627
방우方祐　　　　　　　1627
방우로方于魯　　　658, 902
방욱方旭　　　　　　　1110

방위方衛　　　　　　　1504
방유심方惟深　　　　　239
방이오方夷吾　　　　　270
방이지方以智　48, 896, 917, 1345,
　　1346, 1750
방재方哉　　　　　　　1689
방적方迪　　　　　　　1627
방성方政　　　　　　　1691
방중方中　　1626, 1688, 1691
방중方仲　　　　　　　1691
방지方志　　　　　　　1691
방지方至　　1626, 1688, 1692
방지유龐知柔　　　　　1665
방진方珍　　　　　　　1691
방충方忠　　1491, 1626, 1689
방탁方琢　　　　　　　1691
방통方通　　　　　　　1689
방포方苞　　　　1094, 1415
방혜方惠　　　　　　　1691
방호方豪 신부　　　　　1515
방화方華　　　　　　　1689
방화龐和　　　　　　　1502
방효유方孝孺　706, 727, 785, 789,
　　1505
배송지裴松之　　　　　1404
배용裴用　　　　　　　1683
배중裴中　　　　　　　1683
백거이白居易　71, 105, 215, 217,

228, 418, 457, 1294, 1462,
1627

백박白樸 484

백불伯芾 1871

백수이白壽彝 1753

백순伯順 1489, 1620

백이용白莉蓉 1886

번국량樊國梁 1003

번명정樊明政 1496

번소균樊紹筠 1495

번준樊遵 1495

범가암范稼庵 1518

범견范堅 1667

범겸范謙 1667

범겸익范謙益 1561

범계점范季霑 460

범귀范貴 1667

범대철范大澈 1153

범량范亮 1687

범로공范魯公 159

범리안范利安 1554

범명보范明甫 1667

범무주范懋柱 1153

범문귀范文貴 1666

범백재范伯材 1666

범상자등范翔紫登 949

범석范石 1689

범선자范宣子 7

범선촌范仙村 1666

범성대范成大 261, 1303, 1463

범세훈范世勛 930, 1092

범순范順 1667

범순인范純仁 201, 235

범엽范曄 16, 19

범용范容 1667

범원范元 1666

범원경范元卿 243

범원희范圓曦 516

범응원范應元 213

범의范宜 1667

범인范仁 1666

범인范寅 1667

범자范子 1692

범자영范子榮 1666

범정상范正祥 1504

범종范從 1666

범준范浚 243, 339, 353, 1747

범중실范仲實 1666, 1689

범중엄范仲淹 95, 134, 201, 232,
235, 460

범진范鎭 193

범택능范擇能 1243

범터范攄 66

범현范賢 1689

범형范桙 484, 517

범흠范欽 680, 807, 886, 1153,

1504, 1854

법랑法朗 1497

법조法祖 1485, 1668

변소邊韶 18

변소화卞小和 1169

변영예卞永譽 1092

변옥卞玉 1625

보문개輔文開 1492

보청寶淸 1862

복림福臨 1745

복선濮宣 1692

복재선생福齋先生 1136

복진濮進 1683

부광계연浮光季蘊 1496

부굉傅肱 261

부단傅端 1456

부방傅方 1621, 1679

부산傅山 1114

부석화傅惜華 797

부순손傅順孫 687

부아유傅阿有 1527

부언傅言 1679

부언苻彦 1666

부요유傅堯俞 201

부운룡傅雲龍 1085, 1086

부유린傅維麟 1082

부의례傅以禮 1751

부인傅寅 1626

부치자傅稚子 1479, 1480

부필富弼 357

부필상傅必上 1621, 1679

비구費樞 201

비석장費錫章 1086

비신費信 604

비유강費有綱 1506

비장방費長房 47

비저費著 1749

ㅅ

사걸謝杰 780

사계온史季溫 201

사계원謝啓元 1296

사공도司空圖 61, 230

사과謝薖 240

사국정謝國楨 1754, 1844, 1876

사금란謝金鑾 1468

사금파史金波 1886

사기암謝起岩 202

사달조史達祖 249

사덕謝德 1686

사동산謝東山 801

사란생謝蘭生 1446

사량재史量才 1165

사마광司馬光 155, 159, 191, 197, 287, 329, 350, 357, 361, 436, 461, 1506, 1628, 1663, 1747

사마천司馬遷 193, 194, 1348, 1443

사매잠史梅岑 1754

사미녕史彌寧 247, 301

사복史復 1688

사빈謝彬 775

사사謝泗 1516

사산몽린謝山夢麟 1467

사서謝恕 1516

사성지謝盛之 1500

사수謝壽 1516

사씨謝氏 1688

사여즙謝汝楫 1686

사영史永 1635

사요필史堯弼 245

사우謝友 1681

사유신謝維新 217, 1292, 1460

사응방謝應芳 745, 1281, 1456, 1500, 1749

사조史祖 1635

사조제謝肇淛 327, 759, 1750

사주史籀 261

사지륭査志隆 784

사천謝遷 752, 789

사충史忠 1687

사탁謝鐸 775, 776

사해謝海 1686

사홍謝興 1681

사홍요謝興堯 1876

산토반 1006

살도랄薩都剌 485, 1124

살탁薩托 1264

상각명向覺明 1849

상관기上官奇 1691

상관령上官玲 1691

상관생上官生 1625, 1691

상관좌上宮佐 1625

상교桑喬 784

상달向達 1489, 1844, 1847, 1875, 1876

상당常棠 208

상대협桑大協 862

상로商輅 775

상무래常茂徠 1442

상문룡向文龍 222

상문정向文定 1640

상서向敍 1686

상열桑悅 1246, 1413, 1425, 1465

상정向定 1640

새경초賽景初 485

서가徐珂 1754

서간徐侃 1673, 1685, 1690

서강徐康 544, 1752

서건연徐建寅 1059

서건학徐乾學 1079, 1103, 1152, 1449, 1855

서견徐堅　215, 738, 1300, 1459

서경숙徐璟叔　1689

서계여徐繼畬　1085

서고徐杲　1673, 1684

서고徐高　1673, 1684, 1688, 1690

서공徐珙　1673, 1687, 1691

서광계徐光啓　522, 604, 809, 813,
815, 818, 834, 898, 1727

서굉徐紘　776

서굉조徐宏祖　604, 1454

서군徐君　1672

서규徐逵　1673, 1685, 1692

서긍徐兢　204

서기徐杞　1673, 1687, 1691

서노삼徐老三　1532

서대춘徐大椿　1113, 1114

서량徐亮　1673

서량徐良　1673

서릉徐陵　90, 107, 1472, 1688

서립徐立　1685

서면徐冕　1503

서명선徐明善　1861

서몽신徐夢莘　1445

서무徐茂　1673

서문徐文　1672, 1684, 1691, 1692

서민첨徐民瞻　222

서보徐普　1504

서보광徐葆光　1086

서복상徐複祥　796

서봉徐鳳　245, 821

서사증徐師曾　1312, 1473, 1750

서생徐生　1672

서성徐成　1672

서세통徐世通　1672

서수徐壽　917, 1112

서수란徐樹蘭　1154

서숭강徐崇岡　1844

서승徐昇　1673, 1690

서승혜徐承惠　1512

서시동徐時棟　1090, 1153

서심徐沁　1092

서악徐岳　1673

서안徐顔　1685, 1690

서언徐彦　1673, 1690

서언순徐彦純　819

서여주徐汝周　1714

서여주徐汝舟　1501

서연욱徐延旭　1086

서영徐榮　1673, 1685

서영徐永　1672

서영徐瑛　1674

서용徐用　1672, 1688

서우란徐友蘭　1106

서우익徐友益　1672

서원걸徐元傑　248

서원문徐元文　1085

서원여徐元興 86
서위徐渭 789, 796, 1443
서유徐有 1689
서유구徐有榘 1542
서유임徐有任 1108
서유자徐裕子 1067
서융흥徐隆興 1385
서의徐毅 1111
서익徐益 1673
서인徐仁 1672, 1685, 1689, 1692
서인徐寅 91
서일徐佾 1673
서자徐自 1689
서자광徐子光 409
서재양舒載陽 876
서적徐積 234
서정徐定 1685
서정徐政 1673, 1690
서정徐正 1684
서정舒貞 1305
서조병徐兆昺 1423, 1452
서조직徐兆稷 1282, 1445
서종徐宗 1673
서종택徐宗澤 1755
서주사徐主祠 1615, 1672
서중徐中 1672
서지徐志 1672
서지정徐志定 1323, 1325, 1327

서진徐縉 1306
서창徐昌 1673, 1685
서천린徐天麟 1623
서충徐忠 1673, 1685
서충보舒冲甫 652
서태徐呆 1690
서통徐通 1673
서표徐彪 819
서학모徐學謨 862, 1246, 1282, 1445
서헌충徐獻忠 898
서현徐鉉 85, 231, 250
서호徐浩 1673
서홍徐洪 1673
서홍보徐鴻寶 1844
서희徐僖 1468
석개石介 160, 232
석경당石敬瑭 105, 1226, 1696
석계石稽 1483
석노石老 1636
석덕팔랄碩德八剌 1744
석미광石美光 1451, 1522
석보石珤 1465
석소병石昭炳 1452
석유石柔 239
석유성石裕誠 1564
석자패席子佩 1165
석창石昌 1636

선우구鮮于樞　　　　　1459
선충宣忠　　　　　　1692
설거정薛居正　　　197, 434
설경석薛景石　　　　　522
설계의薛季宣　　　　　245
설기薛己　819, 821, 1286, 1425,
　1457
설능薛能　　　　　　229
설림薛林　　　　　　1683
설방산薛方山　　　　1282
설복성薛福成　1072, 1086, 1855
설봉상薛鳳翔　　　　　811
설선薛瑄　754, 785, 789, 1456
설설薛雪　　　　　　1114
설시우薛時雨　　　　　943
설응기薛應旂　774, 776, 788, 1465
설자유薛子瑜　　1421, 1449
설희薛熙　　　　　　1517
섭경규葉景逵　　　　　669
섭경지葉敬池　　　　　653
섭계葉桂　1113, 1114, 1481, 1635
섭곤지葉昆池　　　　　653
섭공려葉公侶　　　　1186
섭공작葉恭綽　　　　　413
섭국경葉國慶　　　　1368
섭극명葉克明　　　　1500
섭극이葉克已　　　　1685
섭기葉祺　　　　　　1635

섭기葉驥　　　　　　1454
섭덕휘葉德輝　41, 146, 188, 314,
　491, 718, 720, 1106, 1244,
　1247, 1296, 1309, 1754, 1868
섭등양葉騰驤　　　　1471
섭림葉林　　　　　　1635
섭명葉明　　　　1635, 1690
섭명풍葉名灃　　　1363, 1468
섭몽득葉夢得　166, 188, 254, 330,
　358, 360, 1630, 1633, 1747
섭무재葉茂才　　　　　774
섭방葉邦　　　　　　1690
섭방헌葉邦憲　　　　　391
섭백葉柏　　　　1616, 1635
섭분동葉芬同　　　　　253
섭붕葉朋　　　　　　1635
섭빈葉賓　　　　　　1689
섭사성聶士成　　　　1085
섭성葉盛　886, 1286, 1459, 1505
섭소옹葉紹翁　　　　　200
섭소태葉紹泰　　　　　808
섭송葉松　　　　1689, 1691
섭승저葉繩翥　　　　1442
섭신葉申　　　　　　1635
섭실葉室　　　　　　1635
섭안葉安　　　　　　1689
섭요지葉瑤池　　　　　653
섭용葉用　　　　1616, 1635

섭우葉祐	1635
섭운葉雲	1691
섭위청葉渭淸	1844
섭융례葉隆禮	509
섭인葉仁	1692
섭자기葉子奇	262
섭재葉才	1635, 1689, 1690
섭적葉適	117, 155, 156, 241, 245
섭전葉田	1616, 1635
섭정葉定	1616, 1635
섭정葉正	1635, 1691
섭조흡葉祖洽	256
섭준葉濬	1486, 1636
섭중葉中	1616
섭지葉志	1635
섭창치葉昌熾	945, 1295, 1759
섭천葉遷	1635
섭천배葉天培	1110
섭춘葉春	1484, 1635
섭춘년葉椿年	1615, 1635
섭풍葉灃	1431
섭현오葉顯吾	652
섭화葉禾	1635
섭화葉華	1691
성강盛康	1100
성경불盛慶紱	1085
성공性空	518
성교집盛翹輯	1473
성복盛復	1333
성복초盛復初	1752
성선成僎	1441, 1442
성승조盛繩祖	1085
성신成信	1641
성신盛新	1516
성욱盛昱	1100
성윤건盛允巾	1689
성중盛中	1690
성지成之	1691
성친왕成親王	294
성현成俔	1546
성홍지盛弘之	19
세안례稅安禮	205
소강蕭崗	1691
소격지邵格之	900
소경素慶	1553
소경蕭景	27
소경방邵經邦	31-33, 604, 785, 1749
소과蘇過	1462
소구蕭虯	517
소남산邵南山	1168
소녕蕭寧	1686
소덕시邵德時	1659
소동파蘇東坡	95, 110, 137, 171, 221, 288, 330, 350-352, 363, 392, 395-397, 411, 427, 1486,

	1707
소등홍蕭騰洪	667, 668
소등홍蕭騰鴻	618, 669, 850
소련昭璉	1130
소무상蘇茂相	653
소문蘇門	238
소문邵文	1501
소병실蕭炳實	1841
소보邵保	1489
소보邵寶	1291, 1297
소사邵思	203
소상蕭祥	1691
소성蘇成	1659
소송蘇頌	232, 258, 265, 326, 357
소순蘇洵	158, 235
소순원蘇舜元	1853
소순흠蘇舜欽	232, 387
소식蘇軾	236, 249, 327, 437,
	1747
소옹邵雍	234, 515
소원방巢元方	523
소원생蘇源生	1100
소의진邵懿辰	1310
소인蕭仁	1677
소일蕭鎰	504
소자현蕭子顯	1444
소장蕭璋	1846
소정紹定	1747
소정강蕭廷崗	1691
소정지蕭廷芝	728
소종昭宗	8
소준蘇濬	1862
소중蕭中	1691
소진함邵晉涵	1081
소천작蘇天爵	495, 510, 518, 519,
	1263, 1749
소철蘇轍	120, 171, 197, 237, 729,
	1280, 1462, 1625, 1636, 1747
소청구邵青丘	900
소치제紹治帝	1565
소통蕭統	107, 223
소품홍蘇品紅	1885
소형邵亨	1659
소호邵浩	1629, 1640, 1675
소후蘇詡	120
소흥蘇興	161, 1659
손가감孫家淦	1090, 1158
손가망孫可望	830
손강孫絳	255
손격孫格	1685
손겸익孫謙益	235
손경중孫慶增	759, 1181
손곡孫穀	1443
손광孫鑛	1246
손극굉孫克宏	784
손기孫奇	266

손단문孫端文 1469
손대아孫大雅 898
손덕겸孫德謙 1456
손도명孫道明 555
손동강孫同康 1469
손동생孫桐生 1101
손로孫老 1687
손명도孫明道 454
손보전孫葆田 1443, 1447
손복청孫福淸 1106
손봉孫鳳 1303, 1305
손분孫賁 1303, 1464
손빈孫斌 1640
손사막孫思邈 123, 523, 865, 1266
손사명孫思明 1504
손생孫生 1640
손석孫奭 1226
손선孫善 1640
손성연孫星衍 1079, 1080, 1087, 1089, 1105, 1455
손수孫受 1687
손수의孫壽宜 1495
손수절孫守節 1495
손승孫昇 1685
손승성孫承晟 1886
손승종孫承宗 774
손신로孫莘老 386
손씨孫氏 1845

손아잉孫阿剩 1481, 1640
손악반孫岳頒 1092
손언孫彦 1686
손여총孫汝聰 207
손영孫楹 1685
손오孫敖 812
손완孫阮 1640
손용孫容 1688
손용화孫用和 269
손우孫右 1640
손운계孫雲桂 1386, 1468
손원孫沅 1640
손원孫源 1483, 1618, 1640
손육수孫毓修 49, 81, 328, 921, 939, 1754, 1759, 1867
손윤현孫允賢 524
손응규孫應奎 729
손응오孫應鰲 785
손의언孫衣言 943, 1106
손이양孫詒讓 1079, 1090, 1455, 1841
손인孫仁 1482, 1640
손일신孫日新 1640
손적孫覿 242
손전기孫殿起 436, 1755
손정孫程 18
손정관孫定觀 966
손정전孫廷栓 1111

손제孫濟	1640	송도宋道	1649
손조동孫兆同	266	송락宋犖	1083
손존오孫存吾	519, 550	송렴宋濂	510, 517, 604, 605,
손종렴孫宗濂	1153		771, 886, 1505, 1749
손종첨孫從添	328, 1290, 1753	송림宋琳	1649, 1688
손중산孫中山	601, 1369	송민宋敏	1649
손중오孫仲鼇	335	송민구宋敏求	200, 206
손진인孫眞人	672	송불宋芾	1648, 1688
손차공孫次公	1074	송상宋庠	1649
손채부孫采芙	1470	송상봉宋翔鳳	1442
손청孫清	1488	송선헌宋宣獻	386
손초孫樵	80, 229	송세락宋世犖	1106
손춘孫春	1640, 1688, 1691	송수진宋守眞	126, 1481
손하孫何	325, 1691	송순우宋淳祐	1460
손한보孫漢甫	1640	송완열宋阮閱	882
손해제孫楷第	1755, 1844, 1876	송운헌松雲軒	1176
손현孫顯	1640	송유宋瑜	1649
송거宋琚	1649, 1684, 1688	송윤희宋胤僖	1464
송경宋褧	517	송응성宋應星	522, 604, 813, 904,
송고宋杲	1649		1728
송굉宋宏	1686	송자宋慈	276
송귀宋貴	1687	송잠계宋潛溪	607
송규宋圭	1689	송준宋准	203
송기宋祁	232, 1746	송준업宋駿業	1139
송단宋枏	1455	송진宋秦	1649
송단宋端	1649, 1685	송창宋昌	1685, 1688, 1689
송덕방宋德方	490, 538, 1711	송초宋超	1686
송도宋燾	784	송촉본宋蜀本	63

송통宋通　　　　　　　1649, 1691
송평생宋平生　　　　　　　1886
송후宋詡　　　　　　　810
수겸守謙　　　　　　　697
수산壽山　　　　　　　1649
수지壽之　　　　　　　1685
순도민荀道民　　　　　　　1670
순열苟悅　　　　　　　692
순우淳祐　　　　　　　300
순치제　　　　　　　1090
순황荀況　　　　　　　211
순희淳熙　　　　　　　161, 1746
슈에이[宗叡]　　　　　　　69, 70
슌죠[俊芿]화상　　　　　　　1551
스즈키 하루노부[鈴木春信]　　　　　1558
시내암施耐庵　　　　　605, 790, 791
시랑施琅　　　　　　　1445
시마다 칸[島田翰]　　　40, 41, 1555,
　　1558, 1559
시만휘施萬輝　　　　　　　1669
시명時明　　　　1516, 1652, 1690
시바다[柴田]　　　　　　　1054
시섭施變　　　　　　　1468
시소병柴紹炳　　　　　　　1081
시순施珣　　　　　　　1669, 1688
시식施寔　　　　　　　1685, 1687
시식施拭　　　　　　　245
시온施蘊　　　　　　　1690

시원지施元之　　　237, 258, 1480
시정施政　　　　　　　1685
시정施正　　　　　　　1685
시정용施廷鏞　　　　　　　1755
시중施中　　　　　　　1685
시진施珍　　　　　　　1685, 1687
시창施昌　　　　　　　1669, 1685
시택施澤　　　　1669, 1685, 1688
시형時亨　　　　　　　1652
시후삼施侯三　　　　　　　1527
신기질辛棄疾　　117, 248, 249, 437,
　　544
신무관慎懋官　　　　　　　811
신무상慎懋賞　　　　　　　1861
심계沈啓　　　　　　　1519
심공沈恭　　　　　　　1685
심괄沈括　　　205, 234, 265, 522,
　　1225, 1227, 1229, 1231-1236,
　　1238, 1239, 1250, 1254, 1258,
　　1261-1264, 1292, 1334, 1344,
　　1436, 1543, 1747, 1873
심구沈遘　　　　　　　234
심기종沈起宗　　　　　　1479, 1659
심기沈杞　　　　　　　1658, 1691
심덕부沈德符　　　　633, 797, 902,
　　1445, 1750
심덕잠沈德潛　　　1093, 1100, 1527
심돈화沈敦和　　　　　　　1086

1922

심랑潘閬 160
심료沈遼 234
심명沈明 1686
심무沈茂 1658, 1688
심무중沈懋中 1126
심문沈文 1658, 1688
심민沈旻 1688
심백옥沈伯玉 543
심변沈忭 1658
심사공沈思恭 1658
심사덕沈思德 1658, 1692
심사충沈思忠 1658, 1687, 1692
심선沈詵 231
심수沈秀 1658, 1691
심승沈昇 1685
심아맹潘亞孟 1839
심아지沈亞之 228
심안沈安 1658
심여구沈與求 241
심유沈喻 995
심유沈裕 495
심을沈乙 1692
심응괴沈應魁 776
심의沈義 1658
심이랑沈二郎 495
심이룡沈李龍 930
심인거沈仁擧 1658, 1687, 1692
심자沈滋 1659

심장沈章 1688
심절보沈節甫 886
심정沈定 1658, 1684
심조沈祖 1690
심종沈宗 1658
심주沈周 1301, 1497
심죽동沈竹東 886
심중沈重 1659
심진沈珍 1688
심창沈昌 1658, 1688, 1691
심철포沈節甫 807
심추沈樞 508, 751
심충沈忠 1658, 1688
심태沈泰 797
심팔랑沈八郎 495
심형沈亨 1658, 1685
심홍정沈弘正 811
심황沈璜 1499
심흔沈忻 1658

ㅇ

아베노 나카마로[阿倍仲麻呂] 884
아사이노 가단[阿佐井野家瑞] 1553
아속길팔阿速吉八 1744
아영阿英 1754
악가岳珂 202, 246, 290, 495, 1226, 1480, 1623, 1676
악뢰발樂雷發 1288, 1464

악봉소樂鳳韶　　　　　771

악비岳飛　140, 202, 390, 510,
　　643, 1480

안계조顔繼祖　　　　　763

안국安國　1293, 1298-1302,
　　1347, 1368

안길安吉　　　　　　　1300

안례安禮　　　　　　　1641

안민安民　　　　　　　1486

안선安璿　1301, 1302, 1751

안소운安少雲　　　　　654

안수晏殊　　203, 232, 248

안씨安氏　　　　　　　1877

안영安永　　　　　　　1641

안원顔元　　　　　　　1091

안정복安鼎福　　　　　1756

안종환晏宗還　　　　　1506

안지지晏知止　　　　　164

안지추顔之推　41, 105, 212, 325

안진경顔眞卿　56, 225, 289, 327,
　　458, 821, 859, 860, 1377,
　　1854, 1882, 1884

안천장晏天章　　　　　219

안평대군安平大君　　　1854

알도충斡道冲　　　　　477

애소매艾小梅　　　　　1166

애신각라　　　　　　　1145

애육려발력팔달愛育黎拔力八達

　　　　　　　　　　　1744

액이덕니額爾德尼　　　1129

야리인영野利仁榮　　　469

야마노이 시게아키[山井重章]　1556

야무우치 기요시[藪內淸]　1850

야율덕광　　　　　　　420

야율리　　　　　　　　488

야율배耶律倍　　　404, 420

야율순耶律純　　　　　411

야율엄耶律儼　　　　　421

야율초재耶律楚材　483, 484, 488,
　　489, 512, 1748

양간楊侃　　　　1617, 1627

양갑楊甲　　　　　　　205

양건梁建　　　　　　　1690

양걸楊杰　　128, 234, 1630

양경梁卿　　　　　　　1690

양경楊慶　　　　1657, 1689

양경인楊景仁　　　　　1657

양계웅梁啓雄　　1844, 1846

양계초梁啓超　1104, 1168, 1753

양고楊古　1250, 1261-1265,
　　1455, 1586, 1877

양고梁杲　　　　　　　391

양공보梁貢甫　　1677, 1690

양관경楊冠卿　　　　　245

양광楊廣　　　　　　　1690

양교梁橋　　　　　　　1750

양구도梁九圖 931
양극楊克 1264
양극가梁克家 91, 207
양근楊謹 1657
양금楊金 1498, 1516
양긍부楊兢夫 1533
양기楊沂 91
양단楊端 1658
양대모楊大謨 682
양덕망楊德望 1010
양덕승梁德繩 1096
양덕춘楊德春 1480
양동서梁同書 1111
양량楊諒 1642
양록삼楊錄三 1533
양만두楊饅頭 890
양만리楊萬里 244
양명楊明 1692
양명楊銘 774
양무楊茂 1657
양문梁文 1677
양문수楊文秀 465
양박楊樸 160, 232
양백암楊伯巖 159
양봉선楊鳳繕 1503
양부楊富 1657
양사성楊思成 1657
양산주梁山舟 1518

양선楊先 1657
양섬楊暹 1689
양소화楊紹和 1154
양손楊孫 1642
양송梁松 1677
양수경楊守敬 1106, 1870
양수진楊守陳 1226
양숙梁肅 434
양순楊珣 692
양순楊順 1687
양순길楊循吉 885, 1284, 1465, 1749
양승엄楊升庵 883
양시楊時 241
양시교楊時喬 811
양신楊慎 784, 786, 789, 801, 811
양신민楊信民 653
양아발梁阿發 1017, 1020, 1040, 1160, 1128, 1329, 1529-1531, 1579, 1580
양안세梁安世 201
양억楊億 216
양여곡梁如鵠 1565
양여립楊輿立 212
양영楊榮 1657, 1691
양영楊永 1689
양영수楊永修 1845
양영재楊泳齋 217

양예정楊藝挺	1506
양오균梁吳均	1470
양용우楊龍友	766
양웅揚雄	121, 191, 211, 222, 325, 1623, 1627
양유정楊維楨	484, 518
양유중楊惟中	1263, 1264, 1542
양육사楊六使	793
양육휘楊毓煇	1072
양의楊儀	886, 1303
양의楊宜	1657
양이임楊以任	1454
양이증楊以增	1154, 1308
양이증楊爾曾	622, 644, 645, 861
양인楊仁	1657
양인산楊仁山	1117
양일청楊一清	775
양잠楊潛	208
양장거梁章巨	1752
양재楊材	1506
양재楊載	484
양전순楊殿珣	1755, 1855
양정견楊定見	791
양정균楊廷筠	817, 834
양정린楊廷麟	1466
양정분梁鼎芬	1443
양정찬梁廷燦	1844
양정화楊廷和	775
양제梁濟	1677
양조영楊朝英	518
양종楊宗	1657
양준楊浚	1458
양준지楊俊之	45
양중楊中	1657
양중서楊中書	1262-1264
양진楊震	1490
양진덕梁進德	1531, 1160
양집중楊執中	1692
양차산楊次山	1480
양창楊昌	1657, 1686, 1688
양청원梁淸遠	795, 1752
양춘남楊春南	1519
양충楊充	1264
양통楊通	1486, 1617, 1657
양포상楊圃祥	439
양표정楊表正	787
양풍梁風	127
양해楊垓	1686
양헌楊憲	1686
양현지楊玄之	1454
양형楊亨	1657, 1689
양환楊桓	493, 505, 542, 1499
양휘楊輝	644
양휘지楊徽之	357, 361
엄가균嚴可均	1101
엄공嚴恭	809

엄눌嚴訥	1284, 1425, 1441		여굉余竤	1645
엄만리嚴萬裏	1090		여군조余君詔	32, 670
엄복嚴復	1078, 1091, 1092, 1112		여귀돈黎貴惇	1561, 1562
엄본嚴本	160		여규余圭	1691
엄산儼山	48		여금수余錦繡	1506
엄선嚴詵	1688		여남呂枏	770, 785
엄성嚴誠	1484, 1643		여남부余南扶	667
엄숭嚴嵩	775, 1447		여당경余唐卿	177
엄신嚴信	1483, 1618, 1643		여대呂大	1490, 1640
엄연嚴衍	1365, 1444		여대림呂大臨	209
엄용화嚴用和	270		여대방呂大防	127
엄우嚴羽	254		여동보余同甫	1645
엄원조嚴元照	1442		여동천余東泉	667
엄종간嚴從簡	780		여량余良	1483, 1645
엄지嚴智	1643, 1691		여량목余良木	670
엄징嚴澄	787		여린黎麟	1561
엄충嚴忠	1643		여명余明	1645
여가余可	1691		여몽정呂蒙正	1173
여간余簡	1646		여무呂撫	1328-1331, 1435, 1471
여거余舉	1691		여문余文	1644, 1691
여건余謇	1841		여문로黎文老	1559
여견余堅	1645		여문태余文臺	674, 867, 872, 873
여경우余敬宇	667		여민余敏	1645, 1684, 1688
여계악余季岳	670		여벽천余碧泉	867
여곤呂坤	785		여본중呂本中	159, 242, 1679
여공呂拱	1640, 1689		여분余份	1644
여광余光	1644		여빈余斌	1645, 1689
여광조余光祖	1686		여사余士	1644

여사呂士	1640	여우呂祐	1685
여사홍黎士弘	1363, 1459, 1467	여우직黎友直	1683
여상년余象年	670	여운파余雲波	667
여상두余象斗	663, 668, 670, 674, 876, 1200	여원余元	1689
		여원余源	1685
여생余生	1506	여원장余元長	670
여서창黎庶昌	1106	여원중余元中	1692
여석황呂錫煌	1453	여유량呂留良	1080
여선원余仙源	670	여유탁黎有卓	1114, 1564
여성보余成甫	1113	여윤서余胤緒	775
여세등余世騰	670	여응규余應虬	667
여소문呂昭問	202	여응별余應鱉	671
여수余受	1645	여이호呂頤浩	241
여수余綬	1492, 1493	여익余益	1645
여수黎壽	1683	여인余仁	1644
여수봉余秀峰	670	여인余寅	1506
여순余舜	1686	여인백余寅伯	667
여숭余嵩	1645	여자고余子高	670
여신呂信	1684	여자공余子共	1500
여십팔余十八	1644	여자준余子俊	776
여악厲鶚	1092	여장경余長庚	667, 798
여안余安	1645	여장덕余彰德	670
여언余彦	1645, 1691	여재余才	1644
여영余永	1644, 1684	여전余全	1644, 1690
여영呂榮	1686	여정余政	1645, 1685
여오余吳	1685	여정余正	1684
여옥余玉	1684	여정余珵	1690
여용정黎龍鋌	1560	여정덕黎靖德	212

여정반黎定攀 1440
여정안余靖安 181
여제余濟 1645
여조余兆 1644
여조겸呂祖謙 119, 159, 161, 164,
202, 205, 212, 244, 254, 356,
722, 1263, 1444, 1455, 1623,
1625, 1626, 1630, 1639, 1672
여조윤余兆胤 667
여종余從 1691
여종백余宗伯 667
여준余俊 1688
여중余中 1490, 1644, 1686, 1691
여진余珍 1685
여진余進 1645
여집余集 1517, 1684
여창余昌 1689
여천余千 1644
여천余川 1644
여천임余天任 1623
여청余青 1690
여탄余坦 1685
여태余太 1644, 1691
여향呂向 251
여형余亨 1645
여혜경呂惠卿 269, 435
여횡余竑 1685
여훈余壎 1645

여흔呂昕 1688
여흥종余興宗 1644
역도원酈道元 204
연갱요年羹堯 1092
연독延篤 16, 18
연성벽連城璧 1466
연수화상延壽和尚 100-102, 107,
135, 729, 1497
연숙燕肅 259
연여정燕汝靖 784
연희요年希堯 1113
염상念常 1748
염약거閻若璩 1079
염혜경廉惠卿 1077
영녕왕永寧王 700
영맹원榮孟源 1849
영성寧聲 1636
영수왕永壽王 714
예단倪端 1671, 1689
예도倪濤 1111
예박倪朴 1463
예수약倪守約 209
예인倪仁 1671, 1689
예탁倪倬 1109
예홍倪鴻 1752
예휼倪矞 1517
오가빈吳嘉賓 1440, 1441
오거진吳去塵 901

오건吳謇	1105, 1153, 1752		821, 867
오걸매吳乞買	424	오명吳明	1648, 1687
오검吳鈐	1481, 1648	오몽주吳夢珠	1507
오결吳潔	1648	오문吳文	1646
오경吳敬	809	오문백吳文伯	1690
오경재吳敬梓	918, 1099, 1471	오문빈吳文彬	1647
오계공敖繼公	504	오문창吳文昌	1646, 1691
오고타이칸[窩闊臺汗]	482	오문환吳文煥	1689
오곤수吳坤修	1447	오발상吳發祥	763, 1728
오공吳拱	1648	오백종吳伯宗	809
오관吳寬	789, 885	오병吳丙	1647
오관吳琯	883	오보吳寶	1648
오광吳光	1647	오불吳芾	1463
오광패吳光霈	1454	오비吳秘	359
오광현吳光賢	1504	오빈吳彬	1648
오국렴吳國濂	1442	오사吳仕	1686
오규吳珪	1648	오산吳山	1646
오균吳筠	225	오산천吳山泉	901
오긍吳兢	196, 404, 728	오생吳生	1689
오기준吳其濬	917, 1109	오서吳瑞	1648
오난수吳蘭修	1111	오선화吳善和	1515
오남吳南	1512, 1513	오성伍盛	1636
오대징吳大徵	1089	오성吳成	1686
오도자吳道子	286	오성란吳省蘭	1105
오량吳亮	1648, 1684	오소吳紹	1688
오량吳良	1647	오소吳邵	1688, 1690
오립吳立	1691	오소산吳小山	617, 625
오면학吳勉學	441, 659, 660, 770,	오수吳岫	885

오수강吳壽康	1110	오우吳友	1646
오숙吳淑	152, 217, 250,	오우吳祐	1648, 1691
	1675, 1681	오운吳雲	1089
오숙대吳叔大	1186	오원吳元	1646
오순吳詢	1648	오위업吳偉業	918, 1093
오순도吳順圖	392	오유吳有	1648
오숭요伍崇曜	1104, 1105	오육吳育	948
오승吳升	1646	오육창吳毓昌	1095
오승吳陞	1646	오윤가吳允嘉	1111
오승은吳承恩	605, 792	오응기吳應箕	1466
오시용吳時用	1504	오응달吳應達	1110
오식분吳式芬	1089	오응룡吳應龍	1503
오신吳申	1647	오의락吳儀洛	1113
오아집吳亞集	1532	오익吳益	1648, 1684
오아청吳亞淸	1532, 1580	오익봉吳翌鳳	1100
오언吳彦	1648	오인吳仁	1646
오여륜吳汝綸	1093	오인걸吳仁傑	260, 1443
오여필吳與弼	785	오일吳一	1646
오역吳棫	505	오자목吳自牧	145
오열吳説	301	오자선伍子先	1125
오염吳炎	1525, 1648	오장원吳長元	1382, 1383
오영吳榮	813	오재吳才	1646, 1689
오영이吳榮二	1648, 1692	오정吳政	1648
오영태吳英泰	1532	오정吳正	1647
오옥吳玉	1647, 1688	오정방伍廷芳	1166
오요吳耀	1503	오정현烏程縣	755
오용吳聳	1687	오조일吳肇一	901
오용관吳容寬	987	오종吳宗	1647, 1687

오종吳從	1646
오종선吳從先	1473
오종준吳鍾駿	1386
오좌吳佐	1647, 1686
오좌천吳左千	903
오중吳中	1646, 1688, 1691
오중吳仲	1647, 1684, 1688
오중명吳仲明	1647
오증吳曾	355, 1458
오증근吳曾僅	1447
오지吳志	1647, 1687, 1691
오지충吳志忠	1365
오진吳軫	1686
오진吳進	1647
오진吳震	1684
오진역吳振棫	1360
오징吳澄	124, 483, 838, 1464
오채란吳彩鸞	377, 380, 1516
오척부吳尺鳧	1153
오천장吳天章	1186
오천지吳天墀	1754
오축吳丑	1646
오춘吳春	1648, 1687
오춘吳椿	1648, 1684
오충吳忠	1648, 1691
오태吳太	1646
오태원吳太元	1175
오포吳浦	1687
오풍배吳豊培	1855
오필대吳必大	212
오함吳晗	1754, 1878
오해吳譜	1688
오현상吳玄象	901
오호吳浩	1648
오후吳詡	1686
오흠吳欽	1648
오흥吳興	1500
온예림溫睿臨	1332, 1446
옹녕翁寧	1689
옹림翁林	1689
옹만달翁萬達	723, 774
옹문翁文	1690
옹문계翁文溪	644, 645
옹문호翁文虎	1689
옹수翁遂	1674
옹수창翁壽昌	1674
옹연계翁連溪	1886
옹염翁顒琰	1745
옹우翁祐	1688
옹의산翁倚山	645
옹정翁定	1674
옹준翁俊	1691
옹진翁晉	1688
옹진翁珍	1689
옹진翁眞	1688
와다 만타로[和田滿太郎]	1018,

1056	
완경阮儆	1561
완광阮光	1643
완광현阮光顯	1008
완규생阮葵生	61, 1345, 1346, 1459, 1752
완금거阮綿㝯	1562
완면심阮綿審	1562
완면정阮綿㝮	1562
완명阮明	1686, 1691
완문성阮文誠	1561
완변阮卞	1643, 1688
완생阮生	1643
완성지阮成之	1692
완술阮述	1854
완안경完顏璟	1743
완안단完顏亶	1743
완안량完顏亮	426, 462
완안성完顏晟	1743
완안수서完顏守緒	1743
완안숙完顏璹	428, 438, 516
완안아골타完顏阿骨打	1742
완안영제完顏永濟	1743
완안옹完顏雍	425, 1743
완안욱完顏晶	419, 438
완안윤성完顏允成	438
완여阮嶼	1566
완열阮閱	254
완우阮于	1643, 1684, 1690
완우阮祐	1643
완원阮元	216, 948, 1080, 1081, 1083, 1087-1089, 1854, 1855
완유阮攸	1135, 1565
완일열阮一閱	882
완적阮籍	1461
완전阮詮	1567
완정阮正	1643
완종원阮鍾瑗	1332, 1467
완천阮薦	1562
완청阮青	1687
완충阮忠	1643
완혜阮惠	1008
완화阮和	1643
완효서阮孝緒	1872
완후阮侯	1136
왕가립汪可立	784
왕각王珏	367
왕간王艮	785
왕감汪鑒	1515
왕강汪綱	195, 356
왕개王介	1628, 1688, 1690
왕개王槩	1092
왕개王玠	73, 306, 1631, 1694
왕개王芥	1688
왕개운王闓運	1360, 1441
왕거王舉	1685, 1691

왕거정王拳正	265	왕기王琪	163, 1422
왕건王建	437	왕기손王芑孫	1517
왕검王儉	1872	왕길보王吉甫	1630
왕경汪耕	846	왕념손王念孫	1081
왕경우王敬宇	625	왕능王能	1687
왕계王季	1631	왕단王旦	1641
왕계王桂	1633	왕단王端	1688
왕계선王繼先	141, 274	왕담王淡	91
왕계숙汪啟淑	1092, 1153	왕당王當	201
왕고王古	898	왕대王大	1628
왕고王固	1631	왕대강王大綱	774
왕공王恭	1633, 1684, 1687	왕대균王大鈞	433
왕광王光	1630	왕대여王岱興	1125, 1728
왕광화汪光華	797	왕대연汪大淵	511
왕괴王槐	1516	왕대헌王大憲	816
왕구王俅	209	왕덕王德	1689
왕구王璆	270, 410	왕덕균王德均	1060
왕국유王國維	1232, 1754	왕덕명王德明	1490, 1618, 1633
왕규王圭	1630	왕도王燾	266, 267, 1625,
왕규王奎	1516	1628, 1690,	
왕규王珪	1464	왕도王韜 1066, 1067, 1073, 1074,	
왕균王筠	1081	1086, 1127, 1167, 1365	
왕극관汪克寬	503, 504	왕도곤汪道昆	625, 1510
왕극근汪克勤	1515	왕도곤王道焜	808
왕근성汪近聖	1111, 1186	왕동령王桐齡	1857
왕긍당王肯堂	659, 819, 821	왕동응王洞應	213
왕기汪機	819, 821	왕량王亮	1632
왕기王圻	787, 790, 886	왕량좌王良佐	1631

왕량채汪亮采	1145
왕례王禮	1629
왕로王路	808, 810
왕류휘王琉輝	452
왕리王理	1633
왕리태王履泰	1453
왕림王林	1631
왕멸단汪篾簹	1532
왕명王明	1691
왕명청王明淸	104, 250, 326, 358, 1487, 1624, 1747
왕명학王鳴鶴	786
왕모王謨	1107
왕무王茂	1631
왕무보王懋甫	180
왕문王問	1687
왕문王文	1629, 1687
왕문시王聞詩	245
왕문울王文鬱	429, 433
왕문정王文貞	363
왕문조王文詔	1481, 1629
왕문진王文進	1755
왕문태汪文台	1086
왕문형王文衡	847
왕민王敏	1687
왕민王民	1629
왕반王磐	812
왕발王勃	223
왕방王雱	170, 213
왕백汪伯	388
왕백민王伯敏	1753
왕백재王伯才	1506
왕벽지王闢之	79, 110, 411, 1747
왕병은王秉恩	945
왕병이王秉彝	1516
왕보王保	1489, 1632
왕보王寶	1631
왕보王黼	209
왕보자王普慈	1496
왕복王福	1633
왕복초汪復初	875
왕봉王逢	518
왕봉상王鳳翔	618, 625
왕봉주王鳳洲	670
왕봉진王逢辰	1110
왕부王敷	1687
왕부王溥	159, 357, 1444, 1746
왕부지王夫之	917, 1079, 1080, 1090, 1091, 1093, 1107
왕불汪紱	1079, 1092
왕붕보王朋甫	180
왕붕수干朋壽	437, 473
왕붕운王鵬運	1095
왕빈王賓	242, 435, 1688
왕빙王冰	440
왕사王仕	1629

왕신王信　　　1632, 1687, 1688,
　　1691, 1692
왕신王宸　　　　　　　1689
왕신王辛　　　　　　　361
왕신오王慎吾　　　618, 624
왕신중王愼中　　　608, 789
왕실보王實甫　　　　　484
왕십붕王十朋　　155, 232, 236,
　　245, 437, 1672
왕아철王阿鐵　　1481, 1631
왕안王安　　　　1630, 1690
왕안례王安禮　　　　　257
왕안석王安石　　127, 191, 235,
　　1673, 1677, 1681
왕앙汪昂　　　　　　1113
왕야王埜　　　　　　229
왕약王約　　　　540, 541
왕약허王若虛　　439, 516, 1748
왕양명 王陽明　　　　754
왕언汪彦　　　　　　1658
왕언王彦　　　　1632, 1691
왕여王恕　　　　　　775
왕여률汪汝瑮　　　　1153
왕여림王汝霖　　　　1630
왕염王炎　　　　　　244
왕엽王燁　　　　　　1633
왕영王榮　　1684-1686, 1692
왕영王永　1629, 1685, 1686, 1688

왕영王營　　　　　　1633
왕영종王永從　　277, 1686, 1873
왕영흥王榮興　　　　1175
왕오王俉　　　　　　420
왕오王鰲　　　　784, 789
왕옹王顒　　　　　　420
왕완汪琬　　　　　　1517
왕완王玩　　　　　　1687
왕완王阮　　　　245, 1617
왕요신王堯臣　　　　355
왕용王庸　　　　1753, 1844
왕용王用　　　　　　1629
왕우王佑　　　　　　1631
왕우王俁　　　　　　270
왕우王遇　　　　　　1633
왕우칭王禹偁　　231, 268, 437
왕운王惲　　379, 484, 1748
왕운교王雲蛟　　　　1525
왕운붕汪雲鵬　　　　1515
왕운정汪雲程　　　　1458
왕원汪瑗　　　　874, 877
왕원王元　　　　1629, 1686
왕원王遠　　　　　　27
왕와王阮　　　　　　1641
왕원기王原祁　　1092, 1139
왕원형王元亨　　　　1629
왕유王宥　　　　1490, 1632
왕유王愈　　　　　　526

왕유王維 223
왕유일王惟一 272, 576
왕유전汪有典 1448
왕유학王幼學 37
왕육이王育伊 1846
왕윤王潤 384, 1493, 1624
왕윤王閏 1631
왕윤백王潤柏 1174
왕윤성王允成 1686
왕은王恩 1685
왕응린王應麟 68, 89, 192, 358,
502, 514, 613, 1746
왕응소汪應紹 1011
왕의王儀 1517
왕의경王義庚 1845
왕이王二 1496
왕이남王以南 1506
왕이당王怡堂 1011
왕이도王以道 1506
왕익王益 1628, 1633, 1688, 1850
왕인王仁 1687
왕인보王仁甫 1500
왕인유王仁裕 1274, 1470
왕인준王仁俊 363, 945, 1158,
1752, 1753
왕일王溢 1687
왕일정汪日槙 1108, 1109
왕일흥王一興 453

왕임王任 1630
왕자정王子正 1628
왕작王灼 243, 263
왕장王喆 1632
왕장王璋 529, 1717
왕재王才 1687
왕적王寂 439, 1464
왕전王全 1630, 1685, 1686, 1692
왕정汪政 1658
왕정王定 1487, 1631
왕정王廷 1687
왕정王政 1632, 1687, 1691
왕정王正 1629
왕정王禎 484, 511, 521, 1250,
1254, 1265, 1270, 1272, 1276,
1353, 1359, 1431, 1435, 1436,
1450, 1587, 1873, 1874, 1877
왕정王頂 1516
왕정王鼎 410, 1516
왕정국王定國 238
왕정규王廷珪 242
왕정기汪廷器 901
왕정눌汪廷訥 659-661, 786,
796, 842, 856
왕정백王貞白 230
왕조王朝 1633
왕조王祖 1688
왕조王祚 1688

왕조횡王肇鈜	1055, 1056
왕존王存	204
왕존덕王存德	1506
왕존중王存中	1630
왕종王琮	1633
왕종원汪宗元	775
왕좌王左	1629
왕주요干舟瑤	947
왕준王濬	784
왕준의王遵巽	1149
왕중汪中	1093, 1467
왕중王中	1628, 1684, 1686
왕중王仲	1630, 1686
왕중량王仲良	125, 222
왕중민王重民	1226, 1755, 1844, 1849, 1876
왕중원王仲元	465
왕증王曾	203, 285
왕진王珍	1632, 1684, 1685
왕진王璡	1684, 1691
왕진王眞	1688, 1690
왕진王穦	1687
왕진王辰	1631, 1689
왕진王進	1691
왕진王震	1633, 1688
왕집중王執中	273, 525
왕징王徵	818, 834
왕찬王粲	460
왕창王昌	1631, 1688
왕창王昶	1086, 1089, 1751
왕처일王處一	435, 452
왕철王嚞	450, 452, 1748
왕청임王淸任	930, 1114
왕초王初	1479
왕초동王初桐	1110
왕촉王丁	1628
왕춘王春	1632, 1687, 1690
왕춘王椿	1684, 1687
왕충王充	38, 60, 214, 1627
왕충王忠	1631, 1692
왕충신汪忠信	850
왕충운王充耘	1275
왕취교王翠翹	1140
왕치등王稚登	796
왕칭王稱	171
왕태王太	1687
왕통王通	1633
왕필王弼	432
왕필문王必文	1629
왕한王閒	1632
왕함王菡	1886
왕항干亢	1686
왕해汪楷	1513
왕헌우汪獻玕	1441
왕현王顯	1632
왕형王亨	1631

왕형조王亨祖　　　　　　　1631

왕혜王惠　　　　　1490, 1633

왕호汪灝　　　　　　　　1109

왕호王浩　　　　　　　　1633

왕호고王好古　　　　　　　524

왕홍王洪　　　　　　　　1632

왕화王和　　　　　　　　1631

왕화王華　　　　　　777, 1630

왕환王渙　　　　　1685, 1686

왕황주王黃州　　　　　　1635

왕홰王翽　　　　　　　　1140

왕회王回　　　　　　　　1630

왕회암王會庵　　　　1756, 1849

왕회은王懷隱　　　　　　　268

왕후王厚　　　　　　　　1686

왕후王煦　　　　　　　　1539

왕훤汪烜　1360, 1439, 1441, 1442

왕휘王徽　　　　　　420, 1685

왕휘조汪輝祖　　　　1449, 1521

왕흠신王欽臣　　　　　　　359

왕흠약王欽若　　　216, 282, 284

왕홍王興　　　　　　　　1490

왕희王喜　　　　　　　　1690

왕희王禧　　　　　　　　1691

왕희지王羲之　21, 55, 96, 1083,
　　1544, 1552

요강姚康　　　　　　　　1472

요강廖剛　　　　　　　　243

요관姚寬　　　194, 241, 249, 1747

요광효姚廣孝　　　　　　　603

요굉姚宏　　　　　　　　194

요군옥廖群玉　　　　　327, 398

요근원姚覲元　　　　　　1105

요기수廖紀修　　　　　　1299

요내姚鼐　　　　　1090, 1094

요니　　　　　　　　　1006

요래姚淶　　　　　　　　774

요문전姚文田　　　　　　1108

요배중姚配中　　　　1439, 1468

요백악姚伯岳　　　　　　1886

요세인饒世仁　1313, 1508, 1516

요수姚燧　517, 1231, 1261, 1263

요안廖安　　　　　　　　1686

요언姚彦　　　　　　　　1669

요영姚瑩　　　　　　　　1393

요원지姚元之　　　　　　1359

요이姚頤　　　　　　　　1144

요인경饒仁卿　　　　　　　620

요재姚才　　　　　　　　1669

요전繆篆　　　　　　　　1841

요절饒節　　　　　　　　239

요진姚臻　　　　　　1669, 1684

요추姚樞　　　483, 1261, 1263

요춘姚椿　　　　　　　　1468

요한 베라約翰·維拉　　　　1514

요현姚鉉　253, 519, 722, 1630

요형중廖瑩中 227
요화姚禾 229
요휘제姚輝第 1470
용굉容宏 1167
용만육龍萬育 1361, 1362, 1422, 1449
용순의龍順宜 1851
용양자龍陽子 787
우달생牛達生 1886
우도천于道泉 1844
우동尤侗 1093
우량牛諒 1628
우립정于立政 437, 473
우명尤明 1690
우무尤袤 244, 360, 1549
우문虞文 1681, 1689
우민중于敏中 1144, 1753
우세남虞世南 55, 1459
우수迂叟 363
우숙이虞叔異 179
우숭虞崇 1481, 1681
우실牛實 1628
우양于洋 1625
우유명尤有明 1690
우자현虞子賢 555
우재迂齋 305
우재중于材仲 564
우조尤藻 244

우중虞仲 1689
우지정禹之鼎 1140
우집虞集 477, 484, 550, 1688, 1748
우천리虞千里 179
우혁정于奕正 784
욱문박郁文博 1292
욱문서郁文瑞 1504
욱송년郁松年 1105, 1152, 1153
욱인郁仁 1684, 1692
운경惲敬 1094
웅극熊克 200
웅대목熊大木 671
웅번熊蕃」 262
웅보熊輔 668
웅야초熊冶初 668
웅종립熊宗立 668, 819, 865
웅충熊忠 505
웅충우熊冲宇 668, 865
웅해熊海 1691
원각袁桷 517, 555
원강袁康 195
원개袁凱 1286, 1465
원견苑堅 1692
원결元結 225
원굉도袁宏道 605, 789, 808
원구袁樞 199, 1445
원달袁達 811

원동袁棟　61, 607, 1345, 1366, 1752, 1845

원동례袁同禮　1842, 1875, 1876

원매袁枚　48, 918, 932, 1093, 1110, 1528

원미지元微之　120, 153

원섭袁燮　358

원수袁樹　1111

원신袁宸　1507

원열우袁說友　207

원영조員榮祖　244

원오圓悟　280

원일袁佾　1686

원장袁章　1674

원정도袁廷檮　1152

원조중元照重　1746

원준옹袁俊翁　504

원중元仲　1687

원지圓至　518

원진元稹　62, 71, 228, 1294, 1462

원차일袁次一　1674

원채袁采　303

원추袁樞　1365, 1629

원호문元好問　428, 439, 484, 491, 516, 519, 732, 1084, 1517, 1748

원홍종員興宗　244

원희元禧　1144

월경휘月景輝　485

위걸危杰　1639

위걸衛杰　1109

위경衛涇　246

위경원魏慶元　254

위근복魏根福　1533

위기魏奇　1684

위길魏吉　1506

위능정韋能定　233

위력韋力　407, 1028, 1157, 1313, 1376, 1392, 1395, 1410, 1763, 1883, 1885

위료옹魏了翁　164, 169, 247, 326, 1624, 1635, 1748

위문魏文　1683

위백양魏伯陽　453

위상韋祥　1688

위소韋昭　194

위소봉魏少峰　850

위송魏崧　1398

위수衛守　1506

위숭魏崧　512, 1279, 1752

위식衛湜　161

위야魏野　160, 232, 301, 1677

위양韋驤　233

위여공魏汝功　1629

위역림危亦林　523

위원魏源　1083, 1085, 1449

위은유魏隱儒	1754	유관劉冠	1516
위응물韋應物	225, 1625	유관劉觀	1516
위장韋莊	231	유관柳貫	158, 517, 1749
위전魏全	1684	유광劉光	1638
위제현魏齊賢	253	유교劉嶠	233
위중거魏仲舉	180, 227	유구劉昫	1444, 1746
위중립魏仲立	179, 180	유구劉球	142
위지수魏之琇	1113	유구무劉求茂	668
위진魏眞	1686	유국균劉國鈞	1754
위충경魏忠卿	179	유군유劉君裕	850
위학고衛學古	564	유극劉克	1636
위한魏翰	1101	유극명劉克明	1690
위헌魏憲	1100	유극장劉克莊	177, 182, 247, 254
위현국魏顯國	1284	유근劉僅	1637
위홍태魏鴻泰	1175	유금조劉錦藻	1082
위훈魏壎	1684	유기劉基	605, 774, 810, 1505
위흡危洽	1640	유기劉祈	1748
위희魏禧	1084, 1093, 1525	유달劉達	1691, 1692
유강劉剛	1505	유달민劉達民	1638
유강신劉康臣	1639	유대괴劉大魁	1467
유건劉健	752	유대빈劉大彬	542
유경선劉景先	43	유덕劉德	1175
유계선劉啟先	850	유랑劉良	251
유공劉共	1638	유량보俞良甫	1513, 1554
유공권柳公權	56, 288, 289, 544, 859, 860, 1882, 1884	유량劉良	1638
유공달劉公達	1637	유림劉霖	504
유과劉過	247, 1462, 1645	유림維林	1127
		유만춘俞萬春	1471

유명劉明	1639	유사영劉士永		1689
유명씨惟明氏	1136	유사진劉士震		1636
유목劉牧	143	유삼劉森		1639
유문劉文	1685, 1688, 1692	유삼오劉三吾		604, 770
유문遺文	202	유상劉尚		1638
유문규劉文奎	1519	유생劉生		1637
유문금劉文錦	675	유선劉璿		1691
유문모劉文模	1519	유선복劉繕福		1496
유문승劉文升	1637	유성俞聲		1668
유문해劉文楷	1519	유성劉成		1691
유문劉文	1637	유성담劉性湛		1496
유민劉旻	1638, 1690	유세영劉世英		1310
유민중劉敏中	517	유세유劉世儒		550
유민중劉敏仲	490	유소劉昭	1639, 1688, 1692
유박사劉博士	311	유소명劉素明		850, 1507
유백온劉伯溫	1386	유송俞松	291, 1480, 1676
유법현猶法賢	1467	유송劉松		1639, 1692
유병劉丙	1686	유수종劉守宗		1615, 1638
유병劉炳	1639	유순劉純	728, 819, 820
유병충劉秉忠	483	유숭劉崇		1639
유보劉寶	1638	유숭원劉崇遠		92
유복劉復	1098, 1755	유승劉升		1637
유본원俞本元	811	유시거劉時擧		200, 509
유본형俞本亨	811	유시승劉時昇		1504
유부俞富	1689	유신劉信		1639
유부劉孚	1638	유신劉申		1637
유빈화劉彬華	931	유신발劉申發		1637
유사륭劉仕隆	809	유악신劉岳申		517

유안游安	1679	유우장劉友張		449
유안기俞安期	787	유욱劉郁		1584
유안세劉安世	201	유운거사留雲居士		1365
유암留菴	1873	유원劉源	1526,	1685
유약금劉若金	1114	유원劉遠		465
유약우劉若愚	630, 751, 1749	유원游元		1679
유언劉彦	1639	유원강留元剛		225
유언중劉彦中	1639, 1684	유원기劉元起		180
유엄劉弇	239	유원장劉源長		1110
유여림劉汝霖	1847, 1851	유원중劉元中		1637
유여집俞汝楫	775	유원劉元		1637
유역劉繹	1469	유월俞樾	551, 755, 943,	1079,
유연柳衍	1540	1090		
유연정劉燕庭	225	유위문劉魏文		1689
유영劉榮	1141, 1330	유유劉瑜		1479
유영劉盈	1639	유유극劉惟極		415
유영劉迎	427, 435, 439	유윤문俞允文		1505
유영일劉永日	1525, 1528	유윤劉允		1637
유영지劉永之	1690	유응강劉應康		669
유영柳永	1637	유응기劉應琦		1515
유영劉嶸	143	유응등劉應登		758
유옥전劉玉田	673	유응조劉應組		850
유완소劉完素	436, 440, 441	유응태劉應泰	711,	727
유용劉墉	1144, 1188	유의경劉義慶	1628,	1845
유용劉用	1637	유익劉益		257
유우劉佑	1638	유인俞寅		1668
유우劉羽	1638	유인劉因	484,	516
유우석劉禹錫	64, 227, 437, 1629	유인劉寅	1639,	1690

유인劉仁	1636
유인劉麟	127
유일신劉一新	1690
유자화劉子和	1636
유장劉章	1639
유장경劉長卿	225, 1462
유장사劉將仕	178
유재劉宰	247, 1286, 1463
유전劉全	1638, 1691
유절劉節	1844
유정俞正	1668, 1689
유정劉定	1686
유정劉廷	1691
유정喩政	810
유정계游廷桂	1508, 1516
유정목俞貞木	810
유정손俞鼎孫	256
유정장劉廷章	1691
유정헌劉廷憲	1507
유정劉正	1637
유제劉霽	1639
유조겸劉祖謙	460
유종劉宗	1690, 1691
유종주劉宗周	604, 770, 785
유중劉仲	1638, 1685, 1686
유중달劉仲達	787
유중립劉中立	180
유중립劉仲立	178
유중보劉仲甫	219
유지劉志	1638, 1688, 1692
유지劉摯	201
유지劉智	1125, 1691
유지기劉知幾	17, 19, 90, 104, 727, 1696
유지문劉之問	178, 180, 197
유진劉眞	1686
유진劉秦	1639
유진劉臻	1691
유진劉進	1690
유진劉珍	16, 18
유진옹劉辰翁	758
유창俞昌	1690
유창劉昌	1264, 1639
유처현劉處玄	452, 453
유천劉千	1636
유천劉川	1691
유청劉淸	1639
유청劉靑	1639
유총劉聰	1639
유충俞忠	1668
유충劉忠	1638
유태俞泰	1300
유태공劉台拱	1090
유통판劉通判	179
유하간劉河間	523
유학기劉學箕	247, 516

유해경劉海慶　　　　　　1496

유향劉向　　　10, 15, 16, 42, 211,
　　325, 340, 368, 602, 710, 722,
　　725, 727, 728, 1083, 1491,
　　1669, 1870, 1871

유헌俞憲　　　　　　779, 801

유협劉勰　　　520, 727, 1473

유호喻皓　　　　　　　263

유홍劉洪　　　　　　　675

유홍柳洪　　　　　　　255

유홍재劉弘宰　　　　　1506

유화태劉和泰　　　　　1399

유훈劉訓　　　　　　　1691

유흥재劉興才　　　　　1638

유희遊熙　　　　1483, 1679

유희해劉喜海　　　1089, 1459

육계옹陸繼翁　　　　　898

육광조陸光祖　　　　　826

육구몽陸龜蒙　　　　　229

육구연陸九淵　　　244, 1463

육농기陸隴其　　　1080, 1091

육덕명陸德明　　104, 190, 1646

육덕유陸德儒　　　　　1525

육무수陸懋修　　　　　1114

육문보陸文寶　　　　　898

육문주陸文籀　　　　　1442

육문준陸文俊　　　　　898

육문형陸文衡　　　　　1459

육미陸楣　　　　　　　1467

육방옹陸放翁　　　　　1293

육봉조陸鳳藻　　　　　48

육불은陸黻恩　　　　　1469

육상충陸尚忠　　　　　1504

육선陸選　　　　　　　1659

육세陸細　　　　　　　1516

육손지陸損之　　　　　1517

육수陸水　　　　　　　1688

육수성陸樹聲　　　　　1506

육시화陸時化　　　　　1458

육심陸深　　774, 886, 1321, 1350

육심원陸心源　　256, 329, 1105,
　　1106, 1153, 1621, 1845

육영陸榮　　　　　　　1659

육영陸永　1488, 1616, 1659, 1685

육영陸穎　　　　　898, 899

육요陸耀　　　　　　　1110

육용陸容　485, 607, 886, 1750

육용지陸用之　　　　　898

육우陸羽　　　　　261, 373

육우인陸友仁　　　　　555

육우후陸雨侯　　　　　875

육운룡陸雲龍　　　　　875

육유陸游　　160, 224, 244, 301,
　　331, 1083, 1463, 1623, 1637,
　　1640, 1748

육이전陸眙典　　　　　334

육이첨陸以湉	1113	이간부李簡夫	1233
육자휼陸子遹	160, 231, 301, 1623	이강李綱	241, 1237
육전陸佃	160, 191, 239	이강손李絳孫	255
육정찬陸廷燦	1110	이개선李開先	886
육즙陸楫	807	이갱伊賡	231
육지陸贄	201, 225, 1083	이건李建	1686
육춘陸春	1659, 1688	이건덕李乾德	1560
육춘陸椿	1685	이건훈李建勛	90
육후陸詡	1538	이걸李杰	1687
육훤陸烜	1114	이격李格	1686
육훤陸煊	382	이경李慶	1654
윤보尹甫	1626	이경李景	1685
윤수형尹守衡	604, 773	이경李璟	89
윤시방尹時方	1272	이계李誡	164, 263, 551, 1680
윤식尹直	776	이고李杲	524, 1655
윤진胤禛	1745	이고李皐	1656
융기隆琦	1552	이고李翱	150, 227
은원隱元 선사	1552	이공온李公蘊	283, 1368, 1560
음시부陰時夫	505	이관음득李觀音得	479
응공應拱	1684	이광李光	1653
응권應權	1690	이광李洸	1548
응덕應德	1684, 1692	이광정李光庭	1449
응세창應世昌	1691	이광지李光地	1079, 1091, 1107
응소應劭	15	이국경李國慶	1886
응종應鍾	1507	이국병李國屛	997, 999, 1000
응창應昌	1691	이규李圭	1653
의천義天	282, 420	이규보李奎報	1541
이가서李家瑞	1755, 1098	이극공李克恭	391

1948

이근원李根源 1849

이기李奇 1654, 1656

이길보李吉甫 204

이낙온李樂溫 391

이단李端 1691

이단초李旦初 1380

이당李棠 1656, 1686

이덕건李德騫 1466

이덕계李德啓 1756, 1844

이덕명李德明 475

이덕유李德浴 228

이덕정李德正 1689

이도李祹 1542

이도李度 1479, 1685

이도李燾 200, 499, 509, 1362, 1421, 1444, 1746

이도겸李道謙 1748

이도순李道純 739

이도재李道載 1560

이동李仝 436

이동양李東陽 752, 775, 789

이두문李鬥文 1690

이등李登 1282, 1423, 1465

이량李亮 1691

이량李良 1685, 1688

이량李諒 1656

이렴李濂 782

이림李林 1655

이림李霖 435

이립李笠 1841, 1875

이맹전李孟傳 301, 1627

이명李明 1654

이모李謀 1688

이몽양李夢陽 605, 699, 789

이무李懋 1685

이무지李茂枝 1506

이문李文 1653, 1685

이문봉李文鳳 1862

이문조李文藻 926

이문중李文仲 1517

이문통李文通 1540

이문효李文孝 1506

이민李敏 1485, 1490, 1656, 1688

이반룡李攀龍 605, 789

이발李發 1653

이방李昉 250, 252, 357, 1459, 1470, 1624, 1631

이방李芳 1686

이방李防 732

이방화李邦華 1465

이배李倍 1656

이백李白 56, 223, 649, 709, 1096, 1101, 1472, 1551, 1702, 1851

이백여李伯璵 742

이병산李屛山 489

이병상李秉常 475

이보李保	1687
이보李寶	1692
이복李福	1517
이복李復	240
이본낭易本娘	1443
이봉포李鳳苞	1086
이분李汾	439, 1654
이비李備	1285, 1445
이빈李彬	1656
이빈李頻	229
이사구李司寇	477
이사백李師白	477
이사순李師順	1684
이사의李思義	1655
이사정李師正	1483, 1617, 1653
이사총李士聰	1653
이사충李思忠	1655, 1687
이사통李士通	1652
이사현李思賢	1655
이상李祥	1656
이상백李尙白	1525
이상보李祥甫	1525, 1532
이서화李書華	1754, 1850
이석李碩	1656, 1684, 1690
이선李佺	1654
이선李善	251, 1513
이선근李仙根	1862
이선란李善蘭	917, 1067, 1073, 1076, 1108
이성李成	1654, 1690
이성탁李盛鐸	1069
이세민李世民	53
이세영李世英	391
이세웅李世熊	1407, 1458, 1467
이손지李遜之	1446
이송李松	1655
이수李受	720
이수李垂	203
이수李秀	1617, 1654, 1686
이수李穗	254
이수충李守忠	443
이숙李淑	359
이숙李璹	1685
이순李恂	1686
이순李珣	1581
이순李詢	1655, 1685, 1688
이순현李舜弦	1581
이숭李崧	1688
이습李習	1691
이승李勝	1486, 1656
이승李升	1692
이승李昇	1654, 1684-1686, 1690, 1691
이시면李時勉	793
이시방李時芳	784
이시진李時珍	274, 604, 819, 820,

1011, 1113, 1580, 1727

이식李栻 807

이신李新 1691

이신李辛 1654

이신李信 1655

이심전李心傳 117, 140, 169, 200, 349, 1247

이십랑李十娘 1615, 1652, 1688

이씨 십랑十娘 1485

이아동李阿仝 489

이악李鶚 88, 1478

이악충李鶚狆 886

이안청李雁晴 1841, 1842

이암李岩 1654

이야李埜 1686

이양조李諒祚 468, 475

이억李億 1652

이언李彥 1655, 1686, 1692

이언량李彥良 1516

이언문李言聞 820

이엄李儼 1368

이여민李茹旻 1467

이연李硯 1686

이연李涓 1656

이염李琰 1656

이예李銳 1107, 1108

이옥李玉 1496

이온李溫 60

이옹李顒 1091

이와사키[岩崎] 1154

이요李瑤 1230, 1331, 1332, 1334, 1423, 1446, 1455

이용李瑢 1854

이용장李用章 137

이우李佑 754

이우李愚 88, 1266

이우李祐 1685

이욱李昱 1684, 1687, 1690

이욱李煜 89, 90

이원李元 1110, 1685, 1653

이원도李元度 1083

이원량李元諒 1581

이원복李元復 40

이원양李元陽 633, 770

이원호李元昊 468, 471, 475

이유李攸 1688, 1746

이유李有 1748

이유李劉 247

이윤李允 1691

이윤李閏 1691

이은수李恩綬 1469

이의李義 1652

이이경李詒經 1459

이이안李易安 220

이익李益 1685

이인李仁 1653

이인효李仁孝	468	이존양李存讓	1495
이일화李日華	895	이종악李宗諤	203, 206
이잉李仍	1653	이주한李周翰	251
이자李孜	1485, 1490, 1654, 1688	이죽李竹	1654
이자명李慈銘	1093, 1234	이준二俊	222
이자문李子文	430, 437	이준李俊	1685
이자성李自成	698, 914	이준민李俊民	439, 538, 1748
이자위李子威	254	이중李中	230, 1653, 1692
이자종李紫琮	479	이중李仲	1653, 1685, 1692
이장李章	1684	이중남李仲南	524
이장李璋	1656, 1686	이중녕李仲寧	236, 1485, 1486, 1653
이재李才	1653		
이정李檉	1627	이증李證	1685
이정李正	1688	이증백李曾伯	247
이정李定	1689	이지李贄	622, 789
이정국李定國	830	이지상李志常	511
이정규李廷珪	85, 90, 111, 112, 391, 397, 1187	이지순李知順	1481
		이지순李之純	443
이정기李廷機	770	이지의李之儀	240
이정상李廷相	886	이지조李之藻	648, 816, 818, 834
이정조李鼎祚	723	이지혜李志惠	753
이제녕李際寧	1885	이진李珍	1655, 1685
이조李肇	86, 1746	이질영李質穎	1287
이조李潮	624	이찬李贊	1656
이조락李兆洛	1093, 1431, 1446, 1449, 1456, 1468	이찬화李贊	420
		이창李昌	1654
이조증李肇增	1469	이창기李昌期	793
이조훈李祖訓	1686	이천李蔵	1548

이첨정李添丁 1852
이청李淸 774, 1506
이체李棣 1686
이초李超 85, 111
이초경李超瓊 1469
이춘李春 1655
이춘李椿 203, 1656, 1686
이충李忠 1487, 1617, 1654, 1688, 1690, 1692
이충李翀 809
이취국李醉麴 1175
이치충李致忠 378
이탁오李卓吾 808
이태李太 1516
이태사李太史 771
이택李澤 720
이표중李彪重 443
이한李翰 385, 409, 1443
이함용李咸用 230
이헌李憲 1655, 1685, 1688
이현李賢 780
이혈李娎 1570
이형李衡 159
이호문李好文 511
이홍식李弘植 76, 77
이홍우李洪宇 625
이홍장李鴻章 1083, 1191
이홍지李洪智 1496

이환李恒 723
이환李桓 1083
이환李煥 1507
이효미李孝美 390, 1748
이후유李厚裕 1110
이후李詡 1750
이훈李訓 1653
이휘李徽 1656
이흥李興 1653
이희필李希泌 1755, 1851
인계麟桂 1456
인광임印光任 1085
인종 118
임겸광林謙光 1088
임경任慶 1636
임경林卿 1489, 1665
임경林庚 1687
임경林景 1666
임경林駧 514
임경희林景熙 731
임계任桂 1532
임계운任啟運 1079
임광조林光祖 1665
임금남林琴南 1078, 1079
임길林佶 1517
임대춘任大椿 1090
임대흠林大欽 686
임도林挑 1665

임명林明	1665	임운명林雲銘	1090
임무林茂	1665, 1687	임원林遠	1665
임문林文	1689	임월林鉞	1443, 1624
임방林方	1665	임위任韋	1685
임방林芳	1687	임유귀林有貴	1564
임부林富	1689	임윤林允	1665
임사林祀	1665	임윤林潤	697
임사林賜	1666	임윤지林允之	1665
임사림任士林	518	임응룡林應龍	725
임삼林森	1666	임인林仁	1665, 1687
임서林紓	1091, 1101, 1102	임자원任自垣	784
임선任瑄	1496	임장林璋	1490
임성林盛	1616, 1666	임재지林載贄	1368
임성장林成章	1840, 1876	임정任正	1636
임소林昭	174	임정林靜	1505
임손林巽	235	임조정任朝楨	1468
임송천林松泉	564	임족林足	1687
임수방林季芳	875	임종林從	1490
임승林升	1665	임준林俊	1665, 1684, 1685, 1687, 1690
임신林申	1687		
임심林深	1665	임지林誌	1287, 1465
임억林億	265, 326	임지기林之奇	243
임언林彦	1665	임지원林志遠	1686
임연任淵	238	임지현任知玄	94
임영任瀛	726	임창林昌	1689
임오관林五官	1556, 1557, 1577, 1727	임청任淸	1636
		임청林靑	1665
임운林韻	1666	임춘林春	1665

임춘기林春祺 1387-1390, 1393, 1435, 1443, 1457

임칙서林則徐 1086, 1160, 1340

임특林特 206

임포林逋 231, 1629

임헌林憲 245

임홍林鴻 789

임회林檜 1665

임흥任興 1636

임희무林喜茂 1666

임희원林希元 775

임희일林希逸 248, 1455, 1629

ㅈ

자산子産 7

자산子山 564

자장慈藏 77

자현慈賢 411

잠삼岑參 224

잠우岑友 1649

장가모張嘉謨 1504

장가윤張佳胤 1284, 1465

장강張綱 241

장개빈張介賓 654, 819, 821

장갱張賡 1727

장거정張居正 776

장건張騫 1077

장검張儉 37

장검인蔣劍人 1067

장견張堅 1650

장경성張景星 1468

장경종張慶宗 1650

장경지張敬之 1500

장계張季 1651

장계張洎 90

장계유莊季裕 391

장계인張繼寅 1506

장고張杲 738

장공張拱 1651

장곽張郭 1652

장광대張光大 44

장광조蔣光照 1105

장굉위章宏偉 1886

장구章駒 1686

장구령張九齡 223, 686

장구성張九成 242, 1632

장구소張九韶 785

장구준張九俊 811

장국감張國淦 1755

장국생張菊生 1078

장국유張國維 810, 812, 816, 1466

장군방張君房 136, 259, 283

장귀張貴 1686

장규張圭 1650, 1685

장규張奎 997

장규張珪 1652

장근張謹 1652

장금오張金吾 1152, 1363, 1421, 1444, 1454, 1753

장기張箕 1506

장내온張內蘊 812

장념칠蔣念七(장휘) 1487, 1681

장녕章寧 1677

장단의張端義 438, 1550, 1747

장달蔣達 1687

장덕경蔣德璟 811

장덕쇠張德釗 94

장돈인張敦仁 1144

장동張洞 265, 326

장동蔣彤 1467

장득張得 1652, 1689

장래張來 1484, 1651

장래張萊 784

장량張良 1651

장량기蔣良驥 1082

장렴張廉 1452

장례蔣禮 1506

장로張璐 930, 1114

장뢰張耒 238, 437

장림章林 1685

장립章立 1677, 1688

장명張明 1617, 1651, 1685, 1689, 1691, 1692

장명章明 1684

장명철張明喆 1651

장모章某 315

장목張穆 1085

장문張文 1618, 1650

장문귀張文貴 899

장문취張文聚 1175

장문호張文虎 943, 1105

장민張孜 391

장민章旼 1677, 1686

장민구張敏求 1466

장방기張邦基 378, 391, 1747

장방신張邦信 1369, 1465

장방평張方平 235

장백蔣白 1680

장백기張伯岐 1369

장백순張伯淳 516

장백안張伯顔 543

장병張炳 1692

장병도張秉道 392

장병륜張秉倫 1335

장병린章炳麟 1168

장복손張福孫 1652

장복우張福佑 1496

장봉章鳳 1460

장부張富 1652, 1691

장부張溥 1284, 1473

장부경張孚敬 776

장불張芾 1158

장비張棐	1687	장수章樹	1684
장빈張斌	1652	장수민張秀民	1756, 1759, 1838,
장사張泗	1689		1868-1870, 1884
장사張賜	1689	장수진張邃辰	807
장사章仕	1503	장순張舜	1652
장사약張士瀹	1286, 1473	장순張詢	1651
장사전蔣士銓	1094	장순章淳	1689
장시준張上俊	1103, 1144	장순민張舜民	239, 351
장삼주章三洲	886	장순원蔣舜元	257
장선張先	234	장숭張嵩	1516
장선張善	1686	장습張習	1303
장선張銑	251	장승張昇	1651, 1691
장선蔣先	1688	장승章昇	1685
장성張成	1650	장시중張時中	1125
장성랑張星烺	1754, 1857	장시철張時徹	801
장성취張星聚	1175	장식張栻	246
장세종張世宗	1650	장신노張申老	1851
장소張昭	1651	장신행張愼行	1686
장소사張小四	1649	장심蔣深	1687
장소십張小十	1649	장씨천육랑張氏千六娘	1479, 1485
장소오張小五	1649	장아구張阿狗	1481, 1615, 1651
장소오張少吾	620	장아덕蔣亞德	1487
장소팔張小八	1649	장안張安	1650
장손씨長孫氏	31	장어蔣馭	1687
장손황후長孫皇后	32, 58, 70	장언張彦	1651
장송蔣松	1689	장언章彦	1677, 1688
장수張邃	1687	장언진張彦振	1384, 1686
장수章受	1688	장언충張彦忠	1651

장여림張汝霖　　　1085, 1441

장역신張力臣　　　　　1518

장연옥張延玉　　　　　1751

장연창張燕昌　　　　　1111

장영張榮　　　　1651, 1688

장영張永　　22, 1650, 1690

장영張詠　169, 231, 363, 365

장영章英　　　　　　1686

장영蔣榮　　　　1680, 1688

장영조蔣榮祖　　　　　1680

장예張叡　　　　　　1457

장예張銳　　　　　　269

장오張敖　　　　720, 1652

장옥서張玉書　　　　　1081

장요張耀　　　　　　1135

장요손張曜孫　　　　　1457

장용章容　　　　1677, 1688

장용章鏞　　　　　　1507

장용蔣容　　　　　　1680

장우張友　　　　　　1650

장우張禹　　　　　　1687

장우張雨　　　　　　542

장우章宇　1677, 1685, 1688, 1691

장우석掌禹錫　　　　　326

장우인蔣友仁　　1003, 1004

장욱張旭　　　　　　55

장원간張元幹　　　242, 249

장원소張元素　　　　　734

장원욱張元彧　　　　　1650

장월선張月仙　　　　　1479

장위봉蔣威鳳　　　　　1855

장유張由　　　　1650, 1684

장유章宥　　　　　　1684

장육張六　　　　　　1650

장육영蔣毓英　　　　　1088

장윤張允　　　　　　1691

장음린張蔭麟　　　　　1875

장음환張蔭桓　　　　　1068

장응문張應文　　　　　328

장의張矣　　　　　　1516

장이기張爾岐　1323, 1439, 1459,
　　1751

장이상張履祥　　　　　1109

장익張益　　　　　　1275

장인張仁　　　　　　1650

장일張一　　　　　　1496

장자莊子　　20, 105, 184, 213,
　　214, 755, 1090

장자張孜　　　　　　1651

장자張鎡　　321, 727, 1638

장자章谷　　　　　　127

장재張才　　　　　　1649

장재章梓　　　　　　1685

장적張籍　　　　　　227

장전신張全新　　　　　1849

장전영張全瑛　　　1856, 1884

장정張定　1651
장정張挺　1651
장정張政　1686
장정張鼎　1652
장정롱莊廷鑨　1525
장정상張廷相　1519
장정석蔣廷錫　1379-1381
장정옥張廷玉　1082
장정제張廷濟　1089
장정준張亭俊　1518
장제蔣濟　1688
장조張照　1092
장조章操　1685
장조蔣祖　1680
장조영張祖詠　1445
장존혜張存惠　429, 491, 508, 516, 669
장종張宗　1651, 1686
장종章宗　1677
장종상張宗祥　74
장종정張從正　440, 441, 524
장좌張佐　1687
장주蔣周　257
장주사張周士　1500
장준張俊　1484, 1619, 1651
장준張參　190
장준경章俊卿　217, 514
장준의張俊義　1650

장준정張俊廷　1174
장중張中　1690
장중張仲　1650
장중章中　1677, 1685, 1688
장중경張仲景　266, 267, 865, 1112, 1702
장중광蔣重光　1753
장중보張仲寶　1650
장중진張仲辰　1650
장지張芝　21
장지동張之洞　944, 945, 1104
장지백張知白　203
장지상張之象　1284
장지청張志淸　1885
장지환張之奐　838
장진張振　1686
장진張鎭　1479, 1621, 1652
장진章珍　1685
장진형張晉亨　508
장찬張撰　1652
장창章昌　1677
장채전張采田　1456
장처후張處厚　391
장천명張荐明　106
장천복張天復　780
장천석張天錫　433, 898
장청張淸　1652
장추張樞　1651

인명 색인　1959

장축張丑 787

장춘張椿 1504

장춘章椿 1685

장충章忠 1677, 1688, 1691

장취蔣就 1685

장치원蔣致遠 1113

장칠거사張七居士 1496

장태염章太炎 192, 1168, 1841

장택단張擇端 128, 851

장통張通 1652, 1688

장패張沛 1515

장표張杓 226

장풍익張風翼 796

장필張佖 325

장학사張學士 219

장학성章學誠 917, 944, 1086, 1087

장한張翰 776

장한걸張漢傑 1169

장해章楷 1677, 1684, 1690

장해붕張海鵬 1104

장행張行 1686

장현호張玄浩 1851

장형張亨 1650, 1688

장형章亨 1507, 1677

장형章衡 1628, 1675

장혜언張惠言 917, 1090, 1094

장호張祜 229

장화張和 1651

장화張華 18

장황章潢 787

장효상張孝祥 243, 249

장훤張萱 382, 604, 773

장휘蔣暉 1680

장휘蔣輝(장념칠) 370, 372, 1487, 1488, 1491, 1618

장흠신張欽臣 242

장흡張洽 723

장흥조張興祖 1689

재순載淳 1745

재첨載湉 1745

저수량褚遂良 56

저요儲耀 1465

저화褚華 1110, 1457

적가상翟家祥 1342

적금생翟金生 1229, 1231, 1329, 1331, 1334, 1335, 1339-1341, 1343, 1389, 1423, 1431, 1435, 1437, 1468, 1753

적기狄杞 1659

적소응翟昭應 136, 347

적영狄永 1659

적인수狄仁邃 564

적잔휘赤盞暉 427

적정진翟廷珍 1341, 1431, 1468

전겸익錢謙益 477, 886, 1093,

1152, 1300, 1546, 1752

전고지錢杲之 222

전공錢珙 1675

전기錢起 225

전기박錢基博 1755

전난田瀾 1305

전단錢端 1675, 1688

전단례錢端禮 301

전대흔錢大昕 1108, 1517, 1752, 1855

전량錢良 1501

전류錢鏐 8, 95, 96, 134

전매錢玫 1447

전몽옥錢夢玉 1281

전민田敏 88, 104, 1267

전반암錢半岩 1533

전번錢璠 1281

전산全山 1686

전세걸錢世傑 1503

전수錢殳 885

전숙錢俶 96-102, 1089

전시田時 1687

전실錢實 1675

전엄錢儼 96

전여성田汝成 790

전영田永 1687

전영錢泳 1518, 1752

전예형田藝蘅 784

전우錢竽 270

전욱錢昱 96

전유錢瑜 1675

전육찬錢陸燦 1384

전의길錢儀吉 1083

전조망全祖望 917, 1083, 1093, 1153, 1855

전존훈錢存訓 1315, 1755, 1759, 1879, 1881

전종서錢鍾書 1595

전증錢曾 377, 379, 1152

전진굉錢振鍠 1473

전징傳澄 784

전징지錢澄之 1466

전찬황錢贊黃 1459

전홍숙錢弘俶 96-98, 107-109, 134, 282, 1698, 1854

전홍좌錢弘佐 96

전환錢桓 1675

전훈錢燻 1469

전희조錢熙祚 1104, 1105

점경占慶 1692

정강중鄭剛中 242

정거부程鉅夫 517

정견鄭堅 1689

정견선丁見善 1442

정겸丁謙 204

정경사程景思 1680

정계鄭澂	886	정동丁桐	1444
정곡鄭谷	230	정량丁亮	1623
정공丁拱	1624	정량丁諒	1624
정공鄭恭	1667	정량선丁亮先	978, 979, 1886
정공망程公望	1185	정례鄭禮	1689
정공유程公瑜	1185	정로봉丁魯峰	1519
정광조鄭光祖	484	정리상鄭履祥	787
정구程俱	241, 1633, 1678	정리항丁履恒	1468
정구鄭求	1493, 1667	정립鄭立	1667
정국광鄭國光	1570	정만丁萬	1690
정국균丁國鈞	1444	정만전丁萬全	1690
정군방程君房	658, 751, 902-904, 1751	정명丁明	1623, 1687
		정명正明	443
정규丁圭	1684, 1690	정민정程敏政	659, 789, 801
정규丁珪	1624, 1690	정병丁丙	146, 1100, 1106
정극강丁克剛	1851	정보丁保	1687
정근鄭勤	1687	정보程寶	1680
정기丁琦	1624	정보鄭寶	1687
정기鄭機	31, 36	정사丁思	1489
정기鄭琦	1515	정사재靜思齋	886
정기룡程起龍	846	정상서程尚書	1635
정남일丁南一	1624	정서충丁敍忠	1440
정념正念	1554	정선갑程先甲	1443
정노鄭老	1615, 1667	정섭鄭燮	1094, 1144
정대방鄭大邦	1441	정성공鄭成功	1393
정대위程大位	257, 604, 809, 1368	정세용鄭世容	668
정대창程大昌	205, 294, 380	정소동鄭小同	1442
정돈程敦	951	정송丁松	1623

정송鄭竦	1862	정웅비丁雄飛	811
정송년丁松年	1623, 1687, 1691	정원성程元成	1248, 1250
정수鄭受	1667, 1687	정원용鄭元容	635, 1547
정순程峋	1445	정원훈鄭元勳	1506
정순칙程順則	1570	정위원程偉元	1099, 1421
정신丁申	1100, 1753	정유丁宥	1624
정신程侁	1692	정응종丁應宗	978, 1175
정신鄭信	1667, 1689	정이程頤	189, 233, 1261
정안丁晏	1079	정이정鄭以楨	668
정야鄭埜	1668	정이후鄭以厚	668
정약용程若庸	771	정익지丁益之	1624
정약증鄭若曾	1861	정인鄭寅	359
정양丁洋	1624	정자程子	1541
정양자正陽子	714	정자성鄭自誠	176
정여사鄭如斯	1754	정자정丁子正	1689
정염程炎	1443	정장丁璋	1624
정영鄭榮	1687, 1689	정전鄭全	1667, 1689
정영鄭英	1486, 1667, 1690	정정丁正	1689
정옥鄭玉	518	정제鄭濟	1505
정용丁用	1623	정조지鄭肇之	242
정용程榮	807	정종呈琮	1688
정용程用	1680, 1686	정종유程宗猷	786
정우鄭友	1667, 1687	정중鄭衆	18
정우鄭羽	237	정중보程仲寶	1680
정운림鄭雲林	668	정중상程仲祥	1680
정운붕丁雲鵬	846	정지강丁志剛	1852
정운학丁雲鵬	903	정지공丁志供	1618
정웅程雄	1092	정지재丁之才	1623, 1684

정지진鄭之珍 865

정진손鄭鎭孫 70, 710, 728

정진탁鄭振鐸 797, 1098, 1154, 1310, 1343, 1753

정참程參 1680, 1692

정창鄭昌 1667, 1691

정철程哲 1518

정청지鄭清之 246

정초鄭樵 197, 505, 508

정춘鄭春 1667, 1688, 1691

정충丁忠 1483, 1618, 1623

정충두程冲斗 786

정통鄭統 1667, 1689

정통鄭通 1687

정학년丁鶴年 485, 706, 725, 1124

정합丁合 1623

정해鄭澥 233

정현鄭玄 1080, 1083

정현鄭顯 1490, 1667

정현학華亭縣學 222

정호程顥 233

정호신鄭虎臣 1473

정화丁和 1623

정회덕鄭懷德 1563

정효鄭曉 604, 776

정휘丁輝 1624

정홍鄭興 1667

제갈고諸葛高 387

제갈량 1083

제건륭齊健隆 1173

제곤齊鯤 1449

제덕지齊德之 524

제소남齊召南 1079

제주화齊周華 1527

제창齊昌 1687

조간왕趙簡王 711

조거신趙居信 727

조겸지晁謙之 166, 239, 1624

조경趙炅 1740

조경趙經 1516

조경여趙敬如 1460

조계일晁季一 392

조공무晁公武 255, 360, 1152, 1678, 1748

조공전趙公傳 336

조관曹冠 249

조관영曹冠英 1676

조관종曹冠宗 1676

조관지晁貫之 390

조광윤趙匡胤 113, 1096, 1740

조광의趙匡義 113

조구趙構 114, 1741

조구생趙樞生 1284, 1465

조규曹圭 1676

조기趙禥 1742

조기미趙琦美 886

조길趙佶 1741

조길사趙吉士 1185

조단曹端 785

조덕린趙德麟 276, 357

조덕수曹德酬 1186

조도락曹道樂 473

조돈趙惇 1742

조등趙等 1516

조량趙良 1499, 1671

조룡수雕龍手 847

조만리趙萬里 1844, 1876

조맹규趙孟奎 253, 1484, 1617, 1625

조맹부趙孟頫 484, 542-544, 563, 1325, 1882

조명성趙明誠 210, 1673

조문민趙文敏 899, 1070

조백계曹伯啟 517

조번로趙磻老 120, 201

조벽趙璧 241, 850

조변趙抃 159, 206, 233, 1636

조병문趙秉文 435, 439, 440, 516

조병의趙秉義 1516

조병충趙秉忠 859

조보趙普 201

조보지晁補之 238, 239

조불우趙不迂 361

조비연趙飛燕 430

조사갈趙士暍 203

조사춘趙士春 1466

조서趙曙 1741

조선료趙善璙 1626, 1681

조세창趙世昌 1671

조세해趙世楷 645

조소공曹素功 1111, 1185

조송설趙松雪 721

조수曹壽 18

조수준趙守俊 410, 1495

조순손趙順孫 504

조숭조趙崇祚 93, 249, 1624, 1633

조시趙昰 1742

조시간趙時侃 1624

조시경趙時庚 261

조식曹混 222, 1083, 1461, 1676

조신趙昚 1741

조신도趙慎到 214

조신진趙愼畛 315

조안인趙安仁 1479

조앙趙昂 1460, 1516

조양왕棗陽王 742

조언단趙彦端 243

조언약趙彦若 256

조언위趙彦衛 1747, 1841

조여양趙汝洋 1243

조여우趙汝愚 1447, 1617, 1640

조여적趙汝適 205, 1584

조연ㄱ衍	325	조정길趙貞吉	1465
조열지晁說之	120, 213, 238, 357	조정신趙鼎臣	240
조엽趙曄	195	조정원曹定遠	1186
조영趙榮	753	조조웅趙兆熊	1473
조영조趙榮祖	1689	조종趙宗	1671, 1690
조용曹溶	1107, 1153, 1420	조종건趙宗建	1462, 1473
조용현趙用賢	1284, 1455	조종선趙從善	1495
조우趙寅	1481, 1671	조종업趙從業	1495
조욱趙頊	1741	조종작趙宗綽	357
조원덕曹元德	1676	조종패趙宗霸	1671
조원영趙圓榮	1496	조준趙俊	1495
조원충曹元忠	93, 107, 1478	조중趙中	1670
조원필曹元弼	1442, 1443	조중목趙仲穆	542
조원호趙元昊	469	조진삭曹震鑠	1532
조윤趙昀	1742	조청상趙淸常	797
조율晁瑮	886, 1302, 1750	조충지晁沖之	239
조의祖意	1717	조통趙通	1671
조이손趙爾巽	1122, 1753	조표曹鑣	1332
조익趙翼	79, 1082, 1093, 1346, 1752	조표조趙彪詔	1110
조인曹仁	1676	조필귀曹必貴	1689
조인曹寅	1103, 1110	조학민趙學敏	1011-1113
조장려趙妝礪	234	조학전曹學佺	1347, 1441, 1750
조전趙前	1885	조함趙峆	784
조점曹霑	1099, 1471	조항趙恒	1740
조정曹鼎	1676, 1691	조헌각晁憲悫	265
조정趙禎	1740	조형晁衡	1551
조정趙鼎	241	조형晁迥	325
		조확趙擴	1742

조환趙桓	1741	주가순周可順	1504
조횡趙竑	352	주가위周嘉胃	1092
조후趙煦	1741	주가유周嘉猷	1444
조희곡趙希鵠	393	주간朱簡	1092
조희찬曹希璨	1473	주간朱諫	784
종계승鐘季升	1671	주개周凱	1109
종계이鍾桂異	1689	주견남朱見湳	887
종문鍾文	1671	주견린朱見璘	742
종범從梵	461	주견심朱見深	1745
종성鍾惺	605, 789, 900	주견준朱見浚	717, 743
종성鍾成	1690	주견택朱見澤	743
종예宗叡	1551	주견패朱見沛	744
종요鍾繇	21, 96	주경朱京	1506
종원鍾遠	1671	주경朱樫	738
종인걸鍾人傑	807	주경문周景文	1527
종재鍾才	1671, 1687	주경종朱慶宗	483
종중형宗仲亨	516	주계朱桂	729
종택宗澤	240	주계숙朱季㙫	725
종흥鍾興	1671	주계예	725
좌공左恭	1852, 1856, 1857	주계요朱桂曜	1841
좌구명左丘明	194	주고수朱高燧	740
좌규左圭	256, 1292, 1420	주고치朱高熾	1744
좌미左眉	1468	주고후朱高煦	712
좌종당左宗棠	1083, 1092, 1135, 1174	주곤朱袞	127
		주공궤朱拱欌	703, 712, 737, 887
좌종영左宗郢	784	주공요朱拱橚	734
주가렴朱家濂	1851	주공정朱拱梃	712, 734
주가록周家祿	1085	주공통朱拱樋	712, 734

주관구朱觀熰 787

주광朱光 1641, 1687

주굉朱肱 169, 1630

주국정朱國禎 1750

주권朱權 485, 604, 732, 733, 780, 787, 810

주귀周貴 1686

주규朱圭 998, 1000, 1138, 1140, 1511, 1526, 1528

주근천周近泉 617, 624

주기옥朱祁鈺 1745

주기전朱祁銓 742

주기진朱祁鎮 1744, 1745

주남朱楠 697

주념교朱恬烄 707

주다괴朱多炌 712

주다소朱多炤 734

주다혼朱多焜 706

주당周堂 1313

주도준周道遵 1453

주돈이周敦頤 233, 1261

주량周亮 1486, 1664

주량朱諒 1641

주량공周亮工 790, 883

주량방朱良邦 1532

주례周禮 1663, 1686

주례朱禮 1641

주륜周綸 301

주리정周履靖 786, 796

주린지周麟之 364

주림周琳 1687

주만초朱萬初 564

주맹완朱孟烷 713, 724

주명周明 1664, 1687, 1692

주명朱明 1641, 1686, 1688, 1690

주명기周鳴岐 760

주명옥朱明玉 1641

주모朱模 737

주모위朱謀㙔 604, 701, 770

주모위朱謀瑋 887

주목결朱睦㮮 703, 723, 782, 887

주목영朱睦英 724

주목정朱睦鼎 723

주무周茂 1686

주문周文 1663, 1687

주문朱文 1617, 1641

주문공朱文公 212

주문귀朱文貴 1684

주문창周文昌 1663

주문채周文寀 711

주문환周文煥 620

주미겸朱彌鉗 712, 739

주미제朱彌鏥 712, 739

주미진朱彌鎮 714

주밀周密 145, 287, 358, 399, 1517, 1747

주반경朱頒卿	1500
주방언周邦彦	157, 240, 249
주백기周伯琦	505, 542, 1499
주병감周秉鑒	1404, 1414
주봉周逢	1686
주부周孚	244
주부周富	1688
주부周尃	504
주불황朱芾煌	947
주빈周份	1663
주사周泗	1687
주사가朱士嘉	1755, 1848, 1855
주사귀周士貴	1686
주상周常	1685
주상周祥	1483, 1664, 1688
주상朱楳	720
주상朱詳	1641
주상락朱常洛	861, 1745
주상순朱常洵	747
주상현朱象賢	1092
주상형朱象衡	1457
주성周成	1663, 1684
주성삭朱成鑠	729
주성영朱誠泳	714, 721
주성위朱成鍏	713
주세걸朱世傑	484, 520
주세선周世先	1663
주소朱橚	811, 819
주손전朱遜烇	700
주송朱松	242, 737
주수겸朱守謙	739
주수쟁朱壽鎗	727
주숙朱橚	700, 714
주숙도周叔弢	1366
주순周珣	1664
주순하朱純嘏	1457
주숭周嵩	1664
주승周昇	1663
주승약朱承爚	712, 728
주식朱植	712, 730
주신周侁	1664
주신周信	1664
주신호朱宸濠	698
주실周實	1663
주실朱實	1684
주안周安	1664
주안등周岸登	1840, 1870
주안명朱安明	1686
주앙周昂	1664
주약린朱約麟	739
주양허朱讓栩	712, 1281
주언周彥	1664, 1685, 1691
주언朱言	1687
주언태朱彥汰	713, 737
주여등周汝登	785, 1456
주여천周如泉	617, 624

주역周燡 1688
주연희朱延熙 1478
주염朱琰 1111, 1684
주염교朱恬烄 738
주영周榮 1664
주영周永 1663
주영朱楧 730
주영朱營 1641
주영계朱榮滅 712, 725
주영년周永年 1347
주예진朱譽榛 737
주완朱玩 1641
주욕周昱 230
주용周用 1512, 1513, 1663, 1685
주우당朱祐樘 1745
주우빈朱祐檳 745
주우사朱祐樬 742
주우추朱祐樞 747
주우팽朱祐梈 746
주우항朱祐杭 744
주우휘朱祐橑 700, 887
주욱朱彧 331, 1747
주운朱云 1641
주원朱元 1479
주원보周元輔 1685
주원장朱元璋 601, 801, 821, 1719, 1744
주유朱宥 1641, 1685

주유검朱由檢 1745
주유교朱由校 861, 1745
주유돈朱有燉 605, 699, 700, 712, 714, 723, 795, 796, 811
주유임周有壬 1450
주유작朱惟焯 710, 721
주유장朱有章 265, 326
주유현朱有炫 700, 811
주윤周允 1663
주윤朱允 1744
주윤성周允成 1663
주윤소朱胤樬 738
주은갑朱恩鉀 701
주은계朱恩鐏 701
주응빈周應賓 752, 784
주의즐朱誼瀿 721
주이朱楙 739
주이존朱彝尊 1093, 1094, 1153, 1753
주익朱翌 68
주익균朱翊鈞 1745
주익류朱翊鏐 747
주익인朱翊鈏 745, 1456
주익중朱翼中 262
주인朱因 1641
주인경朱仁儆 1285, 1445
주자周慈 1503
주자朱子 917, 1079, 1091, 1094,

1541

주자지周紫芝	243
주장朱章	1641
주장문朱長文	206, 215, 239
주재周才	1663
주재朱梓	1641, 1687
주재공朱載塨	701
주재새朱載璽	710, 713, 746
주재육朱載堉	604, 699, 709, 741, 767, 809
주재잠朱載塨	714
주재후朱載垕	1745
주전朱栴	700, 782
주전배朱奠培	734
주전화朱銓鉌	707
주정周正	1663
주정朱楨	724
주정朱靜	1685
주정괴周廷槐	617, 623
주정요朱珵堯	707, 738
주정희朱廷熙	89
주조周潮	1504
주조렴朱照廉	1404, 1458
주조영朱朝瑛	770
주존리朱存理	786, 885
주종周宗	1663
주종현朱鍾鉉	714
주좌朱佐	270
주주정朱宙禎	739
주죽타朱竹垞	1472
주준격朱俊格	703
주준성朱駿聲	1079
주중周中	1687
주중周仲	1663
주지周志	1688
주지양朱知烊	707
주지지朱芝址	739
주진周震	1686
주진형朱震亨	441, 484, 523
주질경朱秩炅	714, 732
주찬周燦	1862
주창周昌	1664
주창수周昌壽	1111
주첨기朱瞻基	1744
주첨선朱瞻墡	741
주첨오朱瞻墺	742
주첨준朱瞻埈	741
주청周清	1664, 1686
주체朱棣	1744
주총수朱寵浚	731
주총양朱寵瀁	709
주춘朱春	1641, 1687
주통周通	1664
주통계朱統鐕	702, 714, 811, 887
주패朱霈	1442
주패련朱佩蓮	1565

주팽朱彭　146

주편朱楩　737

주필周畢　1688

주필朱筆　94

주필대周必大　235, 244, 252, 254, 256, 301, 1247, 1250, 1251, 1264, 1291, 1458, 1624, 1626, 1636, 1640, 1748

주학周鶴　1454

주학근朱學勤　1153

주한周閑　1469

주현周顯　1690

주현괴朱顯槐　713, 726

주현용朱顯榕　725

주형재周衡齋　1454

주호周浩　1501, 1664, 1690

주호周皓　1690

주호周鎬　1469

주호朱浩　1641

주호집朱豪埱　701

주홍周鴻　1361

주홍조周弘祖　609, 615, 630-633, 642, 659, 663, 678-682, 687, 689, 695, 696, 706, 718-720, 1750

주화周和　1663, 1689

주화周禾　1689

주황周煌　1086

주회괴周會魁　771

주효용朱效鏞　738

주후周厚　1664

주후엽朱厚燁　701, 713, 745

주후영朱厚煐　699, 746

주후영朱厚瑛　887

주후완朱厚烷　741

주후욱朱厚煜　740

주후조朱厚照　1745

주후총朱厚熜　1745

주훈철朱勛澈　713, 738

주휘周輝　1747

주흥제朱興悌　1448

주희朱熹　202, 212, 221, 243, 515, 659, 1264, 1455, 1635, 1672, 1748

죽물산석도인竹勿山石道人　1471

증공曾鞏　234, 357, 437, 515

증국번曾國藩　940, 945, 1083, 1736

증기택曾紀澤　1086

증대유曾大有　1679

증대중曾大中　1679

증립曾立　1679

증무曾茂　1679

증문曾文　1679

증세영曾世榮　525

증안지曾安止　260

증욱曾燠	1100	진경陳慶	1686, 1687
증욱문曾郁文	1178	진경기陳景沂	260
증익曾益	1570	진경용陳慶鏞	1469
증일曾一	1479	진경창陳景昌	1691
증정曾挺	1679	진경통陳景通	1686
증종曾種	1631	진경환陳庚煥	1361, 1468
증준曾峻	1092	진계모陳季模	555
증지근曾之謹	260	진계숭陳維崧	1093
증첨曾添	1691	진계유陳繼儒	754, 808, 886
증춘曾春	1679	진관秦觀	169, 238, 248, 249,
지광智光	409		260, 437, 1637, 1679
지길상智吉祥	477	진관陳觀	88
지례知禮	1485, 1666	진광陳廣	1659
지산枝山	1293	진구陳矩	754
지상인持上人	1485	진국경陳國慶	1755
지승智昇	1500	진국부陳國符	1755
지운智雲	1495	진귀陳歸	1687
지정智政	1497	진규陳圭	1660
지풍의支豊宜	1100	진규陳揆	1152
직로고直魯古	410	진균陳均	200, 295
진가경陳嘉庚	1840, 1842, 1853	진극서陳克恕	1092
진가모陳嘉謨	819, 1285, 1444	진근陳僅	1441, 1443, 1469,
진간陳侃	780		1519, 1686
진개기陳介祺	1089	진근陳瑾	1686
진거陳琚	1662	진금秦金	1300
진거陳擧	1661	진기陳基	1749
진건陳建	604, 773	진기陳杞	1661
진경陳庚	1661	진기陳起	254

진기경陳耆卿 247

진난빈陳蘭彬 1086

진념조陳念祖 1113, 1114

진단생陳端生 1096

진단왕晉端王 715

진달陳達 1691

진대과陳大科 679

진대성陳大聲 661

진대용陳大用 1659

진덕陳德 1662, 1686

진덕달陳德達 1689

진덕수眞德秀 185, 212, 247, 541, 1273, 1456, 1541, 1683

진덕신陳德新 1691

진도陳徒 1687

진동성陳同盛 1175

진동흥陳同興 1175

진두원陳斗垣 1166

진득陳得 1687

진량陳亮 245, 1363, 1464

진량陳良 1661, 1691

진려陳旅 517

진렴陳廉 1468

진록陳鏤 1754

진릉晉陵 388

진립陳立 1660, 1687

진맹영陳孟榮 1500, 1501, 1554

진맹천陳孟千 1501

진명陳明 1661

진명중陳明仲 1661, 1684

진모陳茅 1661

진몽뢰陳夢雷 1093, 1376-1382, 1421, 1423, 1460, 1466, 1752

진무陳武 1687

진무陳茂 1690

진문秦文 1512

진문陳文 1621, 1660, 1684, 1689, 1690

진문陳汶 1507

진문갑陳文玾 1560, 1852

진민陳敏 1686

진반陳伴 1686

진방陳方 1489, 1660

진방생陳芳生 42

진방여陳邦予 1519

진방첨陳邦瞻 1365, 1445

진백수陳伯壽 1501, 1514

진병陳兵 1687

진보陳補 1691

진복성陳復成 1113

진봉오陳鳳梧 857

진부陳孚 1861

진부陳富 1662

진부陳夃 259

진부량陳傅良 245, 515

진빈陳彬 1662

진빈陳斌	1506
진사陳思	210, 261
진사陳祀	1692
진사도陳師道	238, 515, 1463
진산陳山	1659
진삼陳三	1659
진상陳庠	1685
진상도陳祥道	1625
진생陳生	1660
진서산眞西山	1273
진석陳錫	1662
진선陳先	1491, 1692
진선陳善	1285, 1465
진선陳宣	1490
진선행陳先行	1886
진설陳說	1685, 1688
진성陳成	1660
진성유陳聖俞	209
진소陳紹	1564
진소온陳所蘊	1515
진손인陳孫仁	1621
진송陳松	1690
진수陳叟	1691
진수陳壽	1444, 1660, 1684, 1688, 1691
진수기陳壽祺	1752
진수웅陳壽熊	1440
진수표陳樹杓	1845
진순陳淳	183, 246
진순陳詢	1661, 1685
진순유陳舜俞	233
진술陳述	1754
진승陳僧	1662
진승陳勝	1662
진승陳升	1660
진승陳昇	1686
진시황秦始皇	8, 9
진신陳伸	1490, 1660, 1685, 1686
진신陳信	1691
진신陳新	1691
진신陳辛	1692
진실陳實	1490
진악陳岳	1661
진애정陳藹亭	1166
진양陳襄	232, 1680
진언陳彦	1661, 1686
진언陳言	1661
진언보陳彦甫	179
진업進業	306
진여의陳與義	515
진연陳衍	274
진열陳說	1685
진영陳榮	1500
진영陳英	1661, 1687
진영창陳永昌	1689
진예종陳豫鍾	1092

진옥성陳玉成	986	진일陳逸	1687	
진요陳堯	1501	진일승陳日升	1689	
진요문陳耀文	787	진일화陳日華	270	
진용정陳龍正	1466	진자룡陳子龍	801	
진우陳友	1690	진자명陳自明	271	
진우陳右	1660	진자수陳子秀	1659	
진우陳祐	1662, 1691	진장陳章	1662, 1687	
진우모陳禹謨	1506	진장陳長	1687	
진욱陳昱	1661	진재陳才	1659, 1691	
진원陳元	1660, 1689	진재겸陳在謙	1100	
진원룡陳元龍	1093	진전陳全	1660, 1689	
진원무陳元茂	1689	진절陳節	1507	
진원섭陳元燮	1862	진정陳政	1690, 1691	
진위陳偉	1660	진정陳正	1490, 1660	
진위陳爲	1885	진정陳靖	1662	
진유陳宥	1685	진정陳鼎	1110	
진유숭陳維崧	1094	진정경陳延敬	1517	
진육秦熿	233	진정패陳丁佩	1111	
진육陳六	1660	진조陳肇	1686	
진윤陳贇	1687	진조륜陳兆侖	1096	
진윤陳閏	1661, 1691	진종陳從	1685, 1686	
진의陳義	1659	진종陳琮	1111	
진이명陳以明	1100	진종고秦宗占	265, 326	
진인陳仁	1685, 1688	진종지陳宗之	146	
진인석陳仁錫	653, 773, 801, 863	진준陳俊	1661	
진인유陳仁柔	1175	진중陳中	1687	
진일秦逸	1686	진중陳仲	1501, 1686	
진일陳一	1692	진지陳至	1686	

1976

진지안秦志安	490, 1711
진직陳直	13
진진陳振	1686
진진陳眞	1662, 1685
진진陳鎭	1662, 1691
진진陳震	1686, 1689
진진손陳振孫	205, 360, 386, 435, 1152, 1748
진징지陳徵芝	1845
진차승陳次升	201
진창陳昌	1685
진창제陳昌齊	1090
진채陳采	1661, 1689
진천의陳天義	1500
진천학陳遷鶴	1441
진총陳聰	1687
진충陳充	1691
진충陳忠	1483, 1618, 1661
진취덕陳取德	1178
진치허陳致虛	739
진태초陳太初	1457
진통陳通	1662, 1686, 1689, 1691
진팽년陳彭年	1635
진필달陳必達	1660
진항화陳恒和	679
진헌장陳憲章	604
진헌장陳獻章	785, 789
진현秦顯	1674

진현陳顯	1661, 1691
진형陳亨	1660
진혜전秦惠田	302
진호陳浩	1662, 1688, 1690, 1691
진홍陳洪	1662, 1689
진홍모陳弘謀	1447
진홍수陳洪綬	1466
진화陳和	1490
진화陳禾	1660
진화경陳華庚	1165
진황陳晃	1662
진효우陳孝友	1660
진휘秦暉	1674
진휘陳輝	232
진휘료陳輝僚	1852
진흔陳忻	1687
진흥陳興	1686
진희陳僖	1662

ㅊ

창숙인暢叔仁	1500
창피득昌彼得	718, 720, 1755, 1761, 1790
채감蔡戡	246
채거蔡擧	1688
채경蔡慶	1682
채고蔡高	1020
채공蔡恭	1616, 1682

채광대蔡光大	1689	채석蔡錫	1683
채구봉蔡九峰	1631, 1636, 1639, 1676	채성蔡成	1682, 1690
채권蔡權	1682	채송년蔡松年	439
채기蔡琪	180	채승蔡昇	1691
채기순보蔡琪純父	179	채암蔡岩	1682
채기일蔡琪一	329	채양蔡襄	260, 262, 1637, 1682, 1747
채녕蔡寧	1616, 1682, 1691	채여성蔡如聲	1691
채달蔡達	1616, 1682, 1691	채연蔡延	1692
채대蔡大	1681	채열선蔡烈先	1114
채대정蔡大鼎	1570	채영蔡榮	1691
채도잠蔡道潛	214	채온蔡溫	1570
채동蔡東	1690	채옹蔡邕	9, 222, 725, 1294, 1461
채려홍蔡廬興	1127	채우蔡友	1682
채륜蔡倫	13, 15-18, 1613	채우곡蔡于谷	774
채만蔡萬	1681	채원蔡元	1682
채명蔡明	1682	채원로蔡元老	1682
채몽필蔡夢弼	179, 180, 197, 333	채원훈蔡元勛	850
채무蔡懋	1683, 1690	채위원蔡衛源	1175
채무蔡武	1682	채유학蔡幼學	201
채문부蔡文溥	1424, 1466, 1570	채응서蔡應瑞	1570
채미표蔡美彪	1753	채인蔡仁	1682, 1686
채방蔡方	1689	채자蔡子	1692
채백개蔡伯喈	793	채자문蔡子文	127
채백달蔡伯達	1686	채장蔡章	1683
채백도蔡伯道	1686	채장원蔡狀元	1616
채빈蔡邠	1682, 1687, 1691	채재蔡才	1681, 1691
채사蔡思	1690	채절蔡節	1679, 1680

채정蔡政	1682	철중옥鐵中玉	1101
채정蔡靖	1683, 1690	철현鐵弦	1849
채정란蔡廷蘭	1859	첨대전詹大全	1681
채정손蔡正孫	732	첨덕윤詹德潤	1500
채조蔡詔	1690	첨래詹萊	1285, 1465
채중蔡中	1686	첨문詹文	1681
채중랑蔡中郎	460	첨불미詹佛美	1285
채즙蔡楫	1489, 1683	첨사瞻思	1124
채징蔡澄	485, 1752	첨성휘詹聖輝	668
채창蔡昌	1616, 1682, 1691	첨세영詹世榮	1681
채천우蔡天祐	812	첨주詹周	1681, 1690
채청蔡清	770, 785, 1682, 1689	첨주詹週	1690
채청蔡青	1682, 1689	첨천詹泉	1690
채춘蔡椿	1690	청만清滿	1479
채충蔡忠	1616, 1682	청앙清仰	1479
채탁蔡鐸	1570	초경안焦慶安	1502
채통蔡通	1682, 1685, 1688	초굉焦竑	604, 623
채행蔡行	1501	초단몽肖端蒙	686
채허재蔡虛齋	754	초병정焦秉貞	1070, 1138
채혁蔡革	1616, 1682	초순焦循	1079, 1080, 1109
채홍감蔡鴻鑒	1153	초양직焦養直	268
채화蔡和	1682	초연수焦延壽	738
채휘蔡輝	1683	초우직焦友直	553
척계광戚繼光	604, 786, 830	초정호焦廷珖	1109
척지분戚志芬	1851	초횡焦竑	668, 776, 886, 1750
척첨	1871	최계요崔繼堯	1506
천가구千家駒	1876	최국인崔國因	1086
천복天福	1226	최법진崔法珍	445

최사제崔思齊　　　　　254
최술崔述　　　　　　1079
최실崔實　　　　　　　18
최어崔語　　　　　　1504
최언崔彦　　　　　　1685
최옹崔顒　　　　　　1540
최치원崔致遠　　1538, 1542
쵸넨[奝然]　　　　　1551
추문상鄒文相　　　　1469
추보鄒寶　　　　　　1490
추수鄒洙　　　　1618, 1659
추수우鄒守愚　　　　782
추용鄒容　　　　　　1168
추우신鄒禹臣　　　　1686
추욱鄒郁　　　　1484, 1659
추웅鄒雄　　　　　　1618
추일계鄒一桂　　　　1110
추주鄒株　　　　　　1484
추창鄒昶　　　　　　1516
추한훈鄒漢勳　　　　1108
추현鄒鉉　　　　　　727
추호鄒浩　　　　　　240
축목祝穆　176, 204, 217, 353, 514
축사정祝士正　　　　1690
축선祝先　　　　　　1669
축우祝友　　　　　　1669
축윤명祝允明　　1293, 1305
축충祝充　　　　　　226

칭기즈칸　　　　　　482

ㅋ

카모 키이치[加茂儀一]　1544
칸다 키이치로[神田喜一郎]　1849
켄도[玄棟]　　　　　1552
쿠빌라이[忽必烈]　　1743

ㅌ

타가 아키고로[多賀秋五郎]　1756
타환첩목이妥歡帖睦爾　1744
탁구卓究　　　　　　1662
탁극탁托克托　　　　1748
탁면卓免　　1481, 1489, 1662
탁명경卓明卿　　1284, 1472
탁수卓受　　　　1685, 1686
탁우卓祐　　　　　　1663
탁원덕卓元德　　　　174
탁유卓有　　　　1663, 1685
탕달보湯達甫　　　　1525
탕병남湯炳南　　　　1519
탕빈湯斌　　　　　　1083
탕상湯尚　　　　　　1141
탕수잠湯壽潛　　　　1072
탕안중湯安中　　　　1692
탕원환湯元奐　　　　1692
탕의湯義　　　　　　1141
탕현조湯顯祖　485, 518, 605, 795,

796

탕홍湯洪	1512
탕화湯和	830
테무진[鐵穆耳]	1744

ㅍ

판후이쭈(Phan Huy Chu)	1857
팽내彭鼐	1686
팽달彭達	1679
팽대익彭大翼	787, 896
팽립彭立	1679
팽변彭卞	1679
팽상彭祥	1679
팽색단彭色丹	1844
팽세녕彭世寧	1679
팽손이彭孫貽	774, 1445
팽송육彭松毓	1086
팽숙하彭叔夏	1472
팽온찬彭蘊燦	1092
팽운彭雲	1679
팽원서彭元瑞	1144
팽잠彭簪	784
팽항彭恒	493
평중平仲	234
포대가包大炯	1284, 1465
포도원蒲道源	517
포룡운鮑雲龍	721
포세신包世臣	1092, 1230, 1338,

1343, 1362, 1372, 1414

포소蒲韶	391
포송령蒲松齡	860, 918, 1098,

1099, 1752

포수당包樹棠	465, 1380, 1840,

1853, 1869

포승훈鮑承勛	1140
포언包彦	1685
포운룡鮑雲龍	660
포정包政	1685
포정包正	1635, 1684
포정박鮑廷博	1104, 1105, 1153
포조鮑昭	1461
포증包拯	201
포표鮑彪	1624
포함은鮑咸恩	1078
포함창鮑咸昌	1078
포함형鮑咸亨	1078
풍계분馮桂芬	1071
풍도馮道	31, 41, 68, 89, 103,

187, 330, 754, 1267

풍몽룡馮夢龍	794, 826
풍방좌馮邦佐	242
풍보림馮寶琳	1001, 1855
풍산馮山	233
풍운산馮雲山	985
풍응경馮應京	834
풍응과馮應科	899

풍정군馮貞群	1755	하문何文	1490
풍조장馮兆張	1114, 1424, 1457,	하방회賀方回	392
1564		하생何生	1687
풍중운馮仲雲	1850, 1852	하서何瑞	1507
풍지馮贄	33	하서夏恕	1506
피일휴皮日休	96	하서린賀瑞麟	1532
필리도畢履道	436	하서방夏瑞芳	1078
필수진畢守眞	453	하섭夏燮	1446
필승畢昇	754, 1225, 1227,	하성夏城	1506
1229-1239, 1250, 1263, 1265,		하성내賀聖鼐	1755
1298, 1305, 1323, 1332, 1345,		하소夏昭	1515
1877		하손何遜	107
필원畢沅	1090, 1105	하승何升	1643
필점畢漸	354	하승何昇	1643, 1687
필중행畢仲行	255	하야何埜	1689
		하언何彥	1643

ㅎ

하개何開	1643	하언夏言	775
하경거夏敬渠	1471	하용何鏞	1471
하경명何景明	748, 789	하우산何遇山	1168
하괴창何槐昌	1499	하원何薳	354, 1747
하교원何喬遠	604, 773, 801	하위연何偉然	875
하대혈夏大穴	1672	하윤중何允中	807
하덕夏德	1516	하의夏義	1484, 1618, 1672,
하량준何良俊	886, 1306, 1750	1684, 1692	
하륜何倫	1503	하자양夏子陽	1285, 1454
하만何萬	1643	하작何焯	1103
하맹춘何孟春	775	하장령賀長齡	1100
		하전何全	1643

하정우夏鼎禹　　　　　1113
하조종何朝宗　　　　　1507
하주賀鑄　　　　240, 249, 357
하진무夏震武　　　　　1470
하진천何震川　　　　　987
하징何澄　　　　　　　1644
하창何昌　　　　　　　1643
하창군賀昌群　　　　　1844
하천주何天柱　　　　　1077
하추도何秋濤　　　1085, 1446
하택何澤　　　　　1643, 1691
하현지何玄之　　　　　1286
하홍何洪　　　　　　　1690
학린郝鄰　　　　　　　452
학의행郝懿行　1079, 1081, 1090
학입권郝立權　　　　　1841
한강백韓康伯　　　　　432
한공보韓公輔　　　　　1681
한굉韓翃　　　　　　　82
한기韓琦　　　266, 1247, 1759
한도명韓道明　　　　　433
한도소韓道昭　430, 433, 505, 771
한보승韓保昇　　　　　94
한소왕漢小王　　　　　793
한소왕韓昭王　　　　　713
한소창韓小窗　　　　　1097
한순韓醇　　　170, 226, 227
한습방韓襲芳　1307, 1308, 1725

한시승韓是升　　　　　1467
한언직韓彦直　　　　　261
한영韓嬰　　　　　　　1441
한옥韓玉　　　　　　　1690
한위승韓偉升　　　　　391
한유韓愈　53, 83, 107, 121, 130,
　　170, 221, 226, 289, 327, 437,
　　649, 755, 1632, 1654, 1656,
　　1870
한춘韓椿　　　　　　　1490
한치윤韓致奫　　　　　1756
한통韓通　　　　　　　1687
한효언韓孝彦　　　　　433
한희韓羲　　　　　　　203
항남주項南洲　　　　　850
항독수項篤壽　　　　　776
항명달項名達　　　　　1108
항세준杭世駿　883, 1153, 1752
항안項安　　　　　　　1671
항원변項元忭　　　　　886
항인項仁　　　　　1671, 1687
해자성解子誠　　　　　391
해진解縉　　　　　789, 1750
행균行均　137, 191, 409, 1631,
　　1670, 1699
행수화상　　　　　　　489
허강덕許康德　　　　　1054
허겸許謙　　　　　　　504

허경징許景澄	1085
허국정許國禎	524
허귀許貴	1643
허기許起	1471
허녕許寧	1516
허련許槤	1517
허모許某	1520
허무許茂	1643
허숙미許叔微	1626
허신許愼	11, 12, 1080, 1081, 1623
허영許泳	1643
허우許友	1687
허원許元	1687
허원許源	1685
허유임許有壬	1263
허응룡許應龍	247
허종후許宗厚	1642
허좌정許佐廷	1113
허준許浚	1541
허중許中	1642
허중림許仲琳	792
허초許初	857
허충許忠	1642, 1687
허충許翀	1473
허패창許沛蒼	1533
허필許泌	948
허학이許學夷	1474
허한병許翰屛	1144, 1517
허형許衡	483
허형언許衡言	487
허혼許渾	229
허화許和	1642
허회순許懷順	1532
허흥예許興裔	161
헌목공주獻穆公主	285
혁저奕詝	1745
현수賢修	1839
현엽玄燁	1745
현장玄奘	33, 71
현종玄宗	74, 84, 282, 433, 435, 1420, 1746
현종顯宗	459, 1539, 1699
혈경頁卿	1690
형왕衡王	714
형준邢準	1496
혜도惠道	1685
혜동惠棟	1079, 1090
혜련慧聯	530
혜림慧琳	409
혜명慧明	1498
혜정慧淨	71
혜초慧昭 국사	1539
혜확惠確	60
호개문胡開文	1186
호개지胡介祉	1518

호거인胡居仁	785	호사운胡嗣運	1440, 1442
호경胡敬	1092	호삼성胡三省	484, 487, 507
호경승胡景繩	391	호세녕胡世寧	775
호계胡桂	1670	호소영胡紹煐	1472
호계리胡季犛	1564, 1568	호수우胡修佑	1469
호광胡廣	604, 770, 804	호숭귀胡崇貴	1515
호굉胡宏	748	호승선胡升繕	1460
호권胡劵	1691	호시胡時	1670
호규胡奎	733	호식胡寔	1684, 1688
호극가胡克家	1144	호악胡岳	96
호녕胡寧	1670	호언胡彦	1670, 1690
호도정胡道靜	75, 1881	호언명胡彦明	1670
호동당胡東塘	618, 623	호원胡元	1670, 1690
호량胡亮	1691	호원서胡元瑞	45
호례胡禮	1690	호원질胡元質	120, 207
호명胡明	1670	호위胡渭	1079
호문胡文	1692	호윤胡允	1670, 1691
호문충胡文忠	564	호응린胡應麟	48, 626, 627, 677,
호문환胡文煥	882		790, 880, 895, 909, 1279,
호민胡旻	1282		1750
호방준胡邦俊	1670	호인胡仁	1689
호배휘胡培翬	948	호인胡印	1670
호백공虎伯恭	485	호인胡寅	242, 1679
호백기胡伯起	1670	호임익胡林翼	1083, 1086
호번胡璠	1467	호자胡仔	202, 254
호병문胡炳文	499, 504	호잠운胡簪雲	1756
호봉단胡鳳丹	1106	호적胡適	35, 799, 1229, 1776
호사胡四	1516	호전胡銓	242, 438

호정胡正 1689
호정胡珽 1421
호정언胡正言 763, 766, 1728
호존胡尊 1686
호종헌胡宗憲 642
호준胡俊 1670, 1690
호준胡遵 1686
호중요胡仲堯 362
호증胡曾 230
호진언胡進言 900
호창胡昌 1670, 1690
호천우胡天右 1670
호천우胡天祐 1486
호천유胡天遊 1093
호패화胡佩和 1523, 1529
호학문胡學文 1186
호현胡賢 623
호현胡顯 1690
호흥胡興 1670
홀사혜忽思慧 526, 732
홍가요洪可堯 1853
홍각범洪覺範 1286
홍거洪舉 1483, 1501, 1714
홍경洪慶 78
홍계희洪啟禧 1562
홍교弘晈 1143
홍국량洪國良 850
홍균洪鈞 1085

홍기洪其 1669
홍단洪担 1685
홍등교洪騰蛟 45
홍량길洪亮吉 1087, 1093
홍매洪邁 89, 119, 250, 334, 1458, 1483, 1487, 1625, 1677, 1747
홍무洪茂 1685
홍선洪先 1483, 1618, 1669, 1685
홍수전洪秀全 984-989, 1128
홍승洪乘 1669
홍승洪昇 918, 1100
홍신洪新 1491, 1669, 1685
홍심洪深 1496
홍열洪悅 1669
홍원洪元 1496
홍원洪源 1684
홍은洪恩 1669
홍이훤洪頤煊 1090
홍인간洪仁玕 985, 986, 992
홍일법사弘一法師 1489
홍자기洪咨夔 247
홍적洪適 244
홍종洪宗 1497
홍준洪遵 120, 153, 220, 1627
홍진洪珎 1669
홍춘洪春 1669
홍호洪皓 120, 153, 166, 1747
홍휘洪輝 443

홍희鴻禧 358

화각華珏 1295

화견華堅 1279, 1293, 1294, 1296, 1302, 1318, 1369, 1403, 1460

화경華鏡 1294, 1296, 1368

화녕和寧 1751

화소和素 997, 999, 1000

화수華燧 1290, 1292, 1293, 1295, 1297, 1300, 1304, 1315, 1368, 1442, 1724

화수華琇 1639

화수華秀 1639

화씨華氏 1877

화원華元 1688

화유무華幼武 1469

화육거華育渠 1518

화응和凝 92, 1478

화자형華孳亨 1295

화저華渚 1296, 1749

화정華定 1686

화정華珵 678, 1292, 1296, 1298, 1315, 1369, 1403, 1431, 1463

화진華鎭 239

화형방華蘅芳 917, 1076, 1108

환관桓寬 1445

활수滑壽 523

황가정黃家楨 1515

황각黃覺 1678

황강黃康 1678

황거난黃居難 404

황경인黃景仁 1094, 1467

황계상黃季常 1678

황계선黃繼善 771

황계온黃季溫 238

황곤黃錕 1504

황공黃邛 1450

황공도黃公度 243

황관중黃寬重 1248, 1250

황광승黃光昇 774

황구주黃丘周 1519

황국黃國 1506

황국감黃國淦 1529

황국달黃國達 1529

황군천黃君蒨 850

황궁수黃宮繡 1114

황귀黃歸 1678

황근黃瑾 1511

황금黃金 776

황급보黃及甫 179

황기黃企 1678

황단黃瑞 1504

황단보黃端甫 850

황당黃唐 1624

황덕룡黃德寵 847

황덕시黃德時 847, 1368

황덕신黃德新 1511

황도黃道	1689
황도주黃道周	604, 770, 785
황랄黃垯	238
황렴재黃廉齋	668
황리중黃利中	1526
황린黃鏻	1510
황린黃鱗	852
황무黃戊	1678
황무권黃式權	1067
황문黃文	1677
황문경黃文敬	1509
황문빈黃文彬	1689
황미중黃美中	1284
황백가黃百家	1092
황백부黃伯符	848
황백시黃伯時	850
황보黃寶	1678
황보밀皇甫謐	266
황보식皇甫湜	224, 227
황복黃福	690, 789
황부黃富	1678
황비열黃丕烈	222, 228, 247, 254, 289, 515, 519, 881, 882, 1105, 1152, 1262, 1302, 1305, 1308, 1316, 1317, 1517, 1759
황산곡黃山谷	350, 359, 396, 1486, 1653
황상黃常	1678
황상黃裳	241, 283, 1765
황상보黃翔南	850
황서黃庶	233
황석黃奭	1107
황석黃石	1678
황선黃善	1686
황선부黃善夫	179, 180, 236
황성黃晟	1518
황성중黃省曾	780, 810, 811
황성지黃誠之	850
황소黃劭	1678
황수상黃秀常	1690
황수야黃秀野	1506
황수지黃修之	564
황승黃升	250
황승黃昇	1677
황식권黃式權	1013
황식삼黃式三	1442
황신黃申	1678
황신부黃莘夫	1562
황앙걸黃昂乞	1516
황야黃埜	1678
황양중黃亮中	848
황언黃彦	1691
황여가黃汝嘉	238, 239, 242
황여요黃汝耀	850
황여청黃汝淸	1506
황염배黃炎培	1840

황영黃榮	1516	황쟁黃鎗	1510
황옥黃沃	243	황전黃戩	1483, 1678
황우黃宇	1684	황정黃正	1691
황우黃祐	1678	황정黃鼎	1678
황우직黃虞稷	605, 781, 1152, 1753	황정감黃廷鑒	1450
황원길黃元吉	850	황정견黃庭堅	233, 237, 248, 350, 351, 427, 1631, 1632, 1668
황원어黃元御	1114	황정달黃正達	668
황월黃鉞	1510	황정보黃正甫	668, 1311
황유黃儒	262	황정선黃正選	668
황유黃宥	1686	황정위黃正位	793
황응黃應	1678	황정자黃正慈	668
황응광黃應光	1368	황정희黃鼎熙	1529
황응서黃應瑞	847, 848, 850	황조념黃祖念	1361, 1404
황응순黃應淳	848, 854	황종黃琮	1678
황응제黃應濟	1510	황종희黃宗義	917, 1079, 1083, 1093, 1845, 1854
황응조黃應湖	1506		
황응징黃應澄	1511	황좌黃佐	615, 774, 1749
황응태黃應泰	852	황준헌黃遵憲	1085, 1093, 1099
황응해黃應楷	847	황중黃中	1677
황응효黃應孝	848	황중黃仲	1678
황이주黃以周	944	황중소黃仲昭	851
황이주黃梨洲	1091	황진黃溍	517
황일빈黃一彬	848	황진소黃溍所	1290
황자준黃子俊	1519	황진여黃眞如	850
황작자黃爵滋	1338-1340, 1342, 1423, 1437, 1468	황질모黃秩模	1420
황잠옹黃潛翁	1286, 1439	황집黃執	1686
		황창黃昌	1678

황천우況天祐 1646

황칠黃七 1483, 1677

황패교黃沛翹 1085

황한黃漢 1110

황헌黃憲 1481, 1678

황형黃衡 1470

황휘黃暉 1678

황휴복黃休復 1470

황희무黃希武 1281, 1473

회소懷素 56

효성황제 15

후정侯楨 1441, 1470

후지와라노 쓰네쓰구[藤原常嗣] 107

휘종徽宗 79, 114, 118, 218, 219,
262, 268, 269, 275, 276, 283,
284, 288, 295, 299, 338, 350,
364, 379, 389, 393, 424, 425,
438, 461, 479, 1238, 1741

희린希麟 409

희복希福 1130

희익姬翼 517

히로야마 히데노리[廣山秀則] 1849,
1877

서양인명색인

A

Adam Schall von Bell, Johann
816

Albert 1737

Albert, Joseph 1019

a1- Budsiri 1584

Aleni, Giulio 817

Aleni, Jules 1127

Allen, Young Jhon 1076

Amherst, William Pitt 959

Attiret, Jean Denis 1004

B

Bacon, Francis 1595

Ball, James Dyer 1367

바나카티 1583

Battutah, Ibn 1585

Benoist, Michael 1003, 1006, 1007, 1010

베르 1577

Bernard, Henri 1590

Bertin, H. I. J. 956, 1010

Beyerhaus, A. 1032

Bouvet, Joachim 994

Bridgman, Elijah Coleman 958, 1015, 1074, 1129, 1530

Brisson, M.-J. 1010

Brokaw, C. 1886

Bugli, Ludovic 1126, 1137

Burg, Christer von der 1886

Burlington, Lord 1001

Bussotti, M. 1886

C

커라, 요한 1586

Carter, T. F. 1588, 1596, 1757, 1847, 1850, 1873-1875, 1878

Cassini, G. D. 1002

Castiglione, Giuseppe 1002, 1004, 1006, 1007, 1731

Christer von der Burg 979

Cobo, P. I. 1515

Cole, Richard 1029-1033, 1041, 1042, 1734

Cornmentale, Christophe 1002

코스마 1591

D

da Cruz, Gaspar 1592

Damascenus Saslusti, Joannes 1004

Davenport, C.   1589, 1596
Davis, John Francis   959, 1757
Diaz, Emmanuel   871
뒤 알드   956
뒤마, 알렉상드르   1102
Dyer, Samuel 1024, 1027, 1029,
    1030, 1032-1035, 1037, 1038,
    1040, 1041, 1050, 1734

E

Edgren, Soren   1315, 1546,
    1757, 1857, 1886
Edison, T. A.   963
Edkins, J.   1073

F

Febvre, Lucien   1882
Ferguson, John Calvin   1165
Figgins   1035
Fishburne, E.G.   988
포커스   1001
Fryer, John   1059-1061, 1076,
    1108, 1114

G

Galilei, G.   1002
Gamble, William   1033,
    1042-1045, 1047, 1048, 1050,

    1076
Gassicourt, L. C. Cadet de 1010
Genaux, Claude   1053
Giacomo Rho   816
Giles, Herbert Allen   1757
Gillot, M.   1054
Giovio, Paulo   1590, 1591
곤잘로   1591
곤치인스덴[金地院崇傳]   1556
Goodrich, K. C.   75
Gouvea, Antonius de   1126
Gray, Basil   1001
Grosier   955
Gutenberg, Johannes   1225,
    1227, 1275, 1589-1591, 1594,
    1595
Gutzlaff, Karl August Friedrich
                        988, 1162

H

Halde, Jean-Baptiste du   955
Hatch, L. J.   1056
Hedin, Sven   15
하이든   1589
함무라비   5
Hobsen, B.   1020, 1112, 1114,
    1128
Horne, Thomas Hartwell   1841,

1872

Howorth, H.   1598
Hülle, Hermann   1874
헉슬리   1091, 1112
Huygens, C.   1002

J

Jacobus   1127
Jartoux, Pierre   994
Jenner, Edward   1115
Julien, Stanislas Aignan   106,
    211, 1232, 1382, 1383
지오비오   1591

K

Kerr, Glasgow   1114
Kögler, I.   1002

L

리, 조셉   1852
Legge, James 1163, 1167, 1363,
    1531
Legrand, Marcellin 1022-1025,
    1029-1033
Linschoten, J. H. van   1595
Lobelli, Andreas   1127
Lowrie, W.M.   1031

M

Macdonald   950, 951
MacDonald, David   1757
Major, Ernest 1050, 1067, 1076,
    1165
Major, F.   1065
Mardin de Rada   1592
Marie, Jean-Joseph   1138
Martin, Henri Jean   1882
Martin, William A. P.   1123
Martini, Martino   1127
Marshman, J.   1035
Mateer, J. L.   1048
Mayers, W. F.   960
McGowan   1381, 1383
McNeur, G. H.   1756
Medhurst, Walter Henry   988,
    1015, 1016, 1018, 1020, 1024,
    1034, 1058, 1065, 1066, 1073,
    1127, 1162, 1734, 1757
Mendoza, U. G. de   1593, 1595
밀, 존 스튜어트   1091
Milne, William 956, 957, 1020,
    1073, 1120, 1127, 1161, 1530,
    1579
Moggi, F. B.   1002
Monnet, N.   1886
Montaigne, Michel de   1594,

1595

몽테스키외 1091

Morrison, Robert 957, 1017, 1018, 1020, 1021, 1034, 1037, 1127, 1128, 1160, 1529, 1579, 1733

N

니콜라이 1727

니콜라이 1세 1122

O

odoricus 1586, 1587

P

Pantoja, Diego de 1126

Pauthier, I. 1022

Pelliot, Paul 50, 109, 1001, 1003, 1004, 1156, 1273

페드로프 1590

Pollard, Alfred W. 1383

Polo, Marco 139, 1582, 1586-1588

R

Raleigh, W. 1595

Rashid ad-Din 1583, 1585, 1716

Regis, Jean Baptiste 994

Rémusat, A. 79, 1587, 1595

Ricci, Matteo 626, 817, 913, 997, 999-1001, 1003, 1130, 1726, 1727

Ripa, Matteo 994, 995

러바 1006

Roy, Louis Ie 1594

Rubrick, William 1586

S

Sabbatino de Ursis 816

Sansovino, F. 1594

Satow 1264

Senefelder, Aloys 1012, 1015

Sickeltart, Jgnatius 1004

스미스, 아담 1091

스펜서 1091

Stafford 1054, 1738

Stein 73

Stenhope, Earl of 1053

Stronach, A. 1040

T

Terrenz, Joannes 817

Thomson, Joseph John 1052

Thoms, P. 1021, 1034

Trigault, Nicolas 817

Tsien Tsuen-Hsuin 1757

V

Vagnon, Alfonso   1512

Vera, Juan de   1514

Vera, Juan Baptista   1575

Verbiest, Ferdinand   1085,
1108, 1126

Verhaeren, H.   1757

W

Way, R. Q.   1032

Wells, Williams S.   1757

Wilhelm, R.   1595

윌리암   1031, 1033

윌리엄, 사무엘   1531

윌리엄스, 사무엘   1025, 1129,
1159, 1400

Williams, Smith W.   959,
961, 1395

Williamson, A.   1073

Wylie, Alexander   1031, 1033,
1073, 1108

Y

Yates, Matthew Tyson   988

도서 색인

ㄱ

《가각서목家刻書目》　　　　636

《가거의록家居醫錄》　　　　821

《가람기伽藍記》　　　　689

《가량산경嘉量算經》　709, 741,
809, 1504

《가례家禮》　1625, 1650, 1658,
1673, 1682

《가릉사迦陵詞》　　　　1094

《가범家範》　　　　1506

《가숙사친家塾事親》　　　　690

《가어家語》　　　　688

《가업당서목嘉業堂書目》　　　　1244

《가우보주신농본초嘉祐補注神農
本草》　　　　273

《가우신집嘉祐新集》　　　　235

《가우집嘉祐集》　158, 235

《가의신서賈誼新書》　　　　688

《가의신시賈誼新詩》　　　　709

《가장사집賈長沙集》　　　　808

《가장소목家藏書目》　　　　359

《가재집고可齋集稿》　　　　247

《가정대정기嘉靖大政記》　　　　774

《가정십구년경자과호광향시록嘉
靖十九年庚子科湖廣鄉試錄》　　　　891

《가정십삼년갑오과운귀향시록嘉
靖十三年甲午科雲貴鄉試錄》　　　　891

《가정십일년구주력嘉定十一年具
注曆》　　　　210

《가정이래수보전嘉靖以來首輔傳》
　　　　776

《가정이부조법총류嘉定吏部條法
總類》　　　　218

《가정지嘉靖志》　　　　662

《가정통지嘉定通志·성지지城池志》
　　　　1563

《가태보등록嘉泰普燈錄》　143,
1483, 1639, 1643, 1647, 1651,
1652, 1655, 1656

《가헌사稼軒詞》　　　　249

1996

《가헌악부稼軒樂府》　　　437

《가헌장단구稼軒長短句》　518, 544,
　1500

《가화지嘉禾志》　　　　　511

《가흥장嘉興藏》　　　　　828

《각공명표刻工名表》　　　1622

《각국소식各國消息》　1018, 1073,
　1162, 1734

《각기방脚氣方》　　　　　631

《각신행실閣臣行實》　　　776

《간록자서干祿字書》　　　314

《간명목록簡明目錄》　　　1152

《간상看詳》　　　　　　　218

《간생유집簡生遺集》　　　731

《간서판목刊書板目》　　　836

《간재시집簡齋詩集》　　　1264

《간재집簡齋集》　　　　　241

《간행천주성교서판목刊行天主聖教
　書板目》　　　　　　　836

《갈관자鷗冠子》　160, 214, 1287,
　1352, 1409, 1455, 1724

《갈씨주후방葛氏肘後方》　317, 321

《감고재묵수鑒古齋墨藪》　1111

《감로사제영甘露寺題詠》　680

《감본약방》　　　　141, 268

《감산운와기담感山雲臥記談》　1559

《감서록甘薯錄》　　　　　1110

《감수지漱水志》　　　　　208

《감응편感應篇》　　　　　141

《감이주경甘珠爾經》　　　1122

《감주경》　　　　1121, 1123

《감주이甘珠爾》　533, 839, 951,
　1119, 1122, 1124, 1134, 1149,
　1182, 1191, 1729, 1730, 1734

《감주이대장경甘珠爾大藏經》　1119

《감주집紺珠集》　　　　　1458

《감천명리론甘泉明理論》　785

《갑술고甲戌稿》　　　　　714

《갑신잡기甲申雜記》　　　1646

《갑을경甲乙經》　　　　　266

《갑을집甲乙集》　　　　　319

《갑자편년甲子編年》　　　714

《강감대방綱鑒大方》　　　670

《강감역조정사전편綱鑒歷朝正史
　全編》　　　　　　　　670

《강감휘약대성綱鑒彙約大成》　670

《강급간의주의江給諫議奏議》　160

《강남통지江南通志》　　　1148

《강녕왕부서목江寧王府書目》　703

《강도종백화장보江道宗百花藏譜》
　　　　　　　　　　　　810

《강목綱目》　602, 673, 683, 1719

《강목전서綱目全書》　　　624

《강목집람綱目集覽》　　　37

《강산집綱山集》　　　　　671

《강서재시초強恕齋詩抄》　687

《강서전성여지도江西全省輿地圖》
　　　　　967

《강서통지江西通志》　　　683

《강음등씨가보江陰鄧氏家譜》　1368

《강인기잡지江鄰幾雜志》　　883

《강재문집薑齋文集》　　　1093

《강재일록康齋日錄》　　　785

《강절행성향위기록江浙行省鄉闈
　　紀錄》　　　　　778

《강첩絳帖》　　　　　691

《강태공서姜太公書》　　839

《강행도록江行圖錄》　　166

《강호소집·후집》　　　146

《강호전집江湖前集·후집後集·
　　속집續集》　　　254

《강호집江湖集》　　　352

《강희백과전서康熙百科全書》　1382

《강희자전》　　940, 1023, 1045,
　　1047, 1048, 1063, 1065, 1067,
　　1354, 1543, 1559

《강희황여전람도康熙皇輿全覽圖》
　　　　　1729

《개경사명속지開慶四明續志》　1629,
　　1631, 1636

《개국공신록開國功臣錄》　　776

《개국사략開國事略》　　774

《개병오음류취사성편改並五音類聚
　　四聲篇》　　　751, 771, 1506

《개보신상정본초開寶新詳定本草》
　　　　　273, 1698

《개보장開寶藏》　　168, 277, 377,
　　379, 446, 448, 1488, 1539,
　　1616, 1698

《개보제도도경開寶諸道圖經》　203

《개보중정본초開寶重定本草》　273,
　　1698

《개보중정본초서開寶重定本草序》
　　　　　299

《개보촉장開寶蜀藏》　　413

《개본맹자改本孟子》　　989

《개봉부지開封府志》　　703, 782

《개성석경開成石經》　　69, 294

《개암거사집介庵居士集》　　243

《개연성공제장사도凱宴成功諸將
　　士圖》　　　　1004

《개원석교록開元釋教錄》　　168

《개원석교록략출開元釋教錄略出》
　　1642, 1656, 1657, 1660, 1667,
　　1669, 1674

《개원잡보開元雜報》　　81, 82, 363,
　　1693

《개원천보유사開元天寶遺事》　1274,
　　1307, 1470

《개원팔경도영開元八景圖詠》　1454

《개자원화전芥子園畫傳》　930, 971,
　　1092

《객정유고客亭類稿》　　　245

《객좌췌어客座贅語》　　　1750

《거가필비居家必備》　　810, 811

《거가필용居家必用》　　674, 685

《거가필용사류전집居家必用事類

　全集》　　　514

《거경당집居敬堂集》　　713, 740

《거관격언居官格言》　　　807

《거란국지契丹國志》　　　509

《거란장契丹藏》　　406, 413, 416,

　421-423, 1495, 1539, 1699

《거력장자소문대승경巨力長者所問

　大乘經》　　　477

《거록동관집鉅鹿東觀集》　160, 232,

　301, 1665, 1677

《거사집居士集》　　159, 235, 290,

　321, 891, 1629, 1654, 1658,

　1663, 1667, 1669, 1673

《거상음찬록居常飲饌錄》　　1110

《거송광운巨宋廣韻》　　　179

《거실据悉》　　　1134

《거업록居業錄》　　　785

《거업명유론종擧業明儒論宗》　625

《거요擧要》　　　508

《거이록居易錄》　606, 921, 1183,

　1752

《거제도고車制圖考》　　　1080

《건강실록建康實錄》　　127, 166,

　1649

《건강지建康志》　166, 249, 1747

《건곤생의乾坤生意》　　688, 700,

　733, 735, 819, 820

《건곤옥전乾坤玉典》　　　487

《건곤착도乾坤鑿度》　　　888

《건녕부지建寧府志》　678, 1310

《건녕서방서목建寧書坊書目》　663

《건녕인물전》　　　678

《건도비부군서신록乾道秘府群書

　新錄》　　　356

《건륭내부여도乾隆內府輿圖》　1003

《건륭서역무공도고증乾隆西域武功

　圖考證》　　　1004

《건륭십삼배지도乾隆十三排地圖》

　1008, 1086, 1731

《건륭어선명신주의乾隆御選明臣

　奏議》　　　1447

《건륭팔순만수성전乾隆八旬萬壽

　盛典》　　1353, 1446

《건륭편칙建隆編勅》　　　218

《건륭평정회부득승도乾隆平定回部

　得勝圖》　　　1732

《건륭하강남乾隆下江南》　　1565

《건륭형통建隆刑統》　　218, 1697

《건부4년역서乾符四年曆書》　1695

《건상본이아곽주巾箱本爾雅郭注》

　　　491

《건상설 巾箱說》　　1323

《건양현지建陽縣志》　　662, 663,
1749

《건양현지속집建陽縣志續集》　1749

《건여씨구경建余氏九經》　　189

《건염이래계년요록建炎以來系年
要錄》　　200

《건염이래조야잡기建炎以來朝野
雜記》　　200

《건우집蹇愚集》　　1466

《건창부지建昌府志》　　1281, 1749

《건천경어금릉론建天京於金陵論》
987

《건태지虔臺志》　　683

《검기黔記》　　687

《검남류편黔南類編》　　688, 1285,
1465

《검남속고劍南續稿》　　160, 1293

《검남시고劍南詩稿》　　244, 1463,
1640

《검남시전집劍南詩前集》　　160

《검산당남궁주의鈐山堂南富奏議》
1447

《겐지 모노가타리[源氏物語]》　1556

《격명만력황제문檄明萬曆皇帝文》
918, 1727

《격물통格物通》　　785

《격양집擊壤集》　　234

《격치경원格致鏡原》　　1093

《격치계몽格致啟蒙》　　1076

《격치신문格致新聞》　　1072

《격치정화록格致精華錄》　　1752

《격치총서格致叢書》　　647, 807,
882, 1071

《격치치평통의格致治平通議》　1072

《격치휘편》　　1060, 1062

《견우직녀전》　　845

《견정론甄正論》　　352

《결수호전전結水滸全傳(탕구지蕩寇
志)》　　1471

《겸광당시집謙光堂詩集》　712, 739

《겸명서兼明書》　　1365, 1455

《경관도경瓊管圖經》　　208

《경관백옥섬상청집瓊琯白玉蟾上
清集》　　515

《경관지瓊管志》　　208

《경구삼산지京口三山志》　　680, 784

《경국대전經國大典》　　1541

《경기금석고京畿金石考》　　1325,
1455

《경덕전등록景德傳燈錄》　　1627

《경덕진도록景德鎭陶錄》　　1111

《경력선구방慶曆善救方》　　268

《경률이상經律異相》　　1617, 1632,
1652, 1654, 1657, 1666

《경림아운瓊林雅韻》　　733, 735

《경문공문집景文公文集》 232

《경방집瓊芳集》 709, 742

《경보京報》 961, 1155-1158, 1163, 1165, 1167, 1367

《경본통속소설》 518

《경불이상經佛異相》 476

《경사증류대관본초經史證類大觀木草》 526

《경사증류대전본초經史證類大全本草》 442

《경사증류비급본초經史證類備急本草》 274, 297, 1630, 1650, 1669

《경사집설經史集說》 1543

《경산방책대장徑山方冊大藏》 1553

《경산방책본각장연기徑山方冊本刻藏緣起》 1751

《경산장徑山藏》 827, 1726

《경산지徑山志》 784

《경설당유고耕雪堂遺稿》 1468

《경성왕칠대소계시慶成王七代小溪詩》 732

《경세보經世報》 1072

《경세일보經世日報·독서주간讀書周刊》 1859

《경세통언警世通言》 622, 794

《경야자내편莖野子內篇》 785

《경여잉기耕餘剩技》 786

《경오원력庚午元曆》 512

《경우건상신서景祐乾象新書》 257

《경운루총서經韻樓叢書》 1107

《경원재소고經元齋小稿》 712, 729

《경원조법사류慶元條法事類》 337, 346, 347, 349

《경원현지》 1308

《경위팔괘맥결經緯八卦脈訣》 700

《경율이상經律異相》 1667

《경일잠敬一箴》 722

《경재고금주敬齋古今注》 645

《경적고經籍考》 360, 615, 683

《경적찬고經籍纂詁》 1081

《경적회통經籍會通》 1750

《경전류편經傳類編》 657

《경전석문經典釋文》 89, 104, 105, 190, 325, 1478, 1625, 1646, 1652, 1653, 1660, 1662, 1671, 1680

《경전석의》 108

《경전해고》 1676

《경주도경瓊州圖經》 208

《경직도耕織圖》 286, 971, 1070, 1526

《경진동파문집사략經進東坡文集事略》 236

《경진빈죽소명고經進賓竹小鳴稿》 712, 721

《경진우공론經進禹貢論》 1635

《경창서목經廠書目》 630

《경천시초涇川詩抄》 948

《경천지涇川志》 207

《경천총서涇川叢書》 1106

《경태음고瓊臺吟稿》 686

《경태지瓊臺志》 208, 686

《경학문초經學文鈔》 1443

《경학질의經學質疑》 1442

《경헌설선생문집敬軒薛先生文集》 740

《경험방經驗方》 689

《경험양방經驗良方》 642

《경현지涇縣志》 1087

《경호유로집慶湖遺老集》 240

《경화보京話報》 1169

《경화일초京華日抄》 799

《경회집慶會集》 405

《경훈당총서經訓堂叢書》 1105

《계고록稽古錄》 155, 823

《계고정제稽古定制》 803

《계당집溪堂集》 240

《계륵집雞肋集》 239, 1144

《계림지》 208

《계몽》 681

《계몽집》 772

《계봉보제방鷄峰普濟方》 269

《계삼태산인운창휘상만금정림鍥

三臺山人芸窗彙爽萬錦情林》 872

《계신잡식癸辛雜識》 399, 1747

《계암만필戒庵漫筆》 1750

《계양현향토지桂陽縣鄉土志》 1453

《계원시고溪園詩稿》 1466

《계원필경집桂苑筆耕集》 1542

《계음문戒淫文》 1097

《계제록稽制錄》 803

《계창위서목季滄葦書目》 232, 1517

《계창총화雞窗叢話》 485, 1752

《고계거사집姑溪居士集》 240

《고고도考古圖》 209, 286

《고고편考古編》 182

《고곡재원인잡극顧曲齋元人雜劇》 1511

《고궁선본서목故宮善本書目》 442

《고금경세격요古今經世格要》 624

《고금도서집성古今圖書集成》 813, 1051, 1068, 1076, 1093, 1140, 1141, 1181, 1352, 1375, 1377-1382, 1421, 1423, 1432, 1433, 1435, 1460

《고금명극합선古今名劇合選》 519

《고금명의방론古今名醫方論》 930

《고금무고古今武考》 702

《고금사문류취전古今事文類聚前·後後·속續·별別·신新·외집外集》 514

《고금산학총서古今算學叢書》 1071

《고금서각古今書刻》 609, 615,
630, 632, 633, 642, 659, 663,
678, 682, 689, 695, 706, 718,
1750

《고금설해古今說海》 679, 807

《고금소설古今小說》 850

《고금언古今諺》 888

《고금열녀전古今列女傳》 611, 806,
1578

《고금운회거요古今韻會擧要》 505

《고금의감古今醫鑒》 623

《고금의통정맥전서古今醫統正脈
全書》 659

《고금인물론》 670

《고금일사古今逸史》 883

《고금절구古今絶句》 289, 291,
301, 1480

《고금종번의행고古今宗藩懿行考》
709, 747

《고금주古今注》 693

《고금한묵대전古今翰墨大全》 514

《고금합벽사류古今合璧事類》 1413

《고금합벽사류비요古今合璧事類
備要》 217, 679, 1460

《고금합벽사류전집古今合璧事類
前集》 1292, 1425

《고금현상古今玄相》 672

《고금화이구역총요도古今華夷區域
總要圖》 205

《고금회편古文會編》 1281

《고당율소故唐律疏》 510

《고당율소의故唐律疏議》 891

《고대조주각서古代潮州刻書》 183

《고량기구집高涼耆舊集》 931

《고려사高麗史》 1541

《고려시高麗詩》 254, 255

《고려역일高麗曆日》 1550

《고려장高麗藏》 505, 532, 1540,
1549, 1550

《고려행정록高麗行程錄》 1550

《고령선생문집古靈先生文集》 232,
1635, 1642, 1657, 1659, 1663,
1667, 1671, 1680, 1683

《고문각체기초古文各體奇鈔》 654

《고문관건古文關鍵》 728

《고문구서고古文舊書考》 40

《고문기자古文奇字》 734

《고문대전古文大全》 845

《고문사류찬古文辭類纂》 1094

《고문상서공씨전古文尚書孔氏傳》
1553

《고문연감古文淵鑒》 923, 967,
1130, 1559

《고문원古文苑》 253, 801, 1647,
1648

《고문진보古文眞寶》　　　1570

《고문회편古文會編》　　　1476

《고미서古微書》　　　1446

《고본희곡총간古本戱曲叢刊》　622,
797

《고봉집高峰集》　　　243

《고사古史》　159, 197, 614, 631,
1636

《고사해故事海》　　　1132

《고산경古算經》　　　1682

《고삼분古三墳》　158, 1649, 1665

《고상시집高常侍集》　224, 1474

《고서목판인쇄발전간략사》1754

《고서판본상담古書板本常談》1755

《고성기古城記》　　　621

《고소잡영姑蘇雜咏》　　　649

《고소지姑蘇志》　　　649

《고시귀古詩歸》　　　758

《고시평림古詩評林》　　　1473

《고씨문방소설顧氏文房小說》　794

《고씨소사高氏小史》　　　137

《고악부古樂府》　　　678

《고열녀전古列女傳》　178, 181,
201, 286, 624

《고왕관세음경高王觀世音經》　449,
450, 476, 840

《고우지高郵志》　　　207

《고운古韻》　　　291

《고운표준古韻標准》　　　1081

《고음정종古音正宗》　　　747

《고음통古音通》　　　1081

《고음표古音表》　　　1081

《고인훈학대략古人訓學大略》　726

《고일서古逸書》　　　863

《고일총서古逸叢書》203, 211, 943

《고장집姑藏集》　　　228

《고저추관유고古杼秋館遺稿》1469

《고적판본잔설古籍板本淺說》1755

《고주비산경古周髀算經》　　　767

《고주역古周易》　　　155

《고증考證》　　　1068

《고학비체古學備體》　　　871

《고학홍재古學鴻裁》　　　930

《고항신간적본관대왕단도부회古
杭新刊的本關大王單刀赴會》　495

《고항잡기古杭雜記》　　　1748

《고향재사기古香齋史記》　　　924

《고황제어제문집高皇帝御製文集》
806

《고흡산천도古歙山川圖》　　　971

《곡강집曲江集》　128, 223, 686

《곡목신편曲目新編》　　　1100

《곤범閫範》　　　161

《곤봉체식棍棒體式》　　　786

《곤산잡영昆山雜詠》　291, 1504

《곤산지昆山志》　　　511

2004

《곤여도설坤輿圖說》 1085

《곤지기困知記》 785

《곤학기문困學紀聞》 502

《곤학재잡록困學齋雜錄》 1459

《골동쇄기骨董瑣記》 1754

《공과격功過格》 1097

《공맹통기孔孟通紀》 690

《공명비기孔明碑記》 1527

《공문비상公文批詳》 1285

《공부자서孔夫子書》 839

《공부자주유열국대성기린기孔夫
子周遊列國大成麒麟記》 850

《공산서원장서목록共山書院藏書
目錄》 555

《공상서대전문집孔尚書大全文集》
289

《공상학보工商學報》 1072

《공손한삼기公孫汗衫記》 488

《공신도감功臣都監》 1543, 1721

《공씨육첩孔氏六帖》 182, 217,
1638, 1645-1648

《공씨조정광기孔氏祖庭廣記》 429,
434, 492, 1496

《공양춘추》 316

《공의이전公毅二傳》 181

《공자가어孔子家語》 169, 211,
473, 513

《공자가어형孔子家語衡》 672

《공자서孔子書》 803

《공자편년孔子編年》 202

《공정주법工程做法》 1111

《공정현금방龔廷賢禁方》 727

《공초원집貢草園集》 1563

《공총자孔叢子》 212, 513

《과문科文》 729

《과소소瓜蔬疏》 810

《곽광귀간霍光鬼諫》 495

《곽구현지霍邱縣志》 1451

《곽산현지霍山縣志》 1451

《곽이객기략廓爾喀紀略》 1082

《관감록觀感錄》 1091

《관경貫經》 714, 733

《관매수觀梅數》 635

《관미륵보살상생도솔천경소觀彌
勒菩薩上生兜率天經疏》 125

《관미륵상생도솔천경觀彌勒上生兜
率天經》 476, 1708

《관보官報》 1159

《관복암시고觀復庵詩稿》 1466

《관상정요官常政要》 807

《관서국서목휘편官書局書目彙編》
1755

《관성제군성적도지關聖帝君聖跡
圖志》 1140, 1529

《관세음수행향산기觀世音修行香
山記》 621

《관씨역전關氏易傳》 1506

《관우도상關羽圖像》 430

《관운장의용사금전기關雲長義勇辭
金傳奇》 699

《관윤자關尹子》 645

《관음게觀音偈》 444

《관음경觀音經》 102, 1708

《관음구고경觀音救苦經》 715, 746

《관자管子》 11, 214, 334, 680,
681, 755, 1090, 1668, 1841

《관자기언管子寄言》 1455

《관자주管子注》 513, 1657

《관잠官箴》 632

《관장보통선장서목館藏普通線裝
書目》 1847

《관제영첨關帝靈簽》 1132

《관치산당전집冠豸山堂全集》 1469

《관판율례임민보경官板律例臨民
寶鏡》 654

《관포분금기管鮑分金記》 621

《괄이지括異志》 179

《광군방보廣群芳譜》 260

《광기廣記》 250

《광남선생시집匡南先生詩集》 712,
734

《광대참廣大懺》 340

《광동문선廣東文選》 948

《광동문헌廣東文獻》 931

《광동통지廣東通志》 1087

《광동통지초고廣東通志初稿》 686

《광릉지廣陵志》 207

《광명일보光明日報》 1849, 1866,
1877

《광박물지廣博物志》 787, 1506

《광방고鑛防考》 642

《광서병신왕공후백문무대신생일
주지고光緒丙申王公侯伯文武大臣生
日住址考》 1855

《광서상소합지고光緒常昭合志稿》
1412

《광서통지》 687

《광서회전光緒會典》 1083

《광성집廣成集》 1462

《광속방언廣續方言》 1443

《광신부지廣信府志》 1148

《광신지》 684

《광아서국서목廣雅書局書目》 945

《광아소증廣雅疏證》 1081

《광아총서廣雅叢書》 945

《광여도廣興圖》 642, 683, 780

《광여속집廣興續集》 875

《광운廣韻》 132, 178, 430, 433,
472, 506, 546, 548, 771, 1624,
1626, 1628, 1631, 1639, 1641,
1643, 1645, 1647, 1648, 1651,
1656, 1659, 1660, 1662, 1668,

1669, 1673-1675, 1677, 1684

《광제廣濟》 266

《광제현지廣濟縣志》 1453

《광주기록보廣州紀錄報》 1158

《광주신문廣州新聞》 1160

《광주잡지廣州雜志》 1160

《광청량전廣淸凉傳》 443

《광풍현지廣豐縣志》 1148

《광한위총서廣漢魏叢書》 807

《광화현지光化縣志》 684

《괴담록愧郯錄》 681, 1623, 1625, 1631-1633, 1638, 1639, 1641, 1648, 1653, 1656, 1668, 1670, 1676, 1680, 1681

《괴석헌집怪石軒集》 1512

《괴애선생문집乖崖先生文集》 231

《괴애장공어록乖崖張公語錄》 150

《교무잡지敎務雜志》 961, 1025, 1031, 1033

《교문여력校文餘力》 683

《교민방문敎民榜文》 680, 803

《교보금석례사종校補金石例四種》 1332, 1455

《교봉선생문집蛟峰先生文集》 1287, 1464

《교빈려항의校邠廬抗議》 1072

《교산안황씨가보膠山安黃氏家譜》 1368

《교산안황씨종보膠山安黃氏宗譜》 1751

《교승법수敎乘法數》 648

《교요해답敎要解答》 692

《교우론交友論》 626, 683, 835

《교정校正》 1090

《교정연의전상삼국지전평림校正演義全像三國志傳評林》 670

《교정음석시경校正音釋詩經》 1425, 1441

《교주기交州記》 661

《교주잡사交州雜事》 321

《교지도交趾圖》 688

《교지총지交趾總志》 782

《교화하수지敎化下手遲》 453

《교회신보敎會新報》 1161

《구가집주두시九家集注杜詩》 1625, 1637, 1641, 1646, 1647

《구경灸經》 58, 70

《구경九經》 69, 88, 89, 95, 103, 104, 133, 187, 314, 327, 344, 345, 398, 405, 468, 503, 504, 770, 1226, 1478, 1560, 1696, 1697, 1699

《구경백문九經白文》 293, 314

《구경삼전연혁례九經三傳沿革例》 294, 304, 1224

《구경소九經疏》 344

《구경운람九經韻覽》 1292, 1296, 1425, 1440

《구경자양九經字樣》 69, 88, 104

《구경정문九經正文》 189

《구경정의》 169

《구계집龜溪集》 241

《구고의勾股義》 816

《구공본말歐公本末》 202, 1626, 1627, 1631, 1632, 1648, 1649, 1654, 1656, 1672, 1673, 1683

《구구소한도九九消寒圖》 1173

《구급방》 683

《구급이방》 693

《구당서舊唐書》 32, 35, 61, 64, 70, 152, 196, 649, 1081, 1444, 1746

《구래공시집寇萊公詩集》 127

《구령선생집九靈先生集》 680

《구명색救命索》 733, 735

《구문장집丘文莊集》 686

《구문증오舊聞證誤》 1245

《구변도九邊圖》 634, 689

《구변도설九邊圖說》 634

《구복면화요론求福免禍要論》 1580

《구본거사집衢本居士集》 289, 381

《구북합집甌北合集》 1107

《구산다보瞿山茶譜》 810

《구산루서목舊山樓書目》 1460

《구산어록龜山語錄》 176

《구산다보瞿山茶譜》 700

《구선문보瞿仙文譜》 702, 735

《구선사략瞿仙史略》 702, 706, 736

《구선서강시법瞿仙西江詩法》 735

《구선신기비보瞿仙神奇秘譜》 735, 872, 1193, 1205

《구선주후경瞿仙肘後經》 642, 722

《구선주후신추》 735

《구세록촬요략救世錄撮要略》 1530

《구세록촬요략해救世錄撮要略解》 1128

《구세자언행진사기救世者言行眞史記》 1530, 1579

《구수비릉서씨가보九修毗陵徐氏家譜》 1736

《구수비릉서씨종보九修毗陵徐氏宗譜》 1385, 1424

《구약》 988, 1048

《구약전서》 1042, 1049, 1074, 1129

《구양공집歐陽公集》 164

《구양문집歐陽文集》 321

《구양문충공거사집》 1634, 1638

《구양문충공집歐陽文忠公集》 235, 317, 1654, 1670, 1683, 1747

《구양선생문수歐陽先生文粹》 235, 356, 1625, 1647, 1648, 1654

《구양수거사집》 1665
《구양수문충공집歐陽文忠公集》 234
《구양수선집歐陽修撰集》 242
《구양수집歐陽修集》 169
《구양첨집歐陽詹集》 682
《구역지九域志》 203
《구오대사舊五代史》 104, 194,
197, 434, 1068, 1082
《구오대사舊五代史·당명종기唐明
宗紀》 88
《구오화씨본서勾吳華氏本書》 1296,
1749
《구용지句容志》 616
《구우편述友篇》 1127
《구유조성서舊遺詔聖書》 988
《구자득지실독서설求自得之室讀
書說》 1440
《구자집具茨集》 239
《구장산법九章算法》 675
《구장산법비류대전九章算法比類
大全》 809, 851
《구장산술》 1432
《구장통명산법九章通明算法》 809
《구제록驅除錄》 774
《구조통략九朝通略》 345
《구조편년강목비요九朝編年綱目
備要》 295
《구조편년비요九朝編年備要》 200

《구지舊志》 1185
《구충민시집寇忠愍詩集》 231
《구통九通》 923, 944, 946, 1051
《구화산지九華山志》 784
《구화집九華集》 244
《구황록救荒錄》 166
《구황본초救荒本草》 700, 715,
723, 811, 815
《구황야보救荒野譜》 812
《구황활민류요救荒活民類要》 44
《구황활민서》 685
《국립북평도서관관간》 1866
《국문주보國文周報》 1842, 1872
《국방발휘局方發揮》 524
《국보菊譜》 786, 1143
《국부론(The Wealth of
Nations)》 1091
《국사》 349
《국사보國史補》 86, 1746
《국사헌징록國史獻徵錄》 776
《국서관》 1860
《국수암사고菊壽盦詞稿》 1470
《국어》 127, 650, 686, 693, 748,
758, 772, 857, 930, 1038, 1625,
1629, 1631, 1638, 1642, 1651,
1655, 1656, 1663, 1671, 1672
《국어대장國語大藏》 1118, 1731
《국어사서國語四書》 1130

《국어해國語解》 1643, 1662, 1681

《국자감서목國子監書目》 632

《국자감속지國子監續志》 631, 632

《국자감지國子監志》 775, 1749

《국자감통지》 631, 632

《국자감통지 · 속지》 632

《국조기헌류징國朝耆獻類徵》 1083

《국조명신사략國朝名臣事略》 499, 510

《국조문경초편國朝文警初編》 1473

《국조문류國朝文類》 495, 519, 1500

《국조문징國朝文徵》 1100

《국조문찬國朝文纂》 1286, 1473, 1507

《국조변체정종國朝騈體正宗》 1100

《국조선정사략國朝先正事略》 1083

《국조시록國朝試錄》 799

《국조시별재집國朝詩別裁集》 932, 1100

《국조시품國朝詩品》 1100

《국조영남문초國朝嶺南文鈔》 1100

《국조원화록國朝院畫錄》 1092

《국조율례촬요國朝律例撮要》 1562

《국조이백가명현문수國朝二百家名賢文粹》 171

《국조전고國朝典故》 807

《국조전촉시초國朝全蜀詩鈔》 1101

《국조제신주의國朝諸臣奏議》 201, 1615, 1617, 1634, 1640, 1651, 1654, 1660, 1667, 1689

《국조중주문징國朝中州文徵》 1100

《국조천태기구전國朝天台耆舊傳》 1448

《국조편년정요國朝編年政要》 176

《국조학안소식國朝學案小識》 1083

《국조항군시삼집國朝杭郡詩三輯》 1101

《국조회요총류國朝會要總類》 169, 349

《국초사적國初事跡》 681

《국초십대가시초國初十大家詩鈔》 1473

《국학계간》 1863

《군감록軍鑒錄》 628

《군경궁실도群經宮室圖》 1080

《군경대의》 143

《군경음변群經音辨》 190, 1481, 1483, 1619, 1638, 1677, 1678, 1681

《군경질群經質》 1443, 1519

《군공수간群公手簡》 708, 744

《군국이병서郡國利病書》 1067, 1084, 1361, 1362

《군령軍令》 634

《군방보群芳譜》 260

《군서고변群書考辨》　1562

《군서구현群書鉤玄》　727

《군서요방群書要方》　711, 731

《군서유함群書類函》　752

《군서집사연해群書集事淵海》　672,
　752, 787

《군서총류群書總類》　678

《군서치요群書治要》　1556, 1559,
　1727

《군서통요群書通要》　514

《군서회원재강망群書會元截江網》
　217

《군선요어찬요群仙要語纂要》　891

《군신도감》　715

《군신정요君臣政要》　1292, 1445

《군영걸전전群英傑全傳》　934

《군음유선群音類選》　647

《군재독서지郡齋讀書志》　1479,
　1678, 1748

《군정사례軍政事例》　642

《군정조례軍政條例》　682, 684, 693

《군정총서軍政叢書》　1071

《군중의방비요軍中醫方備要》　1386,
　1388, 1393, 1457

《군현부집群賢賦集》　1562

《군현요어群賢要語》　754

《군흥본말기략軍興本末紀略》　1446

《굴부屈賦》　858

《굴옹산시집屈翁山詩集》　1093

《궁교문집宮敎文集》　245

《궁문초宮門鈔》　1156, 1158

《궁사宮詞》　702

《궁실도설宮室圖說》　1408, 1458

《권문공집權文公集》　225

《권선금과勸善金科》　967

《권선문勸善文》　1097

《권세문》　1128

《권세양언勸世良言》　1531, 1580

《권세진문勸世眞文》　984

《권재고공기해贗齋考工記解》　1646,
　1657, 1667

《권재속집贗齋續集》　248

《권학문》　1555, 1727

《권학시勸學詩》　805

《궐리세계闕里世系》　127, 202

《궐리지闕里志》　690

《귀곡자鬼谷子》　645

《귀산집龜山集》　241

《귀소고龜巢稿》　1500, 1749

《귀이집貴耳集》　1550, 1747

《귀잠지歸潛志》　1748

《귀전록歸田錄》　380, 78, 262,
　583, 1458

《귀전쇄기歸田瑣記》　1752

《귀주도경신지貴州圖經新志》　687

《귀주통지》　687

《귀지현지貴池縣志》 1451

《귀진총의歸眞總義》 1125

《규당소고圭塘小藁》 1263

《규범閨範》 848

《규장각지奎章閣志》 1541

《규천황씨종보虯川黃氏宗譜》 848,
1368, 1509

《규화기葵花記》 622

《균계목잠집筠溪牧潛集》 518

《균보菌譜》 261

《균헌청비록筠軒淸閟錄》 1750

《귤록橘錄》 261

《귤림집橘林集》 239

《귤중비橘中秘》 654

《극담록劇談錄》 149

《극락세계極樂世界》 1472

《극락세계전기極樂世界傳奇》 1364

《근대인쇄술近代印刷術》 1755

《근사록近思錄》 160, 166, 212,
660, 1091, 1261-1263, 1712

《근사록집해편몽상설近思錄集解便
蒙詳說》 1570

《근사록편몽상설近思錄便蒙詳說》
1571

《근사속록近思續錄》 160

《근유문집勤有文集》 713

《근유시문집勤有詩文集》 724

《근재집勤齋集》 517

《근정전요勤政典要》 805

《근존성유벽사전도謹遵聖諭辟邪
全圖》 1178

《금강경金剛經》 29, 71, 75, 93,
109, 150, 284, 289, 345, 377,
379, 420, 561, 645, 830, 1132,
1244, 1528, 1696

《금강경주》 552, 1718

《금강반야경초金剛般若經抄》 127,
478

《금강반야바라밀경金剛般若波羅
蜜經》 127, 306, 476, 553

《금강반야바라밀다경》 1694

《금강보현행원경金剛普賢行願經》
476, 1708

《금경禽經》 811

《금고기관今古奇觀》 794

《금과정의金科正義》 136, 347, 352

《금광명경金光明經》 128, 412,
1133

《금광명최승왕경계金光明最勝王
經契》 476

《금광명최승왕경소金光明最勝王
經疏》 480

《금궤金匱》 267

《금궤요략金匱要略》 266, 681

《금궤요약방金匱要略方》 267

《금궤방가괄金匱方歌括》 934

《금궤요략방론金匱要略方論》　266

《금궤요략천주》　934

《금단대성집金丹大成集》　728

《금단대요金丹大要》　734

《금단정리대전金丹正理大全》　686,
　723, 728

《금단현지金壇縣志》　1450

《금내기문金台紀聞》　1321, 1351

《금대팔경시金臺八景詩》　635

《금동옥녀교홍기金童玉女嬌紅記》
　620

《금룡적봉전집金龍赤鳳全集》　935

《금루집錦樓集》　96

《금릉람고시金陵覽古詩》　166

《금릉범찰지金陵梵刹志》　616

《금릉쇄사金陵鎖事》　660

《금릉신지金陵新志》　511

《금릉회고시金陵懷古詩》　166

《금문최金文最》　1753

《금벽고사金璧故事》　693

《금보琴譜》　787

《금보琴譜·슬보瑟譜》　746

《금사·백관지百官志》　464, 465

《금사·지리지地理志》　429, 465

《금사琴史》　215

《금사金史》　427, 429, 464, 465,
　492, 493, 561, 588, 589, 614,
　1130, 1748

《금산전씨가각서목金山錢氏家刻
　書目》　1105

《금산지金山志》　680

《금서목록》　338, 1152

《금석례金石例》　511

《금석록金石錄》　210, 884, 1673

《금석비고金石備考》　784

《금석수편金石粹編》　1089

《금석췌편金石萃編》　1751

《금소사金小史》　1749

《금속재선생문집金粟齋先生文集》
　749

《금속전설金粟箋說》　1111

《금수만화곡錦繡萬花谷》　217, 678,
　689, 710, 726, 728, 787, 1292,
　1316, 1425

《금수책錦繡策》　683

《금어당문술琴語堂文述》　1469

《금어도보金魚圖譜》　979

《금어품金魚品》　811

《금완계몽琴阮啟蒙》　699, 735, 787

《금운교신전金雲翹新傳》　1136,
　1565

《금운교전金雲翹傳》　1135

《금은자대장金銀字大藏》　91

《금은자도장경金銀字道藏經》　108,
　282

《금음주문琴音注文》　735

《금장金藏》　　　　101, 489, 537

《금장난보金漳蘭譜》　　　　261

《금정직지金精直指》　　　　727

《금천삼지보기琴川三志補記》　1450

《금천옥설金川玉屑》　　　　683

《금초기金貂記》　　　　621

《금충술禽蟲述》　　　　811

《금타수편金陀粹編》　202, 495, 510

《금타잡편金陀雜編·속편》　　642

《금해림랑金薤琳琅》　　　　784

《금헌비유今獻備遺》　　　　776

《금헌휘언今獻彙言》　　　　807

《금현휘설今賢彙說》　　　　807

《금호기金壺記》　　　1625, 1646

《금호랑묵金壺浪墨》　　　　1398

《금화문통金華文統》　　　　680

《금화부지金華府志》　　　　1506

《금화자잡편金華子雜編》　　　92

《금화총서金華叢書》　　　　1106

《금화황선생문집金華黃先生文集》
　　　　　　　　　　　　517

《급가주서汲家周書》　　　　681

《급고각 13경》　　　　930

《급구양방急救良方》　　　711, 746,
　1113

《급구이방急救易方》　　　　683

《급람류편急覽類編》　　　　624

《급총주서汲家周書》　195, 509, 772

《기결棋訣》　　　　219

《기경십삼편棋經十三篇》　　　219

《기기도설奇器圖說》　　　　842

《기도문》　　　　1531

《기독교의基督教義》　　1515, 1576

《기독교찬술각판목록基督教撰述刻
　板目錄》　　　　639

《기록휘편記錄彙編》　　　　807

《기묘전상주석서상기奇妙全相注釋
　西廂記》　　　638, 845

《기보棋譜》　　　　714

《기보안란지畿輔安瀾志》　　1453

《기보총서畿輔叢書》　　　　1106

《기비록紀非錄》　　　　803

《기사주記事珠》　　　　723

《기산집琪山集》　　　　859

《기성집騎省集》　　　　231

《기아箕雅》　　　　1541

《기양답문暨陽答問》　　　　1456

《기양풍속부暨陽風俗賦》　　1452

《기인십규畸人十規》　835, 1726

《기인십편畸人十篇》　　　　626

《기정기旗亭記》　　　　622

《기정전서幾亭全書》　　　　1466

《기찬연해記纂淵海》　　217, 289,
　319, 514, 1294, 1318, 1459

《기하원본幾何原本》　1108, 1727

《기합수양집綺合繡揚集》　710, 713,

719, 746

《길상편지구화본속吉祥遍至口和本續》 1252, 1416

《길양군도경吉陽軍圖經》 208

《김정희[성]연보金正喜(聲)年譜》 1448

《김정희연보金正喜年譜》 1361

ㄴ

《나부산기羅浮山記》 209

《나산주소羅山奏疏》 776

《나선시평懶仙詩評》 737

《나선죽림만록懶仙竹林漫錄》 737

《나소간갑을집羅昭諫甲乙集》 230

《나옹심령懶翁心領》 1564, 1857

《나천전설시羅川剪雪詩》 720

《낙녹자삼명소식부珞琭子三命消息賦》 430

《낙빈왕문집駱賓王文集》 223

《낙빈왕집駱賓王集》 679

《낙선노인집樂善老人集》 438

《낙양가람기洛陽伽藍記》 1364, 1403, 1454

《난경難經》 265, 523, 541, 679, 1700

《난성집欒城集》 120, 176, 237, 642, 1280

《난양소하록灤陽消夏錄》 1099

《난정고蘭亭考》 155

《난정속고蘭亭續考》 289, 291, 300, 1480, 1676

《난주대학학보》 1860

《남가기南柯記》 654

《남강역사감본南疆繹史勘本》 1332, 1423, 1446

《남경대리시지南京大理寺志》 775

《남경도장경南京道藏經》 454

《남경예부편정인장경호부南京禮部編定印藏經號簿》 905

《남경태복시지》 775

《남경태상시지南京太常寺志》 775

《남궁소략南宮疏略》 775

《남극시령南極時令》 724

《남극지리南極地理》 724

《남기통지南畿通志》 616

《남녕군지南寧軍志》 208

《남당서南唐書》 614, 1411, 1412, 1444

《남도록南渡錄》 774

《남도번회도南都繁會圖》 627

《남도왕흠신서목南都王欽臣書目》 359

《남략南略》 1365

《남뢰문정南雷文定》 1093

《남릉소지南陵小志》 1451

《남명석씨종보南明石氏宗譜》 1412

《남명증도가南明證道歌》 1543,
1712

《남북사南北史》 507, 561

《남북사저화南北史咀華》 1444

《남북송지전통속연의제평南北宋志傳通俗演義題評》 622

《남북직례십삼성부주현정좌수령전호환림편람南北直隸十三省府州縣正佐首領全號宦林便覽》 638

《남사南史》 160, 193, 506, 507, 1499

《남산전집南山全集》 1466

《남선기南船記》 812, 1519

《남송고적고》 146, 148

《남송원화록南宋院畫錄》 1092

《남송육십가명현소집南宋六十家名賢小集》 146, 254

《남약고변南藥考辨》 1564

《남약신효南藥神效》 1564

《남양관보南洋官報》 1159

《남양활인서南陽活人書》 127, 137, 169, 275

《남영시고南榮詩稿》 1468

《남옹지南雍志》 615, 1749

《남유기南遊記》 671

《남장南藏》 352, 481, 625, 821, 824, 828, 830, 892, 905

《남절육성지여지南折六省地輿志》 1136

《남제서南齊書》 882, 1145, 1404, 1444, 1631, 1633, 1675, 1682

《남풍문집南豐文集》 683

《남풍증자고선생문집南豐曾子固先生文集》 234

《남해지南海志》 511

《남행일기南行日記》 1454

《남헌집南軒集》 246

《남화南華》 213

《남화경》 758

《남화경주南華經注》 758

《남화신전南華新傳》 213

《남화정의南華正義》 213

《남화진경南華眞經》 213, 1649

《남화진경삼주대전南華眞經三注大全》 670

《남화진경주南華眞經注》 170, 213, 1644

《남화진경주소南華眞經注疏》 1626, 1635, 1637, 1639, 1643, 1645, 1655, 1657, 1660, 1663, 1681

《남화통南華通》 1090

《남훈전도상고南熏殿圖象考》 1092

《납란사納蘭詞》 1094

《납묘경納猫經》 811

《낭어집浪語集》 245

《낭원집閬苑集》 405

《낭현청낭요琅嬛靑囊要》　1457

《내가권법內家拳法》　1092

《내각서목內閣書目》　604, 885, 1315

《내경소문內經素問》　671

《내경유초內經類鈔》　729

《내과이법內科理法》　1115

《내령內令》　629

《내몽고 사범학원 몽문도서蒙文圖書 목록》　1756

《내부경창서목內府經廠書目》　629

《내부여도內府輿圖》　1086

《내외상변內外傷辨》　649

《내정공정주법內廷工程做法》　1111

《내집內集》　1386

《내측연의內則衍義》　921

《내탐內探》　1158

《내훈》　70, 628, 891

《냉려의화冷廬醫話》　1113

《노강보鶯江報》　1169

《노경광老更狂》　720, 736

《노동집盧仝集》　228

《노릉지魯陵志》　1546

《노반경魯班經》　675

《노번망양시고魯藩望洋詩稿》　727

《노부비방魯府秘方》　708, 711, 727

《노사路史》　645

《노산목선생문집魯山木先生文集・

외집外集》　1752

《노서취친도老鼠娶親圖》　1567

《노소선생대회문집老蘇先生大會文集》　289

《노자老子》　12, 71, 318, 427, 434-436, 456, 513, 1287, 1455, 1695, 1841

《노자도덕경老子道德經》　179, 213, 882

《노자도덕경고본집주老子道德經古本集注》　213

《노자연老子衍》　1090

《노자장의老子章義》　1090

《노재문집魯齋文集》　680

《노주남문고씨족보瀘州南門高氏族譜》　1373

《노천귀래집蘆川歸來集》　242

《노천사蘆川詞》　1620

《노천선생문수老泉先生文粹》　158

《노충숙공집盧忠肅公集》　1466

《노포서老圃書》　810

《노학암필기老學庵筆記》　160, 331

《녹균헌고綠筠軒稿》　707, 713, 738

《녹문명승鹿門名勝》　1453

《녹창여사綠窗女史》　807

《녹한집淥汗集》　749

《논략論略》　691

《논리학 체계(A System of

Logic)》 1091

《논림論林》 683

《논어》 425, 427, 432, 434, 457, 471, 629, 1038, 1541, 1551, 1707

《논어・맹습유孟拾遺》 166

《논어・맹자정문》 161

《논어발의論語發疑》 1442

《논어소의》 471, 477

《논어주소해경論語注疏解經》 155, 491

《논어집설論語集說》 294, 1619, 1637, 1645, 1675, 1676, 1679

《논어집주論語集注》 294, 1656, 1712

《논어후안論語後案》 1445

《논출집설論出集說》 163

《논학회편論學彙編》 785

《논형論衡》 38, 120, 214, 513, 1491, 1503, 1627, 1629-1632, 1637, 1641, 1642, 1649, 1653, 1655, 1657, 1661, 1662, 1664, 1669, 1671, 1673, 1676, 1677, 1683

《농기도보農器圖譜》 1266

《농기보農器譜》 260

《농상의식農桑衣食》 615, 810

《농상의식촬요農桑衣食撮要》 521, 810

《농상잡령農桑雜令》 521

《농상집요農桑輯要》 492, 520, 1713

《농상촬요農桑撮要》 615, 675, 679, 680, 683, 689, 810

《농상통결農桑通訣》 1266

《농서農書》 259, 521, 1254, 1266, 1267, 1269-1272, 1436, 1873, 1874

《농설農說》 810

《농아農雅》 1109

《농장인집農丈人集》 1506

《농정전서農政全書》 815, 816

《농주루弄珠樓》 645

《농학보農學報》 1072

《농학총서農學叢書》 1071

《뇌봉탑雷峰塔》 98-100, 569, 1097, 1698, 1780

《뇌씨백운루집雷氏白雲樓集》 739

《뇌양현향토지未陽縣鄕土志》 1453

《누가복음》 1529

《누산당집樓山堂集》 1466

《누판고鏤板考》 1543

《누항집陋巷志》 690

《눌암병체문존訥庵騈體文存》 1469

《능개재만록能改齋漫錄》 355 1458

《능엄경楞嚴經》 102, 647, 1134

《능엄외해楞嚴外解》 489

《능연각공신도凌煙閣功臣圖》 1138, 1526

《능천집陵川集》 502, 516

《니판시인초편泥版試印初編》 966, 1335, 1336, 1468, 1734, 1753

ㄷ

《다경茶經》 261, 373

《다능비사多能鄙事》 810

《다라니경陀羅尼經》 76, 77

《다라니신주경陀羅尼神咒經》 59

《다라니잡집陀羅尼雜集》 1652, 1653, 1665, 1682

《다록茶錄》 262

《다보茶譜》 719, 745, 810

《다사茶史》 1110

《다서이십칠종茶書二十七種》 810

《다여객화茶餘客話》 1459, 1752

《다이헤이키[太平記]》 1556

《단계서원지端溪書院志》 931

《단계심법丹溪心法》 623, 681, 692

《단계연보端溪硯譜》 1111

《단계연사端溪硯史》 1111

《단계의안丹溪醫案》 681

《단계찬요丹溪纂要》 689

《단궁총훈檀弓叢訓》 688

《단릉문초丹棱文鈔》 1467

《단방수지丹房須知》 1231

《단본대장경찬소丹本大藏慶贊疏》 416

《단씨설문段氏說文》 943

《단양집丹陽集》 134, 232

《단연여록丹淵餘錄》 688

《단연집丹淵集》 169, 233, 437

《단연총록丹鉛總錄》 677

《난인집端人集》 931

《단조국구공안전斷曹國舅公案傳》 638

《단주경丹珠經》 1121

《단주이경丹珠爾經》 1122, 1182

《단주이丹珠爾》 533, 1119, 1122, 1124, 1134, 1191, 1729, 1730

《담사蟬史》 811

《담연거사문집》 516

《담연거사집湛然居士集》 1748

《담원집澹園集》 1571

《담자화서譚子化書》 709, 729, 739

《담천談天》 1074, 1112

《담호談虎》 1110

《담화일현집曇花一現集》 1467

《답책비결答策秘訣》 673

《당구시唐求詩》 230

《당대조령唐大詔令》 200

《당락선생집唐駱先生集》 758

《당론집讜論集》 201

《당류선생집唐柳先生集》 227

《당류함唐類函》　787

《당률소의唐律疏義》　499

《당문수唐文粹》　137, 143, 253, 327, 519, 649, 678, 691, 707, 719, 722, 801, 1506, 1628, 1630, 1643, 1661, 1682

《당문수산唐文粹刪》　862

《당미산집唐眉山集》　1145, 1404, 1463

《당백가시선唐百家詩選》　1630, 1661, 1673, 1681

《당보塘報》　1158

《당본초唐本草》　94

《당사론단唐史論斷》　169

《당삼장서유석액전唐三藏西遊釋厄傳》　845

《당상보糖霜譜》　263

《당서唐書》　135, 161, 180, 468, 506, 561, 682, 683, 686, 1540, 1688, 1701

《당서지전통속연의唐書志傳通俗演義》　622, 671

《당석경唐石經》　69, 88, 94, 104

《당석한산자시唐釋寒山子詩》　1669, 1673

《당설인귀과해정요고사唐薛仁貴跨海征遼故事》　637

《당세설신어唐世說新語》　882

《당송문순唐宋文醇》　967

《당송백공육첩唐宋白孔六帖》　217

《당송시순唐宋詩醇》　967

《당송총서唐宋叢書》　807

《당송팔대가문초唐宋八大家文抄》　653

《당시고금주唐詩古今注》　732

《당시고취대전唐詩鼓吹大全》　845

《당시귀唐詩歸》　758

《당시기사唐詩紀事》　722

《당시唐詩》　649, 736

《당시류원唐詩類苑》　1472

《당시삼체唐詩三體》　724

《당시유원唐詩類苑》　1284

《당시정성唐詩正聲》　649, 660, 736

《당시품휘》　689

《당아唐雅》　679, 884

《당어림唐語林》　65

《당여랑어현기시唐女郎魚玄機詩》　230, 289, 319

《당예문지唐藝文志》　362

《당오십가시집唐五十家詩集》　1305, 1474

《당운唐韻》　69, 104, 109, 377-380, 505, 1516, 1551, 1694

《당유선생문집唐柳先生文集》　1513

《당유선생집唐柳先生集》　1548

《당유선생집주唐柳先生集注》　180

《당육전唐六典》 1746

《당율소의唐律疏義》 218

《당음唐音》 633, 689

《당음비사棠陰比事》 649

《당이선주문선唐李善注文選》 1631, 1668

《당인만수절구선唐人萬首絶句選》 945

《당인시집唐人詩集》 808, 862

《당장경음의唐藏經音義》 169

《당태종시집唐太宗詩集》 1461

《당풍唐風·산유구山有樞》 1242

《당호시고棠湖詩稿》 246

《당화간집唐花詞集》 249

《당회요唐會要》 127, 349

《대각선사어록大覺禪師語錄》 1483, 1551, 1618, 1640, 1672, 1712

《대경당서목帶經堂書目》 1845

《대경당전집帶經堂全集》 1093, 1518

《대고大誥》 628, 685, 804, 806, 1720

《대고무신大誥武臣》 682, 803

《대고삼편大誥三編》 679, 682, 804

《대고속편大誥續編》 804, 891

《대곡산당집大谷山堂集》 1467

《대공보大公報》 1168, 1859

《대관본초大觀本草》 274, 615, 680

《대관증류본초大觀證類本草》 141, 274, 1457

《대광익회옥편大廣益會玉篇》 505, 745

《대괴사서大魁四書》 1571

《대금현도보장大金玄都寶藏》 538, 1709

《대남각총서岱南閣叢書》 1105

《대남국사연가大南國史演歌》 935, 936, 1565

《대남실록》 1857

《대남유신십년세차병진협기력 大南維新十年(1916)歲次丙辰協 紀曆》 1567

《대당간류보궐절운大唐刊謬補闕 切韻》 104

《대당삼장취경시화》 150, 250, 251

《대당서역기》 1489

《대당신어大唐新語》 882

《대당육전大唐六典》 384, 642, 1617, 1625, 1626, 1628, 1637, 1651, 1665, 1666, 1674

《대당진왕사화大唐秦王詞話》 1096

《대덕정덕현지大德旌德縣志》 1450

《대덕중교성제총록大德重校聖濟 總錄》 492, 524

《대도신간관목적본동창사범大都

新刊關目的本東窓事犯》　488

《대도신편관장쌍부서촉몽大都新編
關張雙赴西蜀夢》　488

《대도지大都志》　633

《대력大曆》　513

《대류對類》　629

《대류대전對類大全》　624

《대륙임신과大六壬神課》　624

《대리시지大理寺志》　1749

《대만기략台灣紀略》　1088

《대만부지台灣府志》　1088, 1393

《대만외기台灣外記》　1446

《대명관제大明官制》　602, 628, 804

《대명국의 중국사정 기록[記大明國
的中國事情]》　1592, 1593

《대명력大明曆》　435

《대명령大明令》　628, 680, 682,
804

《대명률》　602, 628, 638, 681-
683, 689, 804, 806

《대명률례》　642

《대명률직인大明律直引》　634

《대명삼장성교남장大明三藏聖教
南藏》　821

《대명인효황후서씨내훈大明仁孝皇
后徐氏內訓》　725

《대명일력大明日曆》　611

《대명일통지大明一統志》　682, 780,

805

《대명중흥송大明中興頌》　736

《대명중흥영력25년대통력大明中興
永曆二十五年(1671)大統曆》　695,
1393

《대명지서大明志書》　806

《대명진간왕유사大明秦簡王遺事》
721

《대명집례大明集禮》　628, 634, 804

《대명회전大明會典》　681, 774,
805, 894, 1570, 1749

《대명흥화부지大明興化府志》　674

《대미연방지략大美聯邦志略》　1074

《대미적습급代微積拾級》　1108

《대반야경大般若經》　281, 412,
443, 1489, 1490, 1632, 1640,
1644, 1667, 1683

《대반야바라밀다경》　481, 1488,
1489, 1632, 1649, 1660, 1665,
1681

《대반야십륙회서大般若十六會序》
479

《대반열반경》　138, 281, 1489

《대방광불화엄경大方廣佛華嚴經》
281, 416, 423, 476, 536, 688,
1254, 1483, 1618, 1652, 1659,
1677

《대방광불화엄경소大方廣佛華嚴

經疏》 1628, 1632, 1648, 1651, 1655, 1658, 1660, 1661, 1664, 1665, 1671, 1675, 1678, 1680, 1684

《대방광불화엄경합론大方廣佛華嚴經合論》 443, 1624

《대방광불화엄보현행원품大方廣佛華嚴普賢行願品》 476

《대방만문일통내외집大方萬文一統內外集》 670

《대방편불보은경大方便佛報恩經》 416

《대법거다라니경大法炬陀羅尼經》 416

《대보잠첩大寶箴帖》 635

《대보적경大寶積經》 281, 531, 1490

《대복집大復集》 748

《대불정수능엄경정맥소大佛頂首楞嚴經正脈疏》 729

《대비다라니경》 126

《대비로장경》 537

《대비주大悲咒》 102

《대사기大事記》 164, 1412, 1444

《대사俗史》 784

《대소소집大蘇小集》 351, 411

《대송등과기大宋登科記》 163, 203

《대송보우사년병진세회 천만년구주력大宋寶祐四年丙辰歲會天萬年具注曆》 210

《대송중수광운大宋重修廣韻》 1628, 1635, 1648, 1673

《대송중흥통속연의大宋中興通俗演義》 671

《대송천궁보장大宋天宮寶藏》 283

《대수구다라니경大隨求陀羅尼經》 1479, 1481, 1629, 1671

《대수구다라니경주》 128

《대수구즉득대자재다라니경大隨求卽得大自在陀羅尼經》 49

《대수룡비록大狩龍飛錄》 805

《대수비지代數備旨》 1112

《대수술代數術》 1108

《대수영다라니경大隨永陀羅尼經》 49

《대수용비집大狩龍飛集》 634

《대수학代數學》 1074, 1108

《대승관세음보살보문경大乘觀世音菩薩普門經》 879, 1727

《대승삼취참회경大乘三聚懺悔經》 1550

《대씨유서戴氏遺書》 1107

《대아시운大雅詩韻》 735

《대야현지大冶縣志》 1452

《대업당시초大業堂詩草》 721

《대역구현大易鉤玄》 733

《대역수언大易粹言》　178, 323, 1631, 1638, 1644, 1651, 1670, 1673, 1679, 1682

《대역집의大易集義》　1666, 1671

《대열록大閱錄》　634

《대영백과전서大英百科全書》　1232

《대원대일통지大元大一統志》　510, 1718

《대원성정국조전장大元聖政國朝典章》　509

《대원일통지大元一統志》　493

《대월사기전편大越史記前編》　1562

《대은산인집大隱山人集》　726

《대일경의석연밀초大日經義釋演密鈔》　412

《대자본논어집설大字本論語集說》　1483

《대자상한지장도大字傷寒指掌圖》　623

《대자서유기大字西遊記》　845

《대자유빈객집大字劉賓客集》　160

《대자통감기사본말大字通鑑紀事本末》　1484

《대장경》　28, 78, 91, 101, 110, 117, 133, 161, 167, 168, 173, 276, 280, 283, 415, 445, 475, 481, 484, 489, 526, 527, 531, 533, 537, 649, 829, 830, 839, 879, 889, 1116, 1118, 1119, 1122, 1537, 1539, 1540, 1551, 1556, 1560, 1697, 1699, 1700, 1702, 1706, 1711, 1714, 1716, 1853

《대장경강목지요록大藏經綱目指要錄》　1617, 1632, 1636, 1640, 1643, 1652, 1654, 1657, 1660, 1662, 1666, 1667, 1671, 1674, 1679

《대장경판》　1500

《대장大藏》　102, 352, 413, 417, 418, 420, 448, 473, 475, 529, 821, 822, 826, 1115, 1117-1119, 1122, 1123, 1707, 1716, 1717, 1721, 1729-1731, 1734

《대장존경大藏尊經》　626, 829

《대장존귀大藏尊貴》　530

《대장집요大藏輯要》　1118

《대전大典》　517

《대전회통大典會通》　1541

《대정신편편람大定新編便覽》　436

《대제문집待制文集》　1749

《대진경교유행중국비大秦景教流行中國碑》　78

《대창야화對床夜話》　1286

《대청광서삼십일년력大淸光緒三十一年曆》　1132

《대청순치원년세차갑신시헌력大
  清順治元年歲次甲申時憲曆》　1089
《대청실록大清實錄》　　　　　349
《대청율례근원大清律例根源》 1446,
  1447
《대청율집해부례大清律集解附例》
  　　　　　　　　　　　　1083
《대청일통어도大清一統輿圖》 1086
《대청일통지大清一統志》　　923,
  1084, 1145, 1403, 1421, 1423,
  1449
《대청전서大清全書》　　　　1130
《대청중각룡장휘기大清重刻龍藏
  彙記》　　　　　　　　　1753
《대청통례大清通禮》　　　　1083
《대청회전大清會典》　1132, 1155,
  1570
《대청회전사례大清會典事例》 1521,
  1751
《대통력大統曆》　　610, 635, 892,
  1089, 1548, 1567, 1569, 1577
《대통력일大統曆日》　　　　634
《대학大學》　　　　　　629, 1023
《대학연의大學衍義》　　212, 492,
  540, 541, 628, 631, 685, 1273,
  1456, 1561, 1565, 1716, 1717
《대학연의보大學衍義補》 118, 686,
  785

《대학연의통략大學衍義通略》 1504
《대혜보각선사보설大慧普覺禪師
  普說》 1483, 1618, 1637, 1638,
  1653, 1660, 1664, 1683
《대화엄경》　　　　　　412, 536
《대화엄방광보현멸죄칭찬불명보
  찬大華嚴方廣普賢滅罪稱贊佛名
  寶贊》　　　　　　　　　501
《덕선재국보德善齋菊譜》　700, 811
《덕선재집德善齋集》　　　　724
《덕신보德臣報》(Daily Press) 1166
《덕행기德行記》　　　　471, 473
《도경圖經》　12, 206, 208, 266,
  267
《도경본초圖經本草》　　267, 502
《도고당문집道古堂文集》　　1752
《도관집都官集》　　　　157, 233
《도광26년일월각도통서道光二十六
  年日月刻度通書》　　　　1089
《도대본초광주都大本草廣注》　479
《도덕경광성의道德經廣聖義》　94,
  106, 213, 1695
《도덕경道德經》 13, 106, 213, 539,
  543, 743, 830, 1024, 1696
《도덕경하상공장구道德經河上公
  章句》　　　　　　　　　513
《도덕보장道德寶章》　　430, 453,
  458, 542, 543

《도덕진경전해道德眞經全解》 435

《도덕진경취선집道德眞經取善集》
　　　　　　　　　　　435

《도문충공[도윤석]연보堵文忠公(允
　錫)年譜》 1448

《도부산방홍루몽사瑑玎山房紅樓
　夢詞》 1471

《도산집陶山集》 160, 239

《도상마의상법圖象麻衣相法》 672

《도상열녀전圖象列女傳》 540, 1716

《도상효경圖象孝經》 540, 541,
　1716

《도서계간》 1864

《도서관》 1860, 1866

《도서관연구와 업무》 1864, 1866

《도서관학계간圖書館學季刊》 1875

《도서관학통신》 1864

《도서지圖書志》 362

《도서집성圖書集成》 887, 1377,
　1379, 1382-1384, 1403

《도서판본학요략圖書板本學要略》
　459, 1755

《도서편圖書編》 787

《도설陶說》 1111

《도성기승都城紀勝》 150

《도시陶詩》 688

《도연명집陶淵明集》 125, 222,
　732, 788, 971, 1410, 1461,
　1636, 1643, 1670

《도원문록외편韜園文錄外編》 1167

《도원유고道園遺稿》 517

《도원일기弢園日記》 1067

《도원학고록道園學古錄》 1748

《도은거집陶隱居集》 223

《도이지략島夷志略》 511

《도이합각陶李合刻》 868

《도잠집》 289

《도장경道藏經》 276, 283, 284,
　452, 455, 630, 831, 1560

《도장경발道藏經跋》 538

《도장道藏》 44, 108, 341, 432,
　527, 539, 628, 630, 832, 1231,
　1347, 1709, 1711, 1713

《도장원류고道藏源流考》 1755

《도정백집陶貞白集》 223

《도정절선생시집陶靖節先生詩集》
　　　　　　　　　　　176

《도정절연보陶靖節年譜》 203

《도정절집陶靖節集》 737, 871

《도주난경圖注難經》 671, 820

《도주맥결圖注脈訣》 671

《도집陶集》 514, 609, 710, 1518

《도찰원서목》 633

《도품稻品》 810

《도학재잡록圖學齋雜錄》 1519

《도해 일·한 인쇄사[図解和漢印刷

史]·도록편》 1756

《도해고주비산경圖解古周脾算經》 709, 741

《도해소문요지론圖解素問要旨論》 441

《도향루잡저稻香樓雜著》 1443

《도향집道鄉集》 240

《도현》 472

《도화견문지圖畫見聞志》 149, 215, 1747

《도화담문증桃花潭文證》 1473

《도화선桃花扇》 918, 1100

《도화일보圖畫日報》 1070, 1073

《도화천기보桃花泉棋譜》 1092

《도화천혁보桃花泉弈譜》 930

《독개원잡보문讀開元雜報文》 80

《독교기讀教記》 1638

《독단獨斷》 182, 725

《독두심득讀杜心得》 1518

《독률쇄언讀律瑣言》 674

《독무주의督撫奏議》 642

《독물비망讀物備忘》 684

《독사관견讀史管見》 672

《독사방여기요讀史方輿紀要》 944, 1084, 1449

《독사사집讀史四集》 1411, 1412, 1454

《독사서총설讀四書叢說》 504

《독사전서督師全書》 774

《독사찰기讀史劄記》 1754

《독산류고牘山類稿》 1469

《독서록·속록》 691

《독서록讀書錄》 785

《독서민구기讀書敏求記》 377, 1152

《독서방여기요讀書方輿紀要》 1362

《독역비지讀易備志》 1439

《독역초고讀易初稿》 1440

《독이비망讀易備忘》 1286

《독좌만필讀左漫筆》 1442

《독추수재문집讀秋水齋文集》 1469

《돈숙호재시속편敦夙好齋詩續編》 1363, 1431, 1468

《돈키호테》 1101

《돈황학국제심포지엄논문집》 1863

《동·서한문감》 672

《동·서한잔당연의漢殘唐演義》 1568

《동가서목東家書目》 555

《동가잡기東家雜記》 160, 202, 1628, 1650, 1658, 1660

《동각소기銅刻小記》 1056

《동계왕선생역전童溪王先生易傳》 178, 289, 316

《동관부음東館缶音》 713, 745

《동관여론東觀餘論》 1684

《동관한기東觀漢記》 16, 18, 1420

《동광현지東光縣志》 782, 1299, 1453, 1725

《동구지東甌志》 511

《동국여지승람東國輿地勝覽》 1541

《동국이상국전집東國李相國全集》 1542

《동국정운東國正韻》 1541

《동국통감東國通鑒》 1541

《동낙헌시집東樂軒詩集》 712, 737

《동남아종횡東南亞縱橫》 1861

《동도사략東都事略》 171, 199, 311, 877

《동래경사논설東萊經史論說》 1261, 1262

《동래경사설》 1263

《동래경사잡설東萊經史雜說》 1455

《동래선생시집東萊先生詩集》 164, 242, 1649, 1674, 1678, 1679

《동래선생시집외집東萊先生詩集外集》 1647

《동래선생음주당감東萊先生音注唐鑒》 1484, 1618, 1669

《동래여씨양한정화東萊呂氏兩漢精華》 739

《동래여태사문집東萊呂太史文集》 244, 290, 1617, 1631, 1639-1641, 1647, 1648, 1650-1652, 1655, 1657, 1662, 1663, 1666, 1670, 1681

《동래여태사외집東萊呂太史外集》 1622, 1623, 1635, 1650, 1654, 1655, 1663, 1669

《동래여태사집東萊呂太史集》 1623

《동래집東萊集》 244, 631

《동래표주영빈선생문집東萊標注潁濱先生文集》 515

《동령진경洞靈眞經》 289, 291, 292, 315

《동로왕씨농서東魯王氏農書》 521

《동리시東里詩》 160, 232

《동림상어東林商語》 785

《동몽훈童蒙訓》 159

《동문산지同文算指》 817

《동문선東文選》 416, 1542, 1756

《동방립유서董方立遺書》 1107

《동방잡지東方雜志》 1078

《동삼성한아교계표東三省韓俄交界表》 1085

《동서당집고법첩東書堂集古法帖》 714, 723

《동서양고東西洋考》 780

《동서양고매월통계전東西洋考每月統計傳》 1162, 1734

《동서한문감東西漢文鑒》 801

《동서한서東西漢書》 749

《동서한전전東西漢全傳》　　930

《동서한통속연의東西漢通俗演義》

　　　　　　　　　622

《동서화합사기東西和合史記》　1580

《동선대장東禪大藏》　　1490

《동수사호부東狩射虎賦》　　438

《동순잡영東巡雜詠》　1284, 1465

《동심집冬心集》　　1144

《동안백영東安百詠》　　1453

《동야집同野集》　　686

《동양여씨가승東陽廬氏家乘》1284,
1290

《동양학문헌총설東洋學文獻叢說》

　　　　　　　　　1756

《동왕시東王詩》　　991

《동원시효방東垣試效方》　　649

《동원십서東垣十書》　709, 711,
730, 731

《동월증학록東越證學錄》　1456

《동유기東遊記》　　690

《동유자집東維子集》　　518

《동윤집東潤集》　　247

《동음同音》　　470, 472

《동음청화桐陰淸話》　　1752

《동의보감東醫寶鑑》　　1541

《동인도의 여행으로 통하다》

　　　　　　　　　1595

《동인수혈침구도경銅人腧穴鍼灸

圖經》　272, 429, 491, 623

《동인지문東人之文》　　1542

《동인집同人集》　　1404

《동인침구경銅人鍼灸經》　　691

《동인침구도경銅人鍼灸圖經》　272,
1700

《동인침구도銅人鍼灸圖》　　634

《동지고冬至考》　　1109

《동진지전제평東晉志傳題評》　622

《동치정안현지同治靖安縣志》　1407

《동치통성현지同治通城縣志》　1405,
1411

《동파·산곡시》　　1556

《동파논어》　　166

《동파문집》　　686

《동파선생별집·속별집》　　236

《동파선생시東坡先生詩》 179, 1480

《동파선생왕반척독東坡先生往返

尺牘》　　515

《동파선생전집》　　653

《동파시》　　498, 671, 686

《동파시집》　　515

《동파악부》　　249, 518

《동파외제집東坡外制集》　　237

《동파우혜록東坡寓惠錄》　　686

《동파응조집東坡應詔集》　　1653

《동파주의東坡奏議》 351, 427, 435

《동파지림東坡志林》　　327, 1747

《동파집》 236, 351, 1623, 1639, 1643, 1645, 1646, 1651, 1654, 1667, 1683, 1684

《동판경銅板經》 1315

《동평하간도찬東平河間圖贊》 725

《동한간오東漢刊誤》 311

《동한회요東漢會要》 181, 297, 1623, 1637, 1645, 1646, 1653, 1660, 1661, 1670

《동향현지東鄕縣志》 684

《동향현향토지東鄕縣鄕土志》 1452

《동헌시집東軒詩集》 712

《동호누전제도銅壺漏箭制度》 258

《동화록東華錄》 1082, 1378

《동활자묵자銅活字墨子》 1316

《두공부시杜工部詩》 1501

《두공부시집杜工部詩集》 514, 967

《두공부집杜工部集》 127, 163, 223, 671, 967, 1422, 1701

《두공부칠언율시杜工部七言律詩》 758, 788

《두공부칠언율시분류집주杜工部七言律詩分類集注》 654

《두남선생시집斗南先生詩集》 733

《두번천별집杜樊川別集》 228

《두보시杜甫詩》 710

《두시杜詩》 628

《두시백문杜詩白文》 659

《두시분류杜詩分類》 788

《두시선주》 741

《두시설부杜詩說府》 1461

《두시집주》 633, 685, 1635

《두심언시집杜審言詩集》 223, 1666

《두씨연주집竇氏聯珠集》 230

《두씨통전杜氏通典》 686

《두씨통전찬요杜氏通典纂要》 1302, 1445

《두언蠹言》 1459

《두율오언주해杜律五言注解》 788

《두재연도편蠹齋鉛刀編》 244

《두증정론痘症定論》 1457

《두진금경록痘疹金鏡錄》 930

《두진방痘疹方》 689

《둔갑선시도遁甲選時圖》 155

《둔옹문록鈍翁文錄》 1469

《득견보得繭譜》 1109

《득월루서목得月樓書目》 1443

《득전거사집得全居士集》 241

《등과록登科錄》 634, 777, 779

《등단필구登壇必究》 786

《등동원집鄧東垣集》 1465

《등왕각집滕王閣集》 682

《등하한담燈下閑談》 149

ㄹ

《라마국喇嘛國》 1757

《로빈슨표류기》　　　1101

《류집柳集》　　　1514

ㅁ

《마경馬經》　　220, 635, 675

《마고산지麻姑山志》　　784

《마고시麻姑詩》　　683

《마기馬記》　　811

《마르코 폴로 여행기》　　1586

《마서馬書》　　811, 1505

《마석전문집馬石田文集》　　691

《마씨자전馬氏字典》　　1021

《마의상결麻衣相訣》　　681

《마인츠 시편》　　553

《마정지馬政志》　　692

《마카오 잡문편雜文篇》　　1160

《마태전복음주》　　1058

《마테오 회고록: 청궁 13년기》　　995

《마하반야바라밀다심경摩訶般若波羅蜜多心經》　　730

《막씨방莫氏方》　　269

《만국여도萬國輿圖》　　626, 817

《만권당서목萬卷堂書目》　　703, 887

《만권정화후집萬卷精華後集》　　289

《만권청화萬卷菁華》　　217

《만년력萬年曆》　　809

《만년서萬年書》　　1108, 1571

《만당문집漫堂文集》　　247

《만당유선생문집漫堂劉先生文集》　　1286, 1463

《만력무공록萬曆武功錄》　　774

《만력삼대정고萬曆三大征考》　　774

《만력야획편萬曆野獲編》　902, 1445

《만력어제성모인시불장경서萬曆御製聖母印施佛藏經序》　　824

《만력팔년경신과회시록萬曆八年庚辰科會試錄》　　891

《만몽합벽순천부거인고시록滿蒙合璧順天府舉人考試錄》　　1133

《만문장滿文藏》　　1118, 1119

《만문홍무요훈滿文洪武要訓》　　1728

《만물개비유찬萬物皆備類纂》　　672

《만물기원萬物紀原》　　1746

《만법자전》　　1138

《만병회춘萬病回春》　　653

《만사불구인박고전편萬事不求人博考全編》　　624

《만수구가악장萬壽衢歌樂章》　　971, 1352, 1410, 1446

《만수단서萬壽丹書》　　624

《만수당인절구萬首唐人絶句》　　119, 153, 649, 1483, 1619

《만수당인절구시》　　155

《만수대장萬壽大藏》　　1488

《만수성전도萬壽盛典圖》　　1140

《만수성전萬壽盛典》　　　1526

《만씨가전제세양방萬氏家傳濟世
良方》　　　645

《만씨가초제세량방萬氏家鈔濟世
良方》　　　623

《만안군도경萬安軍圖經》　　208

《만여승람方輿勝覽》　　　157

《만용정종불구인전편萬用正宗不求
人全編》　　　787

《만주문서목滿洲文書目》　　1756

《만한명신전滿漢名臣傳》　　1083

《만한몽장사체합벽대장전주滿·
漢·蒙·藏四體合璧大藏全咒》1134

《만한투滿漢鬪》　　　1097

《만한합벽삼국지연의滿漢合璧三國
志演義》　　　1131

《만한합벽청내부일통여지비도滿
漢合璧淸內府一統輿地秘圖》　1001

《만형실고萬形實考》　　　624

《만휘선기기보萬彙仙機棋譜》　747

《망계전집望溪全集》　　　1107

《망산계邙山偈》　　　458

《망언거사집忘言居士集》　　438

《망우청락집忘憂淸樂集》 219, 297,
1620

《망점변妄占辨》　　　1126

《매섬기埋劍記》　　　622

《매계사梅溪詞》　　　249

《매계집梅溪集》　　245, 681

《매곡수필梅谷隨筆》　　　382

《매괴교구규장玫瑰敎區規章》　1576

《매보梅譜》　　　681

《매야집楳埜集》　　　248

《매정사륙류고梅亭四六類稿》　171

《매정사륙梅亭四六》　　　1464

《매정선생사륙표준梅亭先生四六
標準》　　171, 247

《매촌집梅村集》　　　1093

《매화백영梅花百詠》　　734, 736

《매화희신보梅花喜神譜》　158, 286

《맥결간오脈訣刊誤》　　　615

《맥결脈訣》　　　679

《맥결주해脈訣注解》　　　671

《맥결침구脈訣針灸》　　　410

《맥경脈經》　　128, 141, 143, 266,
267, 523, 711, 741

《맥요비괄脈要秘括》　　　669

《맹강녀孟姜女》　　　966

《맹동야문집孟東野文集》　　1653,
1661

《맹동야시집孟東野詩集》　227, 515

《맹동야집孟東野集》　　　1642

《맹사원부孟四元賦》　　　631

《맹자孟子》　　42, 169, 210, 427,
433, 434, 456, 471, 629, 1633,
1700, 1707

《맹자고주古注》　　　　210
《맹자설》　　　　183
《맹자주소경孟子注疏經》　　1655
《맹자주소해경孟子注疏解經》　155,
　1627, 1643, 1648, 1650, 1655,
　1657, 1672
《맹자집주》　　294, 499, 1640,
　1660, 1667
《맹자편략孟子編略》　1414, 1447
《맹촉석경》　　　　94
《맹호연답설심매전기孟浩然踏雪尋
　梅傳奇》　　　　699
《맹호연시집》　　　　758
《맹호연집》　　　　1461
《메인츠성시편》　　　　1723
《메추라기론》　　　　1110
《면서棉書》　　　　1109
《면술緬述》　　　　1086
《면양지沔陽志》　　　　684
《명·청 시대 예수회 선교사 번
　역서 제요[明清間耶穌會士譯著
　提要]》　　　　1755
《명계남략明季南略》　　　　1446
《명계북략明季北略》　　　　1446
《명계오번실록明季五藩實錄》　1446
《명계패사휘편 16종明季稗史彙編十
　六種》　　　　1446
《명교지완근하광유문明交阯阮勤何

廣遺文》　　　　1859
《명당고明堂考》　　　　1080
《명당구경明堂灸經》　　　　430
《명대방지전기색인明代方志傳記
　索引》　　　　1848
《명대사회경제사료선편明代社會經
　濟史科選編》　　　　1754
《명대전기전목明代傳奇全目》　797
《명도본국어明道本國語》　　　1517
《명령팔조命令八條》　　　　695
《명륜대전明倫大典》　615, 805
《명목방明目方》　　659, 682
《명문귀明文歸》　　　　875
《명문기상明文奇賞》　653, 801, 874
《명문재明文在》　　　　1517
《명문징明文徵》　　　　801
《명문형明文衡》　707, 722, 1508
《명방류증의서대전名方類證醫書
　大全》　　671, 820, 1553
《명번각서고明藩刻書考》　　718
《명본광운明本廣韻》　　　　156
《명사·예문지》　383, 605, 696,
　773, 779, 781, 788, 1152
《명사고明史稿》　917, 1082
《명사기사본말》　　　　1445
《명사논총明史論叢》　　　1859
《명사明史》　699, 701, 703, 1068,
　1081, 1584, 1751, 1856

《명산기名山記》 783

《명산장名山藏》 773

《명서明書》 773, 1082, 1525

《명서明書·경적지經籍志》 630, 802

《명수집주明秀集註》 459

《명시종明詩綜》 1753

《명신비전완염집名臣碑傳琬琰集》 202

《명신사략名臣事略》 776

《명신언행록名臣言行錄》 202

《명신완염록名臣琬琰錄》 776

《명실록明實錄》 349

《명유학안明儒學案》 1083

《명이대방록明夷待訪錄》 1091, 1845

《명일통지明一統志》 510, 672

《명장원도고明狀元圖考》 1511

《명장원책明狀元策》 799

《명제세표明帝世表》 703

《명주본배자구경직음明州本排字九經直音》 156

《명창사인아제明昌辭人雅制》 440

《명첩기문名帖紀聞》 1458

《명해산법明解算法》 675

《명화록明畫錄》 1092

《명화성씨휘편明畫姓氏彙編》 1092

《명황이학명신록皇明理學名臣錄》 687

《모각대장문募刻大藏文》 824

《모니경牟尼經》 341

《모란기牡丹記》 260

《모란보牡丹譜》 700, 811

《모란정牡丹亭》 796

《모란정환혼기牡丹亭還魂記》 645

《모란지牡丹志》 811

《모란창화시牡丹倡和詩》 1339, 1734

《모란화보牡丹花譜》 810

《모록문집茅鹿門集》 851

《모리슨자전字典》 1021, 1733

《모산지茅山志》 511, 542, 616, 859

《모시고음술毛詩古音述》 1443

《모시국풍역毛詩國風繹》 1441

《모시毛詩》 153, 736, 857, 862, 879, 1240, 1244, 1405, 1413, 1441, 1701

《모시보전毛詩補箋》 1360, 1441

《모시요의毛詩要義》 1624, 1635, 1637, 1642

《모시정의毛詩正義》 152, 300, 1540

《모야집謀野集》 1504

《모정객화茅亭客話》 1470

《모황운毛晃韻》 732

《목경木經》 263

《목련희문目蓮戲文》 865

《목록간상目錄看詳》 263

《목록류서목目錄類書目》 1846

《목록학연구도론目錄學研究導論》
(An Introducion to the study
of Bibliography. London,
1814) 1868

《목면보木棉譜》 1109, 1110

《목암문집牧庵文集》 517

《목암집牧庵集》 1231, 1261, 1262,
1264

《목참군집穆參軍集》 232

《목천일람木天一覽》 677

《목천자전穆天子傳》 11, 321, 684,
772

《몽계필담夢溪筆談》 265, 345,
522, 561, 1227-1229, 1232,
1233, 1236, 1238, 1250, 1254,
1258, 1293, 1334, 1344, 1350,
1435, 1543, 1747, 1873, 1874

《몽고원류蒙古源流》 1132

《몽고율례蒙古律例》 1132

《몽골외올아자여한자대역효경蒙
古畏兀兒字與漢字對譯孝經》 541

《몽골조사보고서[蒙古調查報告書]》
1754

《몽구蒙求》 193, 302, 385, 409,
423

《몽구백문蒙求白文》 772

《몽구집주蒙求集注》 1286, 1443

《몽문대조백가성蒙文對照百家姓》
541

《몽문지요蒙文指要》 1133

《몽문팔기계규蒙文八旗戒規》 1728

《몽문휘서蒙文彙書》 1133

《몽사수필蒙事隨筆》 1754

《몽양대훈蒙養大訓》 709, 729

《몽양록夢粱錄》 145, 287, 374

《몽장사전蒙藏詞典》 1133

《몽중문답집夢中問答集》 1554

《몽학과본蒙學課本》 1737

《몽학보蒙學報》 1072

《몽헌변고전보夢軒變古箋譜》 763,
766, 1728

《묘법연화경妙法蓮華經》 74, 76,
128, 137, 150, 289, 293, 300,
315, 324, 407, 408, 412, 416,
443, 495, 545, 880, 1479,
1483, 1484, 1492, 1495, 1618,
1623, 1659, 1671, 1693

《묘승貓乘》 1110

《묘원貓苑》 1110

《묘향각문고妙香閣文稿》 1386,
1388

《묘향각문고시고妙香閣文稿詩稿》

1468

《묘향각시문고妙香閣詩文稿》　1735

《무강주향토지武岡州鄕土志》　1453

《무거록武擧錄》　634, 779

《무거향시록武擧鄕試錄》　779

《무경귀감武經龜鑒》　213, 1655

《무경武經》　680, 1561

《무경주해武經注解》　689

《무경직해武經直解》　633, 638,
675, 872, 1562

《무경총요武經總要》　213, 264,
286, 678, 785

《무경칠서武經七書》　212, 615,
653, 675, 682, 683, 785, 1629,
1633, 1639, 1640, 1643, 1647,
1648, 1651, 1655, 1657, 1662,
1666, 1671, 1676-1678, 1700

《무계집武溪集》　686

《무구정광경근본다라니無垢淨光經
根本陀羅尼》　1552, 1694

《무구정광경無垢淨光經》　1879

《무구정광근본다라니경無垢淨光根
本陀羅尼經》　75

《무구정광대다라니경無垢淨光大陀
羅尼經》　75, 78, 1693

《무극천주정교진전실록無極天主正
教眞傳實錄》　1514, 1575, 1726

《무농기예상가서務農技藝商賈書》

803

《무당산현천상제수훈武當山玄天上
帝垂訓》　753

《무두집운務頭集韻》　733

《무략서武略書》　986

《무량수경無量壽經》　443, 1710

《무림구사武林舊事》　145, 287,
642, 851, 1747

《무림방항지武林坊巷志》　146

《무림왕철유저武林往哲遺著》　1106

《무림장고총편武林掌故叢編》　1106

《무림장서록武林藏書錄》　1753

《무문인無文印》　248

《무본지훈務本之訓》　805

《무본직언務本直言》　631

《무비지武備志》　786, 812, 1284,
1287, 1372, 1421, 1425, 1456

《무사훈계록武士訓戒錄》　803

《무석현지無錫縣志》　1293, 1431,
1751

《무신칙유武臣敕諭》　803

《무쌍보無雙譜》　1526

《무양지여武陽志餘》　1450

《무영전수서처보소당안원본武英
殿修書處報銷檔案原本》　1753

《무영전제취진판武英殿製聚珍版》
1353

《무영전취진판정식武英殿聚珍版

程式》　　　　　　1358, 1874

《무영전취진판총서武英殿聚珍版
　叢書》　1108, 1150, 1349, 1420,
　1423, 1432, 1732

《무예발규武藝發竅》　　　　1456

《무왕벌주서武王伐紂書》　　　548

《무원록無冤錄》　　　　　　807

《무원산수유기婺源山水遊記》 1361,
　1454

《무원향토지婺源鄕土志》　　1451

《무원형집武元衡集》　　　　228

《무위집無爲集》　　　234, 1674

《무이집武夷集》　　　　　　515

《무진양호현합지武進陽湖縣合志》
　　　　　　　　　　　　1450

《무편武編》　　　　　786, 1456

《무학경전武學經傳》　　　　687

《무후칠승기武侯七勝記》　　622

《묵감재비점북송삼수평요전墨憨
　齋批點北宋三遂平妖傳》　　653

《묵경墨經》　　　　　　　　390

《묵보墨譜》　390, 881, 902, 905,
　1748

《묵암고默庵稿》　　　　　　721

《묵원墨苑》　　760, 761, 842, 843,
　846, 881, 902, 1510, 1751

《묵원서墨苑序》　　　　　　903

《묵자간고墨子間詁》　945, 1090,

1455

《묵자경설해墨子經說解》　　1090

《묵자墨子》　11, 12, 879, 884, 1308,
　1310, 1311, 1413, 1455, 1725

《묵자주墨子注》　　　　　　1090

《묵장만록墨莊漫錄》　391, 1747

《묵지쇄록墨池瑣錄》　　　　786

《묵해금호墨海金壺》　　　　1104

《묵해墨海》　　　　840, 1751

《문감文鑒》　　　　　　　　253

《문견소록聞見小錄》　　　　1561

《문공가례의절文公家禮儀節》　616

《문답問答》　　　　　　　　741

《문략文略》　　　　　　　　731

《문록당방서기文祿堂訪書記》 1755

《문류文類》　　　　　　　　685

《문류증광십주두공부시門類增廣十
　注杜工部詩》　　　　　　224

《문물文物》　　　　　　　　1856

《문물참고자료文物參考資料》 1849,
　1877

《문방비람文房備覽》　　　　672

《문방사고文房肆考》　　　　1111

《문방사보文房四譜》　　　　1111

《문부골계文府滑稽》　　　　1506

《문사철공구서간개文史哲工具書
　簡介》　　　　　　　　　1755

《문산문집文山文集》　　　　683

《문산선생문집文山先生文集》 1504

《문선금자집文選錦字集》 1504,
1509

《문선文選》 94, 95, 107, 119, 126,
127, 133, 157, 179, 251, 326,
328, 329, 480, 543, 609, 633,
638, 649, 650, 660, 691, 725,
801, 872, 881, 943, 967, 1144,
1513, 1514, 1519, 1633-1635,
1637-1639, 1641, 1644, 1647,
1651, 1654, 1655, 1657, 1659,
1662, 1668, 1672, 1673, 1675,
1678, 1682, 1690, 1696, 1700,
1719

《문선오신주文選五臣注》 150, 479,
1479, 1550

《문선육신주文選六臣注》 1625

《문선전증文選箋證》 1472

《문수사리근본다라니법文殊師利根
本陀羅尼法》 322

《문수집問水集》 690

《문심조룡文心雕龍》 520, 659,
681, 727, 758, 1284, 1473,
1503, 1841

《문연각서목文淵閣書目》 604, 885

《문연경文緣經》 340

《문온주집文溫州集》 1505

《문원영화文苑英華》 252, 253,
321, 384, 681, 690, 704, 732,
801, 1480, 1493, 1624, 1639,
1643

《문원영화변증文苑英華辨證》 1472

《문원영화율부선文苑英華律賦選》
1384, 1472, 1729

《문원영화찬요文苑英華纂要》 252,
1292, 1425, 1472

《문자회보文字會寶》 858

《문장구야文章歐冶》 736

《문장궤범文章軌範》 967

《문장자용분문근사록文場資用分門
近思錄》 180

《문장전제文章筌蹄》 737

《문장정종文章正宗》 155, 166,
642, 688, 691, 1683

《문장정종초文章正宗鈔》 1506

《문중자文中子》 212, 457

《문진각사고전서文津閣四庫全書》
1261

《문집文集》 350, 805, 1376,
1466, 1697

《문창잡록文昌雜錄》 166

《문체명변文體明辨》 1312, 1473,
1750

《문초文抄》 1341

《문촉좌존捫燭脞存》 1459

《문충집文忠集》 1748

《문표집文標集》　229

《문한류선대성文翰類選大成》　705,
709, 742

《문해文海》　253, 470, 472

《문해잡류文海雜類》　470

《문헌》　1864, 1866

《문헌대성文獻大成》　603

《문헌통고文獻通考》　360, 495,
508, 628, 672, 1031, 1397,
1445, 1503, 1561, 1735, 1748

《문형조례問刑條例》642, 682, 687

《문호文虎》　1472

《문화대훈文華大訓》　628, 805

《문화도서과계간文華圖書科季刊》
1864

《문화정시초집問花亭詩初集》　1466

《문회당금보文會堂琴譜》　647

《문회당사운文會堂詞韻》　647

《문회당시운文會堂詩韻》　647

《문휘보文彙報》　1248

《문희당시집文嘻堂詩集》　947

《물료가치칙례物料價値則例》　1111

《물리소식物理小識》　896, 1750

《물리학》　1077, 1112

《물리학제요物理學提要》　1112

《물원物原》　93, 687

《물재집勿齋集》　713, 745

《미랍일파상사전米拉日巴上師傳》
1134

《미리가도경美利加圖經》　1086

《미사경전》　1138

《미사제의》　682

《미산당선생문집眉山唐先生文集》
134, 240, 1627, 1680

《미산집》　351

《미유객문오媚幽閣文娛》　1506

《미적소원微積溯源》　1108

《미지微旨》　502

《미타경彌陀經》　102, 1497, 1696

《미헌공문집未軒公文集》　851

《민권화보民權畫報》　1073

《민립보民立報》　1168

《민생이용》　689

《민수연담록澠水燕談錄》　79, 411

《민유초閩遊草》　1570

《민중해착소閩中海錯疏》　811

《민호일보도화民呼日報圖畫》　1073

《밀주원인왕생집密咒圓因往生集》
476, 1710

ㅂ

《박고도록博古圖錄》　846

《박고도博古圖》　691

《박물신편博物新編》　1112

《박물지博物志》　18, 725

《박안경기拍案驚奇》　654, 794

《박애자찬博愛者纂》 1162

《박주지亳州志》 1451

《박해번역록薄海番域錄》 1449

《반계집磻溪集》 453, 458

《반고서盤古書》 839

《반산노인절구牛山老人絶句》 235

《반산집牛山集》 235

《반실노인문집蟠室老人文集》 246

《반야般若》 281, 414

《반야심경비건般若心經秘鍵》 385, 1559

《반야심경소般若心經疏》 1513

《반주문집盤洲文集》 244, 1636

《반주집盤珠集》 1457

《반진전潘陳傳》 936

《반행조서頒行詔書》 985

《반헌기藩獻記》 702

《방간취진판공기仿刊聚珍板恭記》 1361

《방망계집方望溪集》 1094

《방맥거요方脈擧要》 1504

《방맥서方脈書》 419

《방비교집方秘校集》 239

《방성집方城集》 742

《방시한거사소고方是閑居士小稿》 247, 516

《방씨가전비보방龐氏家傳秘寶方》 269

《방씨여교方氏女教》 706, 728

《방씨종보方氏宗譜》 1290

《방여기요方輿紀要》 1361

《방여승람方輿勝覽》 176, 204, 353

《방역지方域志》 203

《방옹검남시고》 1672, 1683

《방옹선생검남시고放翁先生劍南詩稿》 1637, 1639, 1646, 1670

《방책장方冊藏》 826, 828, 893, 897, 1117, 1508

《방호각문선仿胡刻文選》 944

《방호존고方壺存稿》 247

《배연집斐然集》 242

《배월정제평拜月亭題評》 621

《백가교련百家巧聯》 672

《백가당시百家唐詩》 788, 930

《백가명서百家名書》 647

《백가서百家書》 479

《백가성百家姓》 192, 302, 540, 541, 614, 629, 772, 839

《백가주분류동파선생시百家注分類東坡先生詩》 179

《백곡보百穀譜》 1266

《백곡주百斛珠》 439

《백관표百官表》 18

《백국집보百菊集譜》 261

《백낙천문집》 636

《백만탑다라니百萬塔陀羅尼》 1552

《백만탑다라니경》 1694

《백명가서百名家書》 807

《백미신영도百美新詠圖》 1140

《백사문집白沙全集》 686

《백사보권白蛇寶卷》 1097

《백사연의白蛇演義》 1565

《백산시고白山詩稿》 1369, 1465

《백삼가집百三家集》 1284

《백생시속편伯生詩續編》 517

《백석도인가곡별집白石道人歌曲
別集》 249

《백석사白石詞》 249

《백석시집白石詩集》 247

《백씨문집白氏文集》 127, 136,
164, 169, 228, 1263, 1627,
1643, 1649, 1652, 1674

《백씨시집白氏詩集》 62

《백씨육첩류취白氏六帖類聚》 289

《백씨육첩白氏六帖》 95, 105, 133,
215, 217, 1662, 1696

《백씨육첩사류집白氏六帖事類集》
215, 1637, 1681

《백씨장경집白氏長慶集》 228, 1462

《백씨책림白氏策林》 456, 457

《백씨풍간白氏諷諫》 683

《백씨풍간집白氏諷諫集》 419

《백유경百喻經》 1301

《백자류함百子類函》 624

《백자전서百子全書》 1070, 1090

《백장전百將傳》 682

《백재집柏齋集》 709, 741

《백전기법百戰奇法》 679

《백전기서百戰奇書》 690

《백정가百正歌》 984

《백천서지百川書志》 789, 1750

《백천학해百川學海》 256, 261,
678, 806, 808, 1252, 1292,
1293, 1316, 1420, 1425

《백토기白兎記》 621, 637

《백향산시집白香山詩集》 636

《백호건덕론白虎建德論》 334

《백호통덕론白虎通德論》 334, 513

《백호통白虎通》 693

《백호통의인서표白虎通義引書表》
1455

《백화보白話報》 1368

《번대장경전番大藏經典》 473

《번로繁露》 386

《번목찬험방蕃牧纂驗方》 526

《번番·한합시장중주漢合時掌
中珠》 1708

《번자장番字藏》 1119

《번장蕃藏》 532, 628, 829, 839,
1119, 1721

《번장경》 630

《번천집樊川集》 228, 631

《번한합시장중주番漢合時掌中珠》
470, 472

《번헌기藩獻記》 701, 702, 705, 713, 733, 734

《벌단집伐檀集》 233

《범덕기시집范德機詩集》 517

《범문정공문집范文正公文集》 232

《범문정공사적范文正公事跡》 510

《범문정공집》 561

《범문정집范文正集》 515

《범씨기서范氏奇書》 807, 888

《범저제포기范雎綈袍記》 621

《범촌매보范村梅譜》 261

《범충선문집范忠宣文集》 515, 649

《범충선집范忠宣集》 235

《범향계문집范香溪文集》 1747

《범호초당유고范湖草堂遺稿》 1469

《법계심도法界心圖》 102

《법국지략法國志略》 1086

《법언法言》 211

《법원주림法苑珠林》 300, 1490, 1616, 1621, 1623, 1660, 1665, 1676, 1679

《법의 정신(De L'Esprit des Lois)》 1091

《법장쇄금록法藏碎金錄》 740

《법화경》 102, 543, 1542

《법화경현찬회고통금신초法華經玄贊會古通今新抄》 1495

《법화삼대부法華三大部》 1554

《벽수군영대문회원璧水群英待問會元》 1244, 1460, 1516

《벽수군영대문회원선요璧水群英待問會元選要》 672

《벽암록碧巖錄》 280

《벽옥잠보권碧玉簪寶卷》 1097

《벽옹기략辟雍紀略》 632

《벽운집碧雲集》 230, 1637, 1644

《벽운추로사碧雲秋露詞》 1470

《변간록辨奸錄》 803

《변결록辨鴂錄》 419

《변대수당보고邊大綬塘報稿》 1158

《변아騈雅》 734

《변의辨疑》 502

《변증론辯證論》 352

《변혹속편辨惑續編》 1281, 1456

《변혹편辨惑篇》 745, 1281, 1456

《변화천시집邊華泉詩集》 691

《별록別錄》 10, 42

《병기기의보명집病機氣宜保命集》 711

《병려선생문집拼櫚先生文集》 1235

《병법심요兵法心要》 751

《병법입문兵法入門》 1092

《병벽백금방洴澼百金方》 1092, 1456

《병산한묵불사屏山翰墨佛事》 443

《병원사편兵垣四編》 758, 786

《병자류편骈字類編》 1063, 1066, 1092

《보각총편寶刻叢編》 148, 210

《보경본초寶慶本草》 1650

《보경본초절충寶慶本草折衷》 274, 526

《보경사명지寶慶四明志》 1669, 1680

《보경집保慶集》 166

《보구병진등과록寶口丙辰登科錄》 1448

《보녕장普寧藏》 527, 537, 1713, 1717

《보농서補農書》 1109, 1412, 1457

《보륜당집寶綸堂集》 1466

《보리일시甫里逸詩》 1366, 1414, 1423, 1473

《보명진경寶命真經》 1736

《보명집保命集》 736

《보문당서목寶文堂書目》 810, 1454, 1750

《보문통록寶文統錄》 283

《보살영락경菩薩瓔珞經》 1489

《보생여록保生餘錄》 689, 712, 724

《보생요록保生要錄》 683

《보생육영록保生育嬰錄》 689

《보선권寶善卷》 708, 744

《보성다라니경寶星陀羅尼經》 1133

《보성왕주공섭정輔成王周公攝政》 495

《보쌍譜雙》 220

《보안주지普安州志》 687

《보양거사채공문집莆陽居士蔡公文集》 182, 232, 1616, 1634, 1637, 1638, 1682, 1747

《보연재음초寶研齋吟草》 1468

《보우사년등과록寶祐四年登科錄》 203

《보유대전保幼大全》 709, 711, 729

《보적寶積》 281

《보적전서保赤全書》 623

《보전집甫田集》 1750

《보정지고집요保靖志稿輯要》 1453

《보제방普濟方》 700, 723

《보제본사방普濟本事方》 1626, 1633, 1634, 1653, 1654, 1679

《보제잡방普濟雜方》 1114, 1132

《보주본초補注本草》 267, 274, 326

《보주석문황제내경소문補注釋文黃帝內經素問》 741

《보주후한지補注後漢志》 193

《보진산림집습유寶晉山林集拾遺》 239, 1636, 1644, 1646

《보진서예문지補晉書藝文志》 1444

《보진영광집寶晉英光集》 239

《보천가주두공부시사補千家注杜工
部詩史》 224

《보타산지普陀山志》 752, 784

《보통학보普通學報》 1072

《보필담補筆談》 1747

《보한당집保閑堂集》 1466

《보현당집고법첩寶賢堂集古法帖》
714

《보협인경寶篋印經》 98, 109, 135,
1697, 1698

《보화재고保和齋稿》 738

《보훈寶訓》 773

《복거비수도해卜居秘髓圖解》 668,
876

《복건서목福建書目》 663

《복건차정전서福建嵯政全書》 1285,
1445

《복건통지福建通志》 948

《복부집覆瓿集》 681

《복서전서卜筮全書》 654

《복재역설復齋易說》 161

《복재집고법첩復齋集古法帖》 714

《복주 지방어 중문 성경》 1129

《복주판대장경》 1621

《복지선지福地先知》 672

《본경봉원本經逢源》 930

《본사방本事方》 269

《본조경험방本朝經驗方》 1550

《본조몽구本朝蒙求》 193

《본초강목本草綱目》 819, 971,
1727

《본초강목구진本草綱目求眞》 1114

《본초강목습유本草綱目拾遺》 1011,
1113

《본초격요本草格要》 1541

《본초경집주本草經集注》 273

《본초권도本草權度》 679

《본초단방本草單方》 270

《본초도경本草圖經》 274

《본초만방침선本草萬方針線》 1114

《본초방本草方》 631

《본초本草》 266, 267, 269, 286,
326, 523, 541, 632, 649, 669,
685-687, 715, 819

《본초비요本草備要》 1114

《본초술本草述》 1114

《본초연의本草衍義》 267, 274,
315, 317, 442, 526, 1631, 1636

《본초종신本草從新》 1114

《본초집방本草集方》 270, 442

《본초집요本草集要》 679, 693

《본초찬요》 684

《봉경소蜂經疏》 811

《봉래도蓬萊圖》 715, 726

《봉사월남시고奉使越南詩稿》 1454

《봉사일록奉使日錄》　477

《봉신방封神榜》　789

《봉신방전전封神榜全傳》　931

《봉신연의封神演義》　652, 874,
　876, 1565

《봉신읍백고전집封神邑伯考全集》
　　1136

《봉신전封神傳》　792

《봉양부지鳳陽府志》　1451

《봉절현지奉節縣志》　1453

《봉주필기鳳洲筆記》　1284, 1459

《봉태현지鳳台縣志》　1451

《봉화주지奉化州志》　1273

《봉황산鳳凰山》　1096

《부강재총서富強齋叢書》　1071

《부광주후방附廣肘後方》　442, 524

《부도만한서상기附圖滿漢西廂記》
　　1131

《부량도정지浮梁陶政志》　1111

《부모경》　340

《부묵副墨》　625

《부문공진제록富文公賑濟錄》　166

《부법장인연경付法藏因緣經》　529

《부석문호주예부운략附釋文互注禮
　部韻略》　322, 1625, 1632,
　1634, 1636, 1638, 1641, 1647,
　1654, 1660, 1666, 1674, 1681

《부수문집滏水文集》　429, 490, 491

《부수집滏水集》　439, 516

《부씨우공집해傅氏禹貢集解》　1646

《부역전서賦役全書》　1179

《부용산관전집芙蓉山館全集》　1469

《부인대전양방婦人大全良方》　271,
　623

《부주지》　1453

《부주총지鄜州總志》　1453

《부지府志》　635, 680, 683-686,
　689

《부청주녀과傅青主女科》　1113

《북간문집北磵文集》　248, 280,
　1674, 1680

《북경국자감지》　775

《북경도서관 소장 명청 고본서목
　稿本書目》　1867

《북경도서관관간》　1862, 1863

《북경도서관동인문선》　1861

《북경백화화도일보北京白話畫圖
　日報》　1533

《북계선생집北溪先生集》　515

《북계자의北溪字義》　183

《북계집北溪集》　246

《북당서초北堂書鈔》　215, 1459

《북도송판서경안록北圖宋板書經
　眼錄》　1620

《북두과北斗課》　736

《북략北略》　1364

《북문집北門集》 183

《북사北史》 45, 46, 193, 506, 507

《북사신간전편北史新刊全編》 1562

《북산록北山錄》 1672

《북산문집北山文集》 242

《북산소집北山小集》 163, 241,
1631, 1633, 1641, 1655, 1658,
1661, 1669, 1675-1678, 1680

《북수사적北狩事跡》 774

《북아北雅》 733

《북양관보北洋官報》 1159

《북장》 823, 824

《북제서北齊書》 1643, 1648, 1650,
1651, 1664, 1668, 1671

《북평도서관선본서목北平圖書館善
本書目》 879

《북평신보北平晨報》 1863

《북하기北河記》 812

《북행잡록北行雜錄》 1568

《북호록》 150

《분류보주이태백시分類補注李太
白詩》 788

《분류보주이태백집分類補注李太
白集》 739

《분류이견지分類夷堅志》 645, 1470

《분리십화分梨十化》 453

《분문류찬당가시分門類纂唐歌詩》
1484

《분문집주두공부시分門集注杜工
部詩》 224

《분문찬류당가시分門纂類唐歌詩》
253, 1617, 1625, 1644, 1659

《분주부지汾州府志》 1087

《분초록焚椒錄》 410

《불경대장佛經大藏》 167

《불반니원경佛般泥洹經》 821

《불본행집경佛本行集經》 1488

《불산충의향지佛山忠義鄉志》 1754

《불설고왕관세음경佛說高王觀世
音經》 715, 742

《불설관세음경》 138

《불설금륜불정대위덕치성광여래
다라니경佛說金輪佛頂大威德熾盛光
如來陀羅尼經》 747, 841

《불설대공작왕주경佛說大孔雀王
咒經》 476

《불설대승지인경佛說大乘智印經》
446, 477

《불설마리지천보살경佛說摩利支天
菩薩經》 829

《불설말겁경佛說末劫經》 127, 338

《불설무량수불경佛說無量壽佛經》
1239

《불설무량청정평등각경佛說無量清
淨平等覺經》 1479, 1621, 1652,
1659

《불설보우경佛說寶雨經》　446

《불설북두칠성경佛說北斗七星經》
126, 1481, 1671

《불설생천경佛說生天經》　449, 450

《불설아유월치차경佛說阿維越致
遮經》　　　1616

《불설아유월치차경佛說阿惟越致
遮經》　　311, 1488

《불설우전왕경佛說優塡王經》　1662

《불설장수명경佛說長壽命經》　481,
1712

《불설전녀신경佛說轉女身經》　476

《불설호신주佛說護身呪》　715

《불원선사어록佛源禪師語錄》　1554

《불장佛藏》　444, 477, 628, 630,
893, 1620

《불장경》　　　630

《불정심관세음보살대다라니경》
127

《불정존성다라니경佛頂尊姓陀羅
尼經》　　　74

《불정주佛頂呪》　102

《불조역대통재佛祖曆代通載》　1500,
1748

《불조직지심체요절佛祖直指心體
要節》　　　1548

《비급방備急方》　270

《비급신서秘笈新書》　882

《비급천금요방備急千金要方》　672

《비급총효방》　　276

《비로대장毗盧大藏》　380, 1705,
1716

《비로대장경毘盧大藏經》　174, 277,
400, 1717

《비로대장경판》　　531

《비로법보대장毗盧法寶大藏》　538

《비릉지毗陵志》　207, 678

《비목碑目》　　784

《비서감지秘書監志》　561, 1748

《비아埤雅》　433, 669

《비영각화보飛影閣畫報》　1070

《비위론脾胃論》　441, 649

《비유경譬喩經》　15

《비자독서기悱子讀書記》　1454

《비전안과용목총론秘傳眼科龍木
總論》　　385, 692

《비전주림秘殿珠林》　1092

《비전집碑傳集》　1083

《비점분류성재문회批點分類誠齋
文膾》　　515

《비점분류성재선생문회전후집批
點分類誠齋先生文膾前後集》　645

《비점사기한서批點史記漢書》　659

《비천법장飛天法藏》　283, 454

《비파기琵琶記》　609, 622, 758,
797, 847, 881

《비파기보권琵琶記寶卷》　　1097

《비판광례碑板廣例》　　1517

《비홍당인인전飛鴻堂印人傳》　1092

《비화경悲華經》　　476

《빈죽유고賓竹遺稿》　　721

《빈죽유행록賓竹遺行錄》　705, 721

《빈퇴록賓退錄》　　296, 693

《빈향서옥전집蘋香書屋全集》　1469

《빙어시집冰魚詩集》　　1473

《빙천시식冰川詩式》　　1503

《빙호유고冰壺遺稿》　　713, 737

ㅅ

《사가례범四家禮範》　　166

《사감史鑑》　　1454

《사경四經》　　188

《사계오경주운비四季五更駐雲飛》
　638, 795

《사계원각장思溪圓覺藏》　162, 277,
　1706

《사계자복장思溪資福藏》　162, 277

《사계장思溪藏》　　537

《사고四庫》　　516, 517

《사고간명목록표주四庫簡明目錄
　標注》　　1310

《사고목록四庫目錄》　　441

《사고전서四庫全書》　　189, 219-
　221, 256-258, 260, 409, 503,

775, 788, 916, 940, 1085,
　1102, 1118, 1150, 1151, 1153,
　1180, 1248, 1262, 1266, 1287,
　1347, 1350, 1424, 1843, 1848

《사고전서간명목록四庫全書簡明
　目錄》　　1067, 1753

《사고전서총목제요四庫全書總目
　提要》　　1152, 1753

《사고전서회요四庫全書薈要》　1103,
　1151

《사고제요四庫提要》　　1284, 1410

《사고존목四庫存目》　　1226

《사공표성문집司空表聖文集》　61

《사공표성집司空表聖集》　230

《사과간요방四科簡要方》　1113

《사관서목史館書目》　355

《사교기사부사교음使交紀事附使
　交吟》　　1862

《사기》　104, 135, 137, 170, 180,
　193, 330, 333, 406, 410, 434,
　456, 506, 614, 615, 633, 638,
　650, 675, 691, 692, 704, 707,
　710, 719, 721, 755, 870, 872,
　881, 944, 1082, 1230, 1285,
　1348, 1406, 1443, 1556, 1628,
　1645, 1649, 1651, 1653, 1655,
　1669, 1673, 1684, 1699, 1708,
　1841

《사기·한서 평림評林》　945

《사기대전史記大全》　672

《사기색은史記索隱》　177

《사기제평史記題評》　682

《사기집해史記集解》　300, 748, 1647, 1657, 1659, 1661, 1663

《사기집해색은史記集解索隱》　1655

《사기집해색은정의史記集解索隱正義》　179, 308, 693, 943

《사기초史記抄》　754, 755

《사기평림史記評林》　1504

《사남방씨종보沙南方氏宗譜》　1290, 1404

《사남부지思南府志》　687

《사단史斷》　702, 735

《사당인집四唐人集》　657

《사덕어제문집시집》　1566

《사도행전》　1733

《사략史略》　362, 706, 1747

《사략史略》　728

《사례거총서士禮居叢書》　1105

《사례事例》　1083

《사류부事類賦》　152, 217, 678, 748, 1661, 1662, 1675, 1681

《사류부주事類賦注》　1645

《사류집事類集》　1662

《사류통편事類統編》　1063

《사림광기事林廣記》　541, 669, 674, 683

《사림적염詞林摘艷》　639, 708, 744, 870

《사마광문집》　169

《사마광집》　351

《사마문정공집司馬文正公集》　182

《사마법司馬法》　986

《사마온공문집》　691

《사마온공전가집司馬溫公傳家集》　947

《사마온공집司馬溫公集》　121, 315

《사명담조四明談助》　1455

《사명도경四明圖經》　157, 207

《사명문헌지四明文獻志》　680

《사명속지四明續志》　157, 511

《사명지四明志》　207, 245, 511, 1748

《사목마경전기통현론司牧馬經痊驥通玄論》　821

《사목안기집司牧安驥集》　526

《사문록思問錄내·외편》　1091

《사문류취事文類聚》　217, 353, 787

《사물고事物考》　1504

《사물기원事物紀原》　178, 684, 693

《사미도四美圖》　430

《사민월령四民月令》　521

《사본당시문집四本堂詩文集》　1424, 1466

《사본당집四本堂集》 1571

《사부총간》 1262

《사분율비구니초四分律比丘尼鈔》 1483, 1490, 1618, 1633

《사분률비구함주계본四分律比丘含注戒本》 1483, 1669

《사분률산번보궐행사초四分律刪繁補闕行事鈔》 1625

《사분률산보수기갈마소四分律刪補隨機羯磨疏》 1625

《사분율행사초자지기四分律行事鈔資持記》 1642

《사사성혜방표謝賜聖惠方表》 268

《사사합각四史合刻》 1069

《사산선생문집師山先生文集》 518

《사산향응록四山響應錄》 1451

《사서四書》 211, 433, 488, 504, 505, 602, 629, 649, 660, 673, 675, 706, 771, 943, 946, 989, 1080, 1264, 1561, 1570, 1719, 1724

《사서강의四書講義》 1080

《사서강의곤면록四書講義困勉錄》 1080

《사서경의문대四書經疑問對》 504

《사서경전통고四書經典通考》 1442

《사서대문四書待問》 504

《사서대전四書大全》 804, 1561

《사서도사합고四書圖史合考》 653

《사서射書》 786

《사서오경주해》 719, 721

《사서오경집주》 681

《사서의절四書疑節》 504

《사서장도찬석四書章圖纂釋》 499

《사서정문四書程文》 799

《사서주四書注》 1709

《사서주소대전합찬四書注疏大全合纂》 653

《사서질의四書質疑》 1442

《사서집성》 504

《사서집주》 159, 495, 504, 563, 709, 710, 725, 739, 743, 745-748, 1627, 1657, 1659, 1668, 1671, 1677

《사서찬언四書纂言》 1442

《사서체주四書體注》 949, 1730

《사서통四書通》 499, 504

《사서편몽四書便蒙》 1396

《사서훈의四書訓義》 1080

《사선생잡기謝先生雜記》 1305

《사선성집謝宣城集》 222, 680

《사설師説》 166

《사성운편史姓韻編》 1360, 1449

《사시찬요四時纂要》 259

《사실유원事實類苑》 217

《사십가당시四十家唐詩》 788

《사십이장경四十二章經》 543

《48효시화四十八孝詩畫》 1562

《사씨지남방史氏指南方》 269

《사아시초肆雅詩抄》 1341, 1343

《사애헌문집私艾軒文集》 948

《사언잡자四言雜字》 469, 471,
772, 1700

《사우재총설四友齋叢說》 1306,
1750

《사원옥감四元玉鑒》 520

《사월史鉞》 635, 669

《사유구록使琉球錄》 780, 1285,
1454

《사유반집謝幼槃集》 240

《사유전전四遊全傳》 938

《사자四子》 785

《사재지방》 269

《사전요회四典要會》 1125

《사정당집師鄭堂集》 1469

《사제번조칙》 611

《사조문견록四朝聞見錄》 200

《사존편四存編》 1091

《사주도경沙州圖經》 206

《사죽재독서수필휘편師竹齋讀書隨
筆彙編》 31, 36

《사천시집斜川詩集》 1462

《사체능엄경四體楞嚴經》 1134

《사체심경四體心經》 1134

《사체필식四體筆式》 936

《사탁전요司鐸典要》 1126

《사통史通》 90, 104, 685, 706,
727, 772, 1696

《사표謝表》 461

《사학궤범仕學軌範》 727

《사학제요史學提要》 771

《시학지남》 693

《사해師海》 212

《사현각시집思賢閣詩集》 1468

《사현집思玄集》 862, 1246, 1286,
1413, 1425, 1465

《사호시문射虎詩文》 438

《사회학연구(A Study of
Sociology)》 1091

《사후기獅吼記》 660

《사후獅吼》 660

《산가山歌》 772

《산거사요山居四要》 680

《산경십서算經十書》 256, 257,
1702

《산곡노인도필山谷老人刀筆》 515,
1503

《산곡도필문집山谷刀筆文集》 683

《산곡별집》 238

《산곡시주山谷詩注》 238, 322,
381, 1664, 1711

《산곡외집시주山谷外集詩注》 238

《산곡집山谷集》 237

《산곡편년시집山谷編年詩集》 238

《산곡황선생대전시주山谷黃先生大
全詩注》 515

《산과비서産科秘書》 1457

《산과심법産科心法》 1113

《산당고색山堂考索》 514

《산당군서고색山堂群書考索》 672

《산당사고山堂肆考》 624

《산릉부山陵賦》 684

《산림장어山林長語》 427, 435, 439

《산문집》 1595

《산법대전算法大全》 633, 642

《산법算法》 615

《산법통종算法統宗》 257, 809

《산보방産寶方》 286

《산보제방産寶諸方》 271

《산서오종算書五種》 644

《산서통지》 691, 945

《산술습유算術拾遺》 256

《산양현지山陽縣志》 1398

《산음주씨종보山陰朱氏宗譜》 1519

《산이부算爾夫》 1137

《산잉집産孕集》 1457

《산정옥함산방집일서刪定玉函山房
輯佚書》 1443

《산하분야도山河分野圖》 205

《산학계몽算學啟蒙》 520

《산해경山海經》 204, 510, 542,
631, 659, 683, 689, 882, 1637,
1638

《산해경고山海經稿》 1655

《산해도경山海經圖》 285

《산해여지전도山海輿地全圖》 626,
687

《산호설조담초필珊珊舌雕談初筆》
1471

《살천석시薩天錫詩》 727

《삼가세전三家世典》 636

《삼각수리三角數理》 1108

《삼경三經》 187

《삼경신의三經新義》 187

《삼경평주三經評注》 758

《삼고초려기》 621

《삼관경三官經》 639, 709, 715,
730, 753, 833

《삼관묘경三官妙經》 626, 833

《삼관비각서목三館秘閣書目》 355

《삼관사복묘경三官賜福妙經》 833

《삼국》 1082, 1149

《삼국군현표三國郡縣表》 1444

《삼국사》 1541

《삼국수허전전三國水滸全傳》 1148

《삼국연의》 931, 1132, 1559

《삼국지》 159, 196, 316, 471,
506, 548, 869, 1097, 1100,

1101, 1130, 1444, 1565, 1626, 1642, 1649, 1674, 1683

《삼국지국어본三國志國語本》 1136

《삼국지국어三國志國語》 1136

《삼국지연의》 622, 634, 674, 789-791, 971

《삼국지전三國志傳》 622, 672

《삼국지주三國志注》 170, 1362, 1404, 1412, 1628, 1654

《삼국지통속연의》 636, 789, 850

《삼국지평화三國志平話》 518, 549, 789

《삼국지후전三國志後傳》 850

《삼대시림정종三臺詩林正宗》 670

《삼동경강三洞瓊綱》 282

《삼략三略》 213, 473

《삼략직해三略直解》 786, 1230, 1543, 1731

《삼력찰요三曆撮要》 1631, 1681

《삼력찰최三曆撮最》 1642

《삼로주의三老奏議》 201

《삼매화선경三昧華鮮經》 443

《삼보태감서양기통속연의三寶太監西洋記通俗演義》 792

《삼보황도三輔黃圖》 693

《삼사가주三史加注》 479

《삼사三史》 297

《삼사시三謝詩》 709

《삼사시집三謝詩集》 731

《삼산론학기三山論學記》 648

《삼산지三山志》 91, 207, 283, 398, 1746

《삼세속명언집문三世屬明言集文》 1501

《삼세속명언집三世屬明言集》 470

《삼소문三蘇文》 171

《삼소문집三蘇文集》 170, 236, 686

《삼소선생대전집三蘇先生大全集》 237

《삼소선생문석三蘇先生文釋》 158

《삼소선생문수三蘇先生文粹》 170, 235, 1625, 1637, 1640, 1643, 1646-1649, 1652, 1655, 1659, 1660, 1665, 1678, 1680

《삼소신편三笑新編》 1095

《삼소인연三笑姻緣》 1095

《삼수평요전三遂平妖傳》 622, 790, 850

《삼수현지三水縣志》 1087

《삼심집三沈集》 234

《삼십이체전서금강경三十二體篆書金剛經》 858

《삼안기三案記》 774

《삼양도지三陽圖志》 511

《삼언三言》 794

《삼원선택단서三元選擇丹書》 760

《삼원전三元傳》　　　1097

《삼원참찬三元參贊》　　681

《삼은시집三隱詩集》　　230

《삼자경三字經》　192, 302, 772,
　987, 1132, 1565

《삼자경연의三字經演義》　1136

《삼장三藏》　　　78, 1117

《삼장문해三場文海》　　799

《삼재도회三才圖會》　　787

《삼제경三際經》　　　341

《삼조보훈三朝宝訓》　　285

《삼조북맹회편三朝北盟會編》　199,
　1445

《삼조야기三朝野記》　　1446

《삼지산방독사수필三芝山房讀史
　隨筆》　　　　　　1454

《삼체당시三體唐詩》　　725

《삼편三編》　　　　1720

《삼합편람三合便覽》　　1132

《상감相鑑》　　　　891

《상건시집常建詩集》　　225

《상견도설橡繭圖說》　　1109

《상계서첩象禊序帖》　　714

《상군서신교정商君書新校正》　1090

《상기세보난가경象棋勢譜爛柯經》
　　　　　　　　　714

《상기신기집象棋神機集》　219

《상담총록常談叢錄》　　40

《상로삼원기商輅三元記》　621

《상마경相馬經》　　　13

《상명산법詳明算法》　628, 675

《상부주현도경祥符州縣圖經》　203,
　1699

《상산선생전집象山先生全集》　1463

《상산야록湘山野錄》　　149

《상산전집象山全集》　　1286

《상산집象山集》　　244, 671

《상생경소과문上生經疏科文》　407

《상서尚書》　89, 153, 180, 297,
　425, 456, 457, 540, 541, 743,
　1708

《상서록象胥錄》　　　780

《상서정의尚書正義》　181, 1491,
　1618, 1624, 1627, 1629, 1633,
　1641, 1648, 1658, 1661, 1669,
　1673, 1678, 1680

《상서주소尚書注疏》　　492

《상서집주음소尚書集注音疏》　1144

《상소합지고常昭合志稿》　1450

《상우현오향수리본말上虞縣五鄉水
　利本末》　　　　　521

《상위촬요象緯撮要》　　685

《상음구독명본대자모시詳音句讀明
　本大字毛詩》　　　156

《상자商子》　　645, 1855

《상정예문詳定禮文》　1250, 1544

《상주부지常州府志》 1450

《상주선철유서常州先哲遺書》 1106

《상주주미성사편옥집詳注周美成詞
片玉集》 249

《상풍요지약방傷風要旨藥方》 1627

《상한대성傷寒大成》 930

《상한론백문傷寒論百問》 523

《상한론傷寒論》 266, 267, 275,
488, 523, 1112, 1541, 1702

《상한론주해傷寒論註解》 441, 523

《상한류증傷寒類證》 441

《상한명리론傷寒明理論》 180, 319,
441

《상한백증경락도傷寒百證經絡圖》
488

《상한서傷寒書》 659

《상한쇄언傷寒瑣言》 686

《상한수지傷寒須知》 275

《상한요지傷寒要旨》 269, 290,
1641

《상한요지약방傷寒要旨藥方》 1481,
1638, 1639, 1678

《상한전서》 684

《상한지장도傷寒指掌圖》 689

《상한직격傷寒直格》 430, 441, 523

《상한촬요傷寒撮要》 692

《상한활인지장도론傷寒活人指掌
圖論》 820

《상해도화일보上海圖畵日報》 1055

《상해동문서국석인서목上海同文書
局石印書目》 1753

《상해신보上海新報》 1163, 1736

《상헌유고湘獻遺搞》 731

《상형요람祥刑要覽》 649, 674, 686

《색암수필嗇庵隨筆》 1459

《서・시・주례신의新義》 187

《서경書經》 135, 405, 432, 499,
771, 1571

《서경・시경・춘추전설휘찬春秋
傳說彙纂》 1079

《서경발영집주書經發穎集注》 673

《서경백문書經白文》 1440

《서경잡기西京雜記》 1287, 1470

《서계거사집》 241

《서계악부西溪樂府》 241, 249

《서계집西溪集》 156, 241

《서계총어西溪叢語》 156, 1492,
1747

《서공문집徐公文集》 231, 1627,
1641, 1672, 1681

《서광계수적徐光啓手跡》 1750

《서국근사휘편西國近事彙編》 1077

《서국기법西國記法》 683

《서담墅談》 692

《서림청화書林淸話》 146, 188,
314, 491, 718, 1106, 1244,

1296, 1309, 1365, 1517, 1754, 1868, 1874

《서목書目》 361

《서목답문書目答問》 1104

《서문장선생평당전연의徐文長先生評唐傳演義》 645

《서박鼠璞》 292

《서박용담書舶庸談》 1755

《서반역어西番譯語》 1179

《서방자명당자경西方子明堂灸經》 691

《서번자건타반야백산西番字乾陀般若白傘》 534

《서법규범書法規範》 684

《서산문집西山文集》 247

《서산선생진문충공독서기西山先生眞文忠公讀書記》 176

《서산선생진문충공문장정종西山先生眞文忠公文章正宗·속집續集》 801

《서산진선생문집西山眞先生文集》 516

《서산초계西算初階》 1108

《서상》 881, 1131

《서상기》 672, 674, 1100, 1149, 1506

《서상오극西廂五劇》 847

《서상잡영西上雜詠》 255

《서書·시詩·춘추전설휘찬春秋傳說彙纂》 924

《서소사書小史》 148

《서소전徐蘇傳》 683

《서수총통사략西陲總統事略》 1529

《서순성전西巡盛典》 1446

《서씨가전방徐氏家傳方》 269

《서씨종보》 1388

《서악화산지西岳華山志》 435

《서안주지瑞安州志》 511

《서안지리도》 693

《서암집西庵集》 1303, 1464

《서암집舒庵集》 726

《서약대성西藥大成》 1114

《서양번국지西洋番國志》 780

《서양상과요람西洋傷科要覽》 1115

《서양조공전록西洋朝貢典錄》 780

《서왕일록舒王日錄》 343, 344, 352

《서원문견록西園聞見錄》 773

《서원청화書苑菁華》 148

《서원해설書院解說》 685

《서유기》 622, 690, 708, 726, 789, 792, 1101

《서유록西游錄》 489, 511, 1748

《서유연가이본西遊演歌二本》 936

《서유이목자西儒耳目資》 692, 867

《서은총설書隱叢說》 607, 1156, 1752, 1845

《서의략석西醫略釋》　　1114

《서인부徐寅賦》　63, 106, 1695

《서장기書莊記》　　636

《서장부주西藏賦注》　1751

《서적의 탄생》(L'apparition du
livre. Paris, 1958)　　1882

《서전회선書傳會選》　　615

《서정총서西政叢書》　　1071

《서주거사춘추본례西疇居士春秋
本例》　　1657, 1680

《서죽당경험방瑞竹堂經驗方》　524

《서진지전제평西晉志傳題評》　622

《서집전書集傳》　384, 499, 1631,
1636, 1639, 1646, 1676

《서청고람西淸古鑒・속편》　1088

《서태선생집脣臺先生集》　　746

《서파집西坡集》　1546, 1730

《서품書品》　　786, 1863

《서하객유기徐霞客遊記》　1411,
1454

《서하관계봉호표西夏官階封號表》
470

《서하국서자전음동西夏國書字典
音同》　　472

《서하문철西夏文綴》　1753

《서하사고西夏史稿》　1754

《서하시집西夏詩集》　471, 472

《서하실록西夏實錄》　　477

《서하자서운통西夏字書韻統》　472

《서하장춘자구신선반계집栖霞長春
子丘神仙磻溪集》　453, 459

《서하집西河集》　　1093

《서하합집西河合集》　1107

《서학당근고瑞鶴堂近稿》　712

《서학대성西學大成》　1071

《서학범西學凡》　　648

《서학휘편書學彙編》　1092

《서한문류西漢文類》　143, 1642,
1650, 1663, 1664, 1680

《서한서西漢書》　506, 507

《서한지전西漢志傳》　670, 671

《서한책요西漢策要》　1531

《서한회요西漢會要》　181, 297, 704

《서호가화西湖佳話》　　971

《서호기西湖記》　　622

《서호노인번승록西湖老人繁勝錄》
139, 365

《서호백영西湖百詠》　　724

《서호유람지西湖游覽志》　642

《서호편람西湖便覽》　851

《석가모니설법도》　1485

《석각구경石刻九經》　692

《석거보급石渠寶笈》　1092

《석경石經》　416, 1226

《석금고승錫金考乘》　1450

《석금지소록錫金識小錄》　1450

《석금향토지리錫金鄉土地理》 1450

《석림거사건강집石林居士建康集》
　　　　241

《석림거사집石林居士集》 163

《석림서목石林書目》 358

《석림연어石林燕語》 68

《석림주의石林奏議》 201, 1633,
　　1660, 1663-1665, 1668, 1673

《석마가연론초釋摩訶衍論鈔》 412

《석명釋名》 149, 691, 882

《석묘釋廟》 1080

《석묵전화石墨鐫華》 784

《석벽정사음주당서상절石壁精舍音
　　注唐書詳節》 293

《석병시집石屛詩集》 245

《석복釋服》 1080

《석사釋祀》 1080

《석산유향錫山遺響》 678

《석산지錫山志》 678

《석서품차록釋書品次錄》 461

《석선거잡저승고石船居雜著賸稿》
　　　　1472

《석수신보공도石守信報功圖》 851

《석씨신문釋氏新聞》 489, 1712

《석암서목石庵書目》 358

《석우釋友》 1863

《석웅봉집石熊峰集》 1465

《석인신법石印新法》 1060, 1061,
　　　　1062

《석장경釋藏經》 475

《석장釋藏》 432, 832, 1347, 1560

《석전문집石田文集》 517

《석전시선石田詩選》 1301

《석점두石點頭》 653

《석증釋繒》 1080

《석진지析津志》 633

《석첩집石疊集》 724

《석판인도법》 1062

《석판인법략石板印法略》 1060

《석판인법石板印法》 1059, 1060

《석포헌시문집惜抱軒詩文集》 1094

《석호거사집石湖居士集》 1303,
　　1463

《선거현지仙居縣志》 1452

《선견율善見律》 377, 1492

《선계지仙溪志》 207

《선고봉국공년표先考奉國公年表》
　　　　723

《선기회문시사璇璣回文詩詞》 702,
　　712, 735

《선당사고仙堂肆考》 896

《선림류취禪林類聚》 1501

《선명宣明》 441

《선병서옥집仙屛書屋集》 1423

《선병서옥초집仙屛書屋初集》 1339-
　　1341, 1343, 1468, 1734

2058

《선산유서船山遺書》　1107

《선서選書》　731

《선성도先聖圖》　715, 743

《선성묘림기先聖廟林記》　1088

《선우집先㦦集》　42

《선원몽구禪苑蒙求》　444

《선월시집禪月詩集》　1695

《선월집禪月集》　94, 106, 231

《선정船政》　812

《선종영명집禪宗永明集》　729

《선택력서選擇曆書》　615

《선통3년세차신해시헌력宣統三年
歲次辛亥時憲書》　1089

《선평서옥초집仙屛書屋初集》　1437

《선현기중先賢器重》　720, 728

《선현사실록先賢事實錄》　684

《선화박고도宣和博古圖》　209, 286

《선화박고도록宣和博古圖錄》　542

《선화봉사고려도경宣和奉使高麗
圖經》　204, 1658, 1659, 1673,
1678, 1681

《선화부지宣化府志》　1751

《선화북원공다록宣和北苑貢茶錄》
262

《선화서화보宣和書畫譜》　688

《선화신수명당칙령격식宣和新修明
堂敕令格式》　218

《선화화보宣和畫譜》　404

《설검說鈐》　1521

《설공포제약성해雪公炮制藥性解》
623

《설기총고雪磯叢稿》　1286, 1464

《설당운사雪堂韻史》　808

《설독명각대사어록雪竇明覺大師
語錄》　1501

《설루집雪樓集》　517

《설문說文》　857, 883, 1081

《설문자원說文字原》　505

《설문청공독서록薛文淸公讀書錄·
속록續錄》　740

《설문청공문집薛文淸公文集》　691

《설문청공행실록》　691

《설문청독서록薛文淸讀書錄》　1459

《설문청문집薛文淸文集》　691

《설문해자》　291, 493, 505, 771,
1623, 1626, 1639, 1642, 1643,
1646, 1648, 1658-1660, 1662,
1663, 1668, 1673, 1675, 1681

《설문해자구두說文解字句讀》　1081

《설문해자단씨주說文解字段氏注》
1081

《설문해자오음운보說文解字五音
韻譜》　745

《설문해자운보說文解字韻譜》　505

《설문해자의증說文解字義證》　1081

《설방산선생문록薛方山先生文錄》

652

《설번산방시집雪煩山房詩集》 1468

《설봉시집雪峰詩集》 713, 737

《설사례집薛司隸集》 808

《설소소집雪巢小集》 245

《설심부雪心賦》 672

《설원說苑》 211, 513, 602, 679, 710, 725, 727, 891

《설이說頤》 861, 1504

《설재서원기雪齋書院記》 1263

《설저說儲》 1506

《설창석랑부마전說唱石郎駙馬傳》 638

《설창포대제출신전說唱包待制出身傳》 638, 795

《설항부견雪航膚見》 684

《설허창시집薛許昌詩集》 169, 229

《설호전전說呼全傳》 930

《섬계剡溪》 1867

《섬동록剡東錄》 207

《섬라고략暹羅考略》 1086

《섬록剡錄》 156, 207, 373, 396, 400, 1451, 1747

《섬서장씨종보剡西張氏宗譜》 1408

《섬서통지》 692

《섬성일보剡聲日報》 1863

《섬원향지剡源鄕志》 1451, 1519

《섬중집剡中集》 1473

《섭산완송도攝山翫松圖》 1528

《섭생요의攝生要義》 685

《섭생중묘방攝生衆妙方》 711, 746

《섭수심문집葉水心文集》 681

《섭쌍강선생문집聶雙江先生文集》 1465

《성경》 988, 1012, 1016, 1020, 1023, 1024, 1035, 1037, 1040, 1045, 1048, 1128, 1129, 1138, 1227, 1579, 1735

《성경유서聖經類書》 1129

《성경일과聖經日課》 1128, 1530, 1532, 1580

《성경직해聖經直解》 639, 871, 1728

《성경통지盛京通志》 923, 1453

《성교약설聖教略說》 1127

《성도고금병기成都古今丙記》 207

《성도고금전후기成都古今前後記》 207

《성도지》 207

《성력고원星曆考原》 1376, 1729

《성률발몽聲律發蒙》 673

《성리대전서》 616

《성리대전性理大全》 615, 660, 804

《성리문금性理文錦》 685

《성리사서性理四書》 513

《성리요해性理要解》 785

《성리자훈性理字訓》 771
《성리정의性理精義》 924, 1130
《성립의해聖立義海》 470, 472, 1708
《성명백가시선盛明百家詩選》 653
《성명백가시盛明百家詩》 801
《성명십이가시선盛明十二家詩選》 745
《성명잡극盛明雜劇》 797
《성명총괄星命總括》 411
《성무기聖武記》 1083
《성방절용成方切用》 1113
《성사승람星槎勝覽》 780
《성세규의聖洗規儀》 1127
《성세항언醒世恒言》 653, 794
《성송고승시선聖宋高僧詩選》 147
《성송다록聖宋茶錄》 262
《성송명현명육총주聖宋名賢明六叢珠》 179
《성송명현오백가반방대전문수聖宋名賢五百家播芳大全文粹》 253
《성송문선聖宋文選》 1657
《성송문선전집聖宋文選全集》 253
《성송문해聖宋文海》 143
《성신격언省身格言》 647
《성씨시초盛氏詩鈔》 1473
《성원주기姓源珠璣》 653
《성원주법책식城垣做法冊式》 1111
《성유광훈聖諭廣訓》 923, 1083, 1132
《성유광훈주聖諭廣訓注》 1393, 1447, 1732
《성유상해聖諭詳解》 1065
《성유식론成唯識論》 1552, 1703
《성유식론료의등초과문成唯識論了義燈鈔科文》 462, 1706
《성유십육조연의聖諭十六條演義》 1570
《성의백문집誠意伯文集》 681
《성자지어작업聖者之御作業》 1555
《성재록》 723
《성재모란보誠齋牡丹譜》 723
《성재모란誠齋牡丹·매화·옥당춘백영玉堂春百詠》 712, 723
《성재선생남해집誠齋先生南海集》 244
《성재선생집誠齋先生集》 244
《성재악부誠齋樂府》 699, 723
《성재역전誠齋易傳》 726
《성재잡극誠齋雜劇》 699, 712, 719, 723, 796
《성재전기誠齋傳奇》 796
《성재집誠齋集》 245, 699
《성적도聖跡圖》 715, 738, 767, 1724
《성전聖典》 706, 724

《성정기聖政記》 774

《성제록聖濟錄》 523

《성제총록聖濟總錄》 268, 440, 488

《성탐省探》 1158

《성탐간요록醒貪簡要錄》 803

《성탐록醒貪錄》 803

《성학심법聖學心法》 611, 805

《성학종전聖學宗傳》 785

《성해姓解》 203

《성해시집星海詩集》 709, 713, 730

《성현도聖賢圖》 737

《성현사실聖賢事實》 289

《성혜방聖惠方》 267, 268

《성호사설류선星湖僿說類選》 1756

《성훈聖訓》 1083

《세계사》 1583, 1595, 1716

《세계인쇄통사世界印刷通史》 1756

《세독당고世篤堂稿》 1466

《세묘지여록世廟識餘錄》 862,
1246, 1282, 1413, 1423, 1445

《세사류편世史類編》 670

《세사정강世史正綱》 632

《세설世說》 160

《세설신어보世說新語補》 1507

《세설신어世說新語》 250, 660,
755, 758, 867, 882, 1507, 1628,
1633, 1638, 1673, 1680, 1845

《세신총록世臣總錄》 803

《세원록洗冤錄》 276, 642, 674,
681, 807, 967

《세의득효방世醫得效方》 524

《세종흠반마감간명조례世宗欽頒磨
勘簡明條例》 1446

《셰익스피어 희곡 이야기》 1102

《소감록昭鑑錄》 704, 803

《소곡속고少谷續稿》 726

《소구파관화지小鷗波館畫識》 1458

《소길잡기瑣蛣雜記》 1471

《소노천비점맹자蘇老泉批點孟子》
758

《소담지昭潭志》 615

《소당집고록嘯堂集古錄》 209, 291

《소대사선昭代詞選》 1528, 1753

《소대전칙昭代典則》 774

《소덕선생군재독서지昭德先生郡齋
讀書志》 360

《소동파문선蘇東坡文選》 863

《소동파주의蘇東坡奏議》 1707

《소동파집》 221

《소력》 513

《소릉선생연보少陵先生年譜》 203

《소림곤법천종》 786

《소명문선昭明文選》 252, 707,
711, 1561

《소명태자문집昭明太子文集》 710,
731, 742

《소명태자집昭明太子集》　　223

《소문병기기의보명집素門病機氣宜

保命集》　　436

《소문병기기의보명집素問病機氣宜

保命集》　　441, 734

《소문선공집蘇文宣公集》　　170

《소문素問》　　267, 523, 679, 711

《소문신보昭文新報》　　1166

《소문육군자집蘇門六君子集》　　169

《소문정공문집蘇文定公文集》　　171,

1625, 1633, 1652, 1674

《소문초素問鈔》　　634

《소문충공집蘇文忠公集》　236, 1631

《소문충공표계蘇文忠公表啟》　　723

《소문충문집蘇文忠文集》　　171

《소미가숙점교부음통감절요少微

家塾點校附音通鑒節要》　　508

《소미통감절요少微通鑒節要》　　673

《소미통감절요외기속편少微通鑒節

要外記續編》　　893

《소방호재여지총초小方壺齋輿地

叢鈔》　　1398

《소방호재총서小方壺齋叢書》　1398,

1399

《소보蘇報》　　1168

《소사서小四書》　　669, 685, 688,

771

《소석맹강충렬정절현량보권銷釋

孟江忠烈貞節賢良寶卷》　　795

《소설월보小說月報》　　1078

《소성신첨주역신살紹聖新添周易

神煞》　　377

《소손도분아구모小孫屠焚兒救母》

495

《소시蘇詩》　　967

《소식 · 사마광문집》　　1705

《소실산방필총少室山房筆叢》　　1750

《소심양방蘇沈良方》　　269

《소씨도덕경蘇氏道德經》　　166

《소씨제병원후론巢氏諸病源候論》

265, 523

《소씨제병원후총론巢氏諸病源候

總論》　　660

《소아방결小兒方訣》　　671

《소아방론小兒方論》　　271

《소아병원방론小兒病源方論》　　271

《소아보생방小兒保生方》　　271

《소아수진방小兒袖珍方》　　682

《소아약증진결小兒藥證眞訣》　　271

《소아위생총미방론小兒衛生總微

方論》　　143, 271

《소연아小演雅》　　1458

《소요집逍遙集》　　160, 231

《소운곡명첩기문小雲谷名帖記聞》

1404

《소원비결昭元密訣》　　1126

《소위공문집蘇魏公文集》 232

《소자격양집邵子擊壤集》 127, 177

《소자록小字錄》 148, 1303, 1304

《소자미집蘇子美集》 159, 232

《소자첩小字帖》 726

《소작시고小鵲詩稿》 713, 726

《소장공밀어蘇長公密語》 625, 760

《소장공소품蘇長公小品》 758

《소장공합집蘇長公合集》 654

《소장小藏》 281, 1707

《소정속록嘯亭續錄》 1130

《소정오군지紹定吳郡志》 1645

《소주도경》 206

《소지록所知錄》 1411

《소창염기小窗艶記》 1473

《소초小鈔》 1168

《소축외집小畜外集》 1678, 1679

《소축집小畜集》 231, 268, 323,
1635, 1647, 1679

《소치어제명승도회시집紹治御題名
勝圖繪詩集》 1562

《소평중문집蘇平仲文集》 680

《소학감주小學紺珠》 514

《소학구두小學句讀》 688

《소학사단小學史斷》 728, 731

《소학사문수宋學士文粹》 1505

《소학서小學書》 212

《소학小學》 632, 689, 743, 1091,

1132, 1261, 1455, 1541, 1570,
1712

《소한노인명수집蕭閑老人明秀集》
439

《소한노인명수집주蕭閑老人明秀
集注》 458

《소헌시초嘯軒詩鈔》 948

《소홍포해서小紅袍海瑞》 1565

《소화법보목록昭和法寶目錄》 823

《소화집小華集》 255

《소흥교정본초》 142

《소흥령紹興令》 336

《소흥무진동년소록紹興戊辰同年
小錄》 1447

《소흥부지紹興府志》 1088, 1506

《소흥선정유서紹興先正遺書》 1106

《소흥십팔년동년소록紹興十八年同
年小錄》 203

《소흥형통신명紹興刑統申明》 218

《속가훈續家訓》 1634, 1682

《속각부재공문집續刻蔀齋公文集》
1285, 1465

《속계고록續稽古錄》 169, 352

《속고續稿》 244, 713

《속고문회편續古文會編》 1281

《속고일총서續古逸叢書》 510

《속다경續茶經》 1110

《속도장續道藏》 832, 833, 1727

《속략續略》 1086

《속록續錄》 212

《속문수續文粹》 680

《속문장정종續文章正宗》 688, 691, 707

《속박물지續博物志》 1504

《속백장전續百將傳》 670

《속별집續別集》 228

《속부경험기방續附經驗奇方》 440

《속서보續書譜》 721

《속서호지續西湖志》 875

《속세설續世說》 149, 323

《속송중흥편년자치통감續宋中興編年資治通鑒》 509

《속송편년자치통감續宋編年資治通鑒》 200, 499, 509

《속수기문涑水紀聞》 1747

《속수서성현지續修舒城縣志》 1451

《속위재역의허재續韋齋易義虛裁》 738

《속유괴록續幽怪錄》 150, 307

《속유구국지략續琉球國志略》 1353, 1449

《속이견지續夷堅志》 1517

《속일체경음의續一切經音義》 409

《속입장경續入藏經》 823, 1726

《속자치통감장편續資治通鑒長編》 200, 1363, 1421, 1444

《속장續藏》 839, 1117

《속증형부율례관설첩제요續增刑部律例館說帖提要》 1447

《속지續志》 155, 207, 632, 775, 1450

《속진서예문지續晉書藝文志》 1444

《속집續集》 245

《속찬의형현지續纂宜荆縣志》 1450

《속찬정안현지續纂靖安縣志》 1452

《속첨시재백일선방續添是齋百一選方》 270

《속청량전續淸凉傳》 443

《속통감屬通鑒》 628, 943

《속통감장편續通鑒長編》 1746

《속편금낭시대고사續編錦囊詩對故事》 724

《속편續編》 495, 510, 1343, 1720

《속해경續經解》 1080

《속향삼필粟香三筆》 938, 1752

《속홍루몽續紅樓夢》 1471

《손가지문집孫可之文集》 80, 229

《손국기遜國記》 774

《손무자병법》 675

《손문정공[손이준]연보孫文靖公(爾准)年譜》 1448

《손민당총서遜敏堂叢書》 1420

《손빈병법》 11

《손빈서孫臏書》 839

《손산보독학시집孫山甫督學詩集》
748

《손상서대전문집孫尚書大全文集》
242

《손씨전가비보방孫氏傳家秘寶方》
269

《손자》　212, 785, 985

《손자병법孫子兵法》　11, 212, 473,
1709

《손자병법삼주孫子兵法三注》　471

《손자산경孫子算經》　256

《손자십일가주孫子十一家注》　1275

《손자전孫子傳》　471

《손자집해孫子集解》　1456

《손자참동孫子參同》　758

《손지재집遜志齋集》　706, 727

《손진인방孫眞人方》　684

《손진인비급천금방孫眞人備急千
金方》　523

《손초집孫樵集》　363

《송각공명록宋刻工名錄》　1847,
1875

《송강지》　679

《송계삼조정요宋季三朝政要》　200,
509

《송국사지宋國史志》　68

《송남도사宋南渡史》　677

《송남도십장전宋南渡十將傳》　510

《송남몽영록淞南夢影錄》　1013,
1067

《송남지淞南志》　1450

《송론宋論》　684

《송막기문松漠紀聞》　120, 153, 166

《송막기문松漠紀聞·보유補遺》
1747

《송문감宋文鑑》　254, 672, 691,
707, 719, 722, 801

《송문宋文》　342, 344, 352

《송문선》　119

《송문헌공[송렴]연보宋文憲公(濂)
年譜》　1451

《송사기사본말宋史紀事本末》　1445

《송사략宋史略》　683

《송사宋史》　493, 561, 613, 686,
944, 1502, 1748

《송사신편》　682

《송사전문宋史全文》　509

《송서宋書》　1515, 1631, 1633,
1643, 1646, 1651, 1653, 1659,
1660, 1664, 1665, 1668, 1669,
1671, 1676

《송석헌시평松石軒詩評》　734

《송설재집松雪齋集》　516, 543,
1499

《송섬천요씨서계집집본宋剡川姚氏
西溪集輯本》　1867

《송시록頌詩錄》 1287, 1413, 1472

《송씨수축부宋氏樹畜部》 810

《송원간본각공명표宋元刊本刻工
名表》 1614

《송원방지전기색인宋元方志傳記
索引》 1848

《송원본행격표宋元本行格表》 314

《송원이래화인성명록宋元以來畫人
姓名錄》 1092

《송·원 자치통감》 675

《송원학안宋元學案》 1083

《송인선청부전宋人選青賦箋》 180

《송잠계집宋潛溪集》 680

《송장문절공宋張文節公(知白)
연보》 1867

《송장유진宋藏遺珍》 448

《송제신주의宋諸臣奏議》 1291,
1292, 1316, 1425, 1724

《송조문감宋朝文鑒》 624

《송조사실宋朝事實》 1746

《송주당집松籌堂集》 1284, 1465

《송참경적편년록》 1871

《송판서경안록宋板書經眼錄》 1847,
1875

《송판편년해제목록宋板編年解題
目錄》 1869

《송풍각금보松風閣琴譜》 1092

《송학사문수宋學士文粹》 642, 680,
788

《송학산방문집松鶴山房文集》 1383,
1752

《송학산방시집松鶴山房詩集》 1376,
1408, 1466, 1729, 1730

《송활자판고宋活字版考》 1842,
1872

《송회요》 349

《송회요집고宋會要輯稿》 1746

《송효숙포공[증]주의宋孝肅包公
(拯)奏議》 1447

《쇄금집碎金集》 693

《쇄지령鎖地鈴》 693

《쇼와[昭和] 법보총목록法寶總
目錄》 1756

《수감手鑒》 137

《수경手鏡》 137

《수경獸經》 811

《수경주水經注》 169, 204, 1420,
1491, 1518, 1626, 1628, 1641,
1661, 1669, 1681

《수경주비목水經注碑目》 784

《수경주전水經注箋》 702, 734

《수계교본우승집須溪校本右丞集》
514

《수계선생비점맹호연집須溪先生批
點孟浩然集》 1286, 1404

《수고기邃古記》 702, 734

《수고론搜古論》 683

《수국맥서壽國脈書》 275

《수능엄경首楞嚴經》 444

《수당전》 1565

《수당지전隋唐志傳》 790

《수동일기水東日記》 1286, 1459

《수동적씨종보水東翟氏宗譜》 1342, 1736

《수렵시초隨獵詩草》 1144

《수령의범守令懿範》 642

《수륙공수전략비서水陸攻守戰略秘書》 1386-1388, 1420, 1456

《수륙공수전략칠서》 1735

《수리정온數理精蘊》 1376

《수마역정水馬驛程》 615

《수무애재독서기隨無涯齋讀書記》 1380

《수밀도보水蜜桃譜》 1412, 1457

《수방헌합찬사서체주漱芳軒合纂四書體注》 949

《수법繡法》 813

《수병율령水兵律令》 642

《수병조법水丙操法》 642

《수보繡譜》 1111

《수사隋史》 507

《수사지남修事指南》 1457

《수산각총서守山閣叢書》 258, 1104, 1105

《수산총록壽山叢錄》 45

《수상고문대전繡像古文大全》 672, 674

《수상후서유기繡像後西遊記》 930

《수서상절隋書詳節》 293, 313

《수서隋書》 132, 193, 506, 507, 683, 911

《수세보원壽世保元》 44

《수시력授時曆》 634

《수시력법촬요授時曆法撮要》 809

《수시통고授時通考》 1109

《수식거음식보隨息居飲食譜》 1110

《수신비용隨身備用》 683

《수신편용隨身便用》 683

《수심선생문집水心先生文集》 245

《수안현지遂安縣志》 1411, 1452

《수양제염사隋煬帝艷史》 623

《수양총서壽養叢書》 807, 812

《수업당고修業堂稿》 707, 713, 738

《수업당집修業堂集》 1431

《수업당초집사아시초修業堂初集肆雅詩鈔》 1341

《수업당초집修業堂初集》 1340, 1468, 1735

《수역신방壽域神方》 700, 733, 735, 819

《수역주자록殊域周咨錄》 780, 1562

《수운집水雲集》 452, 947

《수원식단隨園食單》 1111

《수읍순봉장씨종보遂邑純峰張氏
宗譜》 1292

《수응재집修凝齋集》 1332, 1412,
1467

《수정십서修正十書》 729

《수주지壽州志》 1451

《수주지隨州志》 684

《수지범례修志凡例》 781

《수지범례십육칙修志凡例十六則》
781

《수진몽인修眞蒙引》 1125

《수진방袖珍方》 683, 688, 689,
711, 723, 752, 859, 1721

《수진방대전袖珍方大全》 671

《수초당서목遂初堂書目》 360

《수친노신서壽親老新書》 711

《수친양노신서壽親養老新書》 615,
727

《수학계몽數學啓蒙》 1074

《수학구장數學九章》 257

《수호》 791, 873, 881, 1131,
1148

《수호전》 634, 674, 789, 790,
869, 1100, 1101, 1565

《수호전전水滸全傳》 653

《숙원잡기菽園雜記》 485, 607,
1750

《순덕현지順德縣志》 1751

《순보筍譜》 261

《순암집醇庵集》 1546

《순자荀子》 182, 211, 427, 434-
436, 513, 1487, 1491, 1618,
1631, 1633, 1635, 1648, 1649,
1654, 1661, 1664, 1665, 1673,
1681

《순자보주荀子補注》 1090

《순자집해荀子集解》 1090

《순재선생한거총고順齋先生閑居
叢稿》 517

《순천가舜泉歌》 742

《순천향시록順天鄉試錄》 634

《순치5년강남향시록順治五年江南鄉
試錄》 1179

《순화첩淳化帖》 215

《순환일보循環日報》 1167

《순희옥당잡기淳熙玉堂雜記》 1251

《술고서법찬述古書法纂》 747

《술이기述異記》 150

《숭경신조개병오음집운崇慶新雕改
並五音集韻》 430, 433, 1496

《숭경신조오음집운崇慶新雕五音
集韻》 505

《숭고문결崇古文訣》 687

《숭녕만수대장崇寧萬壽大藏》 277,
379, 1702

《숭명지崇明志》 649

《숭문총목崇文總目》 92, 118, 355, 356, 359, 459

《숭산문집嵩山文集》 120, 238

《숭악고금집록嵩嶽古今集錄》 784

《숭정역서崇禎曆書》 809, 816, 1002

《숭정총서崇正叢書》 1411

《슬보瑟譜》 699

《습시당문집習是堂文集》 1469

《습학기언習學記言》 155

《승신嵊訊》 1863, 1866, 1867

《승이기乘異記》 136

《승현고금저술목嵊縣古今著述目》 1867

《승현지嵊縣志》 1088

《승현지편찬통신嵊縣志編纂通訊》 1866

《승회소자서僧懷素自序》 137

《시詩》 457, 702

《시경》 69, 135, 405, 432, 499, 758, 771, 1125

《시경백문詩經白文》 1441

《시경월음주석詩經越音注釋》 1565

《시경주의관옥詩經主意冠玉》 625

《시경질의詩經質疑》 1241, 1405, 1441

《시고詩藁》 1386

《시구해제운편총휘詩句解題韻編總彙》 1063

《시단합벽詩壇合璧》 625

《시대압운詩對押韻》 673

《시락도보詩樂圖譜》 632

《시랑갈공귀우집侍郎葛公歸愚集》 243

《시림광기詩林廣記》 732

《시림류선詩林類選》 685

《시림정종詩林証宗》 876

《시무보時務報》 1072

《시방묘용時方妙用》 1113

《시보부간지화보時報附刊之畫報》 1073

《시보詩譜》 735

《시본음詩本音》 1081, 1390, 1392, 1443

《시부제전아詩賦題典雅》 1443

《시사詩史》 1286, 1474

《시산공병법심략施山公兵法心略》 1386

《시상남북아조만화소곡時尚南北雅調萬花小曲》 1098

《시설고략詩說考略》 1441

《시설詩說》 1441, 1647

《시속집詩續集》 1517

《시송詩誦》 1441

《시여도보詩餘圖譜》 684

2070

《시운석의詩韻釋義》 636, 719, 729

《시원변체詩原辨體》 1474

《시음詩音》 1441

《시의時義》 800

《시인속편試印續編》 1343

《시인옥설詩人玉屑》 299, 736

《시인편서試印編序》 1338

《시인편試印編》 1336, 1343

《시주소시施注蘇詩》 1479

《시준詩准》 1655

《시중명[시경]연보是仲明(鏡)年譜》 1448

《시집詩緝》 713, 740, 805

《시집전부록찬소詩集傳附錄纂疏》 503

《시집전詩集傳》 1633, 1648, 1650, 1664, 1667, 1674, 1678, 1679, 1682

《시초詩抄》 1341

《시총詩總》 882

《시품詩品》 684

《시학대성詩學大成》 625, 681

《시허문집柴墟文集》 1465

《시헌력時憲曆》 1089

《시헌서時憲書》 1089, 1567, 1568

《시현제영모란시時賢題詠牡丹詩》 1473

《시화총귀詩話總龜》 744, 1504

《식감본초食鑒本草》 807, 812

《식고당서화휘고式古堂書畵彙考》 1092

《식물명실도고植物名實圖考》 1109

《식물본초食物本草》 642, 807

《식물본초회찬食物本草會纂》 930

《식물집요食物輯要》 812

《식물학》 1112

《신ㆍ구약성경》 989

《신각경본안감고정통속연의전상삼국지전新刻京本按鑒考訂通俗演義全像三國志傳》 1311

《신각교정집주두시》 1639

《신각매매몽고동문잡자新刻買賣蒙古同文雜字》 927

《신각사강역대군단新刻史綱曆代君斷》 1285, 1445

《신각조천자문집음변의新刻照千字文集音辨義》 660

《신각종경백선생비평봉신연의新刻鍾敬伯先生批評封神演義》 792

《신각증보고금의감新刻增補古今醫鑒》 623

《신각출상음주화란배도향산환기新刻出像音注花欄裴度香山還帶記》 621

《신각출상음주화란한신천금기新刻出像音注花欄韓信千金記》 621

《신각태의원교정두진의경新刻太醫院校正痘疹醫鏡》　668

《신간도상음석당시고취대전新刊圖象音釋唐詩鼓吹大全》　674

《신간검남시고新刊劍南詩稿》　244, 1651, 1654, 1668

《신간격물궁리편람新刊格物窮理便覽》　1576

《신간고금군서류고新刊古今群書類考》　867

《신간교정음석역경新刊校正音釋易經》　1439

《신간교정집주두시新刊校定集注杜詩》　1624, 1625, 1634, 1636, 1641, 1644, 1649, 1657, 1674, 1675, 1681

《신간국조이백가명현문수新刊國朝二百家名賢文粹》　253, 1633

《신간대명률新刊大明律》　631

《신간대상사언잡자新刊對相四言雜字》　620

《신간류편력거삼장문선춘추의新刊類編曆舉三場文選春秋義》　504

《신간명교진전권세체식新刊名教眞傳拳勢體式》　786

《신간명세문종新刊名世文宗》　1504

《신간비점양한저화新刊批點兩漢咀華》　687

《신간속첨시재백일선방新刊續添是齋百一選方》　524

《신간양휘산법新刊楊輝算法》　644

《신간어약원방新刊御藥院方》　492

《신간여칙유음고부정식新刊麗則遺音古賦程式》　518

《신간오백가주음변창려선생문집新刊五百家注音辨昌黎先生文集》　179, 226

《신간요씨정교편람新刊僚氏正教便覽》　1576

《신간운략新刊韻略》　429, 433, 491

《신간인재직지부유방론新刊仁齋直指附遺方論》　524

《신간증광백가보주당류선생문집新刊增廣百家補注唐柳先生文集》　1652

《신간진해대자전호진신편람新刊真楷大字全號搢紳便覽》　873

《신간출상보정참채사감당서지전통속연의新刊出像補訂參采史鑒唐書志傳通俗演義》　622

《신간황제명당침구경新刊黃帝明堂針灸經》　488

《신감申鑒》　211, 541, 684, 1504

《신감현지新淦縣志》　1452

《신강도지新疆圖志》　1453

《신계록臣戒錄》　803

2072

《신관규범新官規範》 807

《신교정노천선생문집新校正老泉先
生文集》 235, 308

《신구약성경》 1020, 1076

《신기비보神奇秘譜》 699

《신농가교神農家敎》 677

《신농본초경神農本草經》 273, 551

《신농본초경집주神農本草經集注》
551

《신당서新唐書》 35, 178, 179, 196,
197, 295, 362, 457, 542, 1515,
1615, 1616, 1628-1631, 1633,
1652, 1654, 1656, 1661, 1672,
1675, 1677, 1680, 1682, 1746

《신동시神童詩》 772

《신람교新藍橋》 1097

《신록新錄》 723

《신묘비방神妙秘方》 700, 739

《신문보新聞報》 1165

《신법역서新法曆書》 816

《신변가지경의석밀초神變加持經義
釋密鈔》 412

《신보申報》 1050, 1064, 1065,
1069, 1157, 1163, 1165, 1168,
1737

《신보관취진판총서申報館聚珍版
叢書》 1076

《신보도화申報圖畫》 1073

《신서新書》 211, 743

《신서新序》 602, 679, 710, 722,
725, 728, 736, 1491, 1669

《신선양생비술》 44

《신수류음인증군적옥편新修粲音引
證群籍玉篇》 433

《신수본초新修本草》 273

《신수소흥도경新修紹興圖經》 207

《신수의흥현지新修宜興縣志》 1450

《신수조양도경新修潮陽圖經》 183,
208

《신수형계현지新修荊溪縣志》 1450

《신승전神僧傳》 707, 721, 830,
1448

《신안문수新安文粹》 1509

《신안문헌지新安文獻志》 659

《신안유씨회통대종보新安喻氏會統
大宗譜》 1290

《신안지》 207, 397

《신약성경》 834, 1127

《신약新約》 988, 1020, 1037,
1048, 1128, 1579

《신약전서》 1050

《신양지信陽志》 689

《신여헌고愼餘軒稿》 1468

《신열국지》 653

《신오대사》 194, 197, 434, 507

《신원사新元史》 1265

《신원지략宸垣識略》 1382

《신유조성서新遺詔聖書) 988

《신은神隱》 700, 706, 735, 810

《신음어呻吟語》 785

《신의보구방神醫普救方》 268

《신의상법요新儀象法要》 159, 258, 286

《신이부神異賦》 685

《신자慎子》 214

《신재류선생문집申齋劉先生文集》 517

《신전결과고금원류지론新箋決科古今源流至論》 514

《신전경판공사조착정식노반경장가경新鐫京板工師雕斲正式魯班經匠家鏡》 813

《신전관판황명보훈新鐫官板皇明寶訓》 773

《신전상삼국지고사新全相三國志故事》 1714

《신전상삼국지평화新全相三國志平話》 548

《신정본초》 273

《신정삼례도新定三禮圖》 285, 1638, 1639, 1653

《신정속지新定續志》 160

《신정지新定志》 161

《신조류세청쌍악어전가新造柳世淸雙鼂魚全歌》 1563

《신조명공기술노소선생사류新雕名公記述老蘇先生事類》 202

《신조성송문해新雕聖宋文海》 253

《신조이연음양삼명新雕李燕陰陽三命》 436

《신조제잡찬新刁(雕)諸雜贊》 407

《신조주소락록자삼명소식부》 436

《신조중교전국책新雕重校戰國策》 155

《신조황조문감新雕皇朝文鑒》 1617, 1651, 1654, 1677, 1680

《신주화보神州畫報》 1073

《신주화엄경新注華嚴經》 1703

《신주화영연인新鑄華英鉛印》 1025, 1028, 1031

《신증보상전등신화대전新增補相剪燈新話大全》 865

《신집금합사新集錦合辭》 470, 472

《신집비급구경新集備急灸經》 58, 1694

《신집자효기新集慈孝記》 473

《신집주두시新集注杜詩》 1667, 1669

《신집지치조례新集至治條例》 510

《신찬사사류기新纂事詞類奇》 63, 624

《신창현지新昌縣志》　　1452

《신편공자가어장구》　　544

《신편근시십편양방新編近時十便良方》　　170

《신편노반영조정식新編魯班營造正式》　　813

《신편류요도주본초新編類要圖注木草》　　178, 526

《신편분류증주정오결의운식新編分類增注正誤決疑韻式》　　293, 313

《신편사문류취한묵대전新編事文類聚翰墨大全》　　874

《신편서방자명당구경新編西方子明堂灸經》　　525

《신편십칠사책요新編十七史策要》　　171

《신편유학추요新編儒學樞要》　　217

《신편잠영필용한원신서新編簪纓必用翰苑新書》　　217

《신편장안지新編長安志》　　511

《신편조고장표기요新編詔告章表機要》　　435

《신편한림주옥新編翰林珠玉》　　514, 645

《신편홍백지주소설新編紅白蜘蛛小說》　　518

《신학상태新學商兌》　　1456

《신효방新效方》　　649

《실록》　　342, 348, 349, 773

《실솔보蟋蟀譜》　　1110, 1458

《실학보實學報》　　1072

《심경心經》　　182

《심경종설心經宗說》　　489

《심국면학서원집沈國勉學書院集》　　707, 713, 738

《심부주心賦注》　　102, 143, 300, 318, 1479, 1655

《심재수필甚齋隨筆》　　334

《심재어록心齋語錄》　　785

《심전부지尋甸府志》　　688

《심충민공구계집沈忠敏公龜溪集》　　182

《심친기尋親記》　　621

《심하현집沈下賢集》　　228

《십가재양신록十駕齋養新錄》　　1752

《십구시十救詩》　　986

《십사경발휘十四經發揮》　　525

《십삼가병법十三家兵法》　　689

《십삼경十三經》　　104, 187, 503, 630, 656, 770, 861, 922, 1066, 1325, 1380, 1730

《13경주소》　　1726

《십삼경고주古注》　　770, 944

《십삼경독본十三經讀本》　　945

《십삼경전주傳注》　　188

《십삼경주소》　　633, 749, 770, 943

《십송니율十誦尼律》 1488

《십송률》 1490

《십약신서十藥神書》 736

《십운十韻》 1335

《십육사十六史》 194

《십육자十六子》 785

《십이경》 69

《십이경독본》 945

《십이경전주十二經傳注》 187

《십이경정문十二經正文》 188

《십이경정의》 188

《십이국十二國》 471, 473, 1709

《십이자十二子》 785, 1090

《십일가주손자十一家注孫子》 213

《십일경》 503, 506

《십자十子》 785, 930, 1284, 1455

《십자전서十子全書》 1090

《십조동화록十朝東華錄》 1082

《십죽재서화보十竹齋書畫譜》 763
764, 766

《십죽재전보十竹齋箋譜》 763, 766

《십죽재화보十竹齋畫譜》 869, 971,
978, 1513, 1728

《십칠사十七史》 193, 427, 434,
493, 506, 507, 656, 657, 704,
772, 930, 1081, 1707, 1715

《십칠사백장전十七史百將傳》 201

《십칠사상절十七史詳節》 672

《십칠사절요十七史節要》 1292,
1444

《17세기 영국문헌 속의 중국》
1595

《십팔국투보전十八國鬪寶傳》 839

《십팔로도十八路圖》 203

《십팔방가감十八方加減》 684

《십팔사략》 507, 546

《십편양방十便良方》 270, 317, 321

《싱가포르 재종회栽種會가 중국
농무에 하는 경고》 1580

《쌍강섭선생문집雙江聶先生文集》
748

《쌍계집雙溪集》 244

《쌍륙격雙陸格》 220

《쌍미기연雙美奇緣》 1097

《쌍봉제명기雙鳳齊鳴記》 621

《쌍천시집雙泉詩集》 719, 747

ㅇ

《아녀영웅전兒女英雄傳》 1475

《아라사국기요俄羅斯國紀要》 1086

《아비달마대비바사론阿毗達磨大毗
婆沙論》 1630, 1633, 1634,
1642, 1643, 1646, 1647, 1651,
1656, 1660, 1667, 1671, 1675

《아비달마순정이론阿毗達磨順正
理論》 476

《아상재존생팔전雅尚齋遵生八箋》
　　　　　　　　　　　　　1504

《아송정음雅頌正音》　　　620

《아육왕산지阿育王山志》　784

《아음종지雅音從和》　　　731

《아음회편雅音會編》　　　738

《아이반호Ivanhoe》　　　1101

《아탐衙探》　　　　　　　1159

《아편속개문鴉片速改文》　1580

《아편전쟁자료鴉片戰爭資料》　1751

《악록서원도지》　　　　　685

《악률전서樂律全書》 699, 709, 809

《악부시집樂府詩集》　　　155, 1632,
　　1633, 1635, 1638, 1641, 1644,
　　1645, 1650, 1652, 1653, 1661,
　　1663, 1664, 1669, 1673, 1676

《악부신편양춘백설전후집樂府新編
　　陽春白雪前後集》　　　518

《악부혼성집樂府混成集》 142, 215

《악비파로동창기岳飛破虜東窗記》
　　　　　　　　　　　　　621

《악서樂書》　　384, 709, 741

《악씨구경岳氏九經》　　　503

《악양고금시집》　　　　　685

《악의도제칠국춘추후집樂毅圖齊七
　　國春秋後集》　　　　　548

《악전선생문집樂全先生文集》　235,
　　297, 384

《악주도경주嶽州圖經注》　685

《악포집樂圃集》　　　　　239

《안감연의전상대송중흥악왕전按
　　鑒演義全像大宋中興岳王傳》　671

《안감연의제왕어세반고지당우전
　　按鑒衍義帝王御世盤古至唐虞傳》670

《안과방眼科方》　　　　　1113

《안과촬요眼科撮要》　　　1115

《안기집安驥集》　　　　　462

《안남군영기략安南軍營記略》 1862

《안남기략安南紀略》 1082, 1862

《안남내속시기명환전安南內屬時期
　　名宦傳》　　　　 1857, 1858

《안남내속시기직관표安南內屬時期
　　職官表》　　　　　　　1858

《안남도安南圖》　　　　　686

《안남도설》　　　　　　　1861

《안남사사기요安南使事紀要》 1862

《안남서목제요安南書目提要》 1859

《안남전》　　　　　　　　1862

《안남지安南志》　　　　　1862

《안남지략安南志略》　　　1076

《안남지원安南志原》　　　782

《안남행기》　　　　　　　1861

《안노공문집顏魯公文集》225, 1413

《안노공집顏魯公集》　　　1300

《안노회유서安老懷幼書》　878

《안당중우장按唐仲友狀》　1491,

1493

《안량도安良圖》 1527

《안륙시집安陸詩集》 234

《안륙집安陸集》 163

《안만당집安晚堂集》 246

《안방지安邦志》 1096

《안산지雁山志》 784

《안씨가승습유安氏家乘拾遺》 1751

《안씨가훈》 41, 93, 105, 182, 212, 678

《안오사종安吳四種》 1366, 1414

《안의현지安義縣志》 1452

《안자顏子》 211

《안자춘추晏子春秋》 11, 1447, 1286

《안집顏集》 1301

《안휘관보安徽官報》 1159

《압운석의押韻釋疑》 1632, 1641, 1646, 1648, 1664, 1665, 1676

《압운석제押韻釋題》 1623

《애일정려장서지愛日精廬藏書志》 1363, 1454

《액사이특額士爾特》 1137

《야객총서野客叢書》 882

《야객총화野客叢書》 1503

《야금록冶金錄》 264

《야성진우존고冶城眞寓存稿》 1282, 1465

《야소교요리문답耶穌教要理問答》 1031, 1032

《야수폭언野叟曝言》 1471

《야율경耶律經》 677

《야획편野獲編》 389, 912, 1750

《약방藥方》 269

《약사본원공덕보권藥師本願功德寶卷》 715, 742, 795

《약사유리광불설법도藥師琉璃光佛說法圖》 421

《약성광술藥性廣述》 1134

《약성사칙藥性四則》 1114, 1132

《약준藥準》 269

《양가장楊家將》 1097

《양계선생문집梁溪先生文集》 241

《양계선생집梁溪先生集》 182

《양계유고梁溪遺稿》 244

《양관표讓官表》 342

《양금보성지고楊金堡城志稿》 1450

《양길재여록養吉齋餘錄》 1360

《양노신서養老新書》 692

《양당헌집兩當軒集》 1467

《양밍문수陽明文粹》 625, 866

《양명선생도학초陽明先生道學鈔》 645

《양명칙언陽明則言》 785

《양몽선생문집養蒙先生文集》 516

《양발梁發》 1020, 1756

《양보학역전楊寶學易傳》　726

《양생일람養生日覽》　707, 731

《양생잡찬養生雜纂》　642, 683,
　707, 711, 731, 732

《양생필용방養生必用方》　275

《양서梁書》　614, 1629, 1645,
　1650, 1657, 1660, 1671, 1674,
　1675

《양소명태자집梁昭明太子集》　787

《양소원전신방養素園傳信方》　1113

《양송명현소집兩宋名賢小集》　148

《양승암외집楊升庵外集》　79

《양승암잡저楊升庵雜著》　808

《양승암전집楊升庵全集》　859

《양씨가전방楊氏家傳方》　276

《양씨책요梁氏策要》　693

《양양기구전襄陽耆舊傳》　1303,
　1448

《양양지》　208, 684

《양어경養魚經》　811

《양영종정실록楊英從征實錄》　1749

《양옥고적楊玉古蹟》　935

《양왕대전기陽王大傳記》　689

《양원초고楊園初稿》　1468

《양일재문집養一齋文集》　1431,
　1468

《양자揚子》　427, 434-436, 456,
　1487, 1491, 1618, 1631, 1633,

　1635, 1648, 1649, 1661, 1664,
　1665, 1673, 1681

《양자법언揚子法言》　182, 645

《양자법언미지楊子法言微旨》　435

《양자법언주揚子法言注》　1662

《양자운집楊子雲集》　787

《양절고간본고兩浙古刊本考》　1754

《양절금석지兩浙金石志》　1089

《양절염법조례兩浙鹽法條例》　642

《양절염차지兩浙鹽䂠志》　642

《양정도해養正圖解》　623, 659,
　1510

《양정여력록養正餘力錄》　724

《양조강목비요兩朝綱目備要》　200

《양주몽揚州夢》　1140

《양지梁志》　283

《양철애문집楊鐵崖文集》　681, 1503

《양축梁祝》　966

《양충절공유집楊忠節公遺集》　1466

《양한간오보유兩漢刊誤補遺》　1360,
　1443

《양한기兩漢紀》　649, 772

《양한박문兩漢博聞》　1617, 1627,
　1641, 1670, 1671

《양한서兩漢書》　297, 329, 456,
　931, 1540, 1701

《양한조령兩漢詔令》　200, 510

《양형집楊炯集》　223

《양호전씨가집陽湖錢氏家集》 1473

《양황보참梁皇寶懺》 536

《양휘산법楊輝算法》 257

《어기시초漁磯詩抄》 1752

《어락도魚樂圖》 993

《어람관음보권魚籃觀音寶卷》 1097

《어람御覽》 216, 1313

《어록》 1091

《어분시집於濆詩集》 229

《어비역대통집람御批曆代通輯覽》
967

《어비통감집람御批通鑑輯覽》 1067

《어사잠御史箴》 691

《어선명신주의御選明臣奏議》 1147,
1412, 1414

《어세인풍御世仁風》 754

《어시책御試策》 1273, 1274, 1464

《어양정화록漁洋精華錄》 1517

《어여만록語餘漫錄》 947

《어잠현지於潛縣志》 1452

《어정강희자전御定康熙字典》 922,
1081

《어정무예도보통지御定武藝圖譜
通志》 1541

《어정병자류편御定騈子類編》 922

《어정부휘御定賦彙》 922

《어정성력고원御定星曆考原》 922,
1457

《어정수리정온御定數理精蘊》 1108,
1457

《어정역대시여御定歷代詩餘》 922

《어정율려정의御定律呂正義》 1457

《어정의종금감御定醫宗金鑒》 1113

《어정자사정화御定子史精華》 922

《어정전당시御定全唐詩》 921, 922

《어정효경연의御定孝經衍義》 922

《어제경직도御製耕織圖》 1138,
1526

《어제관잠御製官箴》 805

《어제대고御製大誥》 1749

《어제대고삼편御製大誥三編》 804

《어제대명률례초의절옥지남御製
大明律例招擬折獄指南》 624

《어제만주몽고한자삼합절음청문
람御製滿珠‧蒙古‧漢字三合切音清
文鑒》 1133

《어제문집》 628, 679, 688, 804

《어제성경부御製盛京賦》 1132

《어제시御製詩》 634

《어제시집》 804

《어제역대신감御製歷代臣鑒》 805

《어제월사총영御製越史總詠》 1563,
1569

《어제의백거이신악부御製拟白居易
新樂府》 1144

《어제전운시御製全韻詩》 1144

《어제제무영전취진판십운御製題武
英殿聚珍版十韻》　　　　1349

《어제제훈御製帝訓》　　　805

《어제책御製策》　　　　1274

《어제천자조御製千字詔》　　987

《어제피서산장시》　999, 1000

《어주도덕경御注道德經》　804, 1090

《어주홍범御注洪範》　　　804

《어찬력대군감御纂歷代君鑒》　805

《어찬주자전서御纂朱子全書》　922,
923

《어찬효경연의御纂孝經衍義》　921

《어현기시魚玄機詩》　　　317

《어호거사문집於湖居士文集》　243

《어호선생장단구於湖先生長短句》
249

《억재집抑齋集》　　　　1562

《언행록言行錄》　　　　785

《엄릉별집》　　　　　　161

《엄릉집嚴陵集》　　　　161

《엄씨제생방嚴氏濟生方》　270

《엄주사료弇州史料》　　　773

《엄주산인사부고弇州山人四部稿》
859

《엄주속지嚴州續志》　160, 161

《엄주중수도경嚴州重修圖經》　161

《여강현지廬江縣志》　　1451

《여경기余慶記》　　　　647

《여경원기麗景園記》　　　732

《여계선생집廬溪先生集》　242

《여계女誡》　　　　　　629

《여과요지女科要旨》　　1113

《여남시화汝南詩話》　1234, 1750

《여당어내蠡塘漁乃》　　1752

《여덕해수록儷德偕壽錄》　723

《여동빈풍월신선산회呂洞賓風月神
仙山會》　　　　　　796

《여랍자茹蠟子》　　714, 726

《여랑어현기시女郎魚玄機詩》　306

《여래대장경如來大藏經》　1119

《여론시사보도화輿論時事報圖畫》
1073

《여면담如面談》　　653, 798

《여몽정파요기呂蒙正破窯記》　621

《여범편女範編》　　847, 1510

《여복지輿服志》　　　　18

《여사비요방旅舍備要方》　270

《여산기廬山記》　　　　209

《여산기사廬山紀事》　　784

《여산외집廬山外集》　　518

《여숙민공주의余肅敏公奏議》　776

《여순양득도비검기呂純陽得道飛
劍記》　　　　　　670

《여씨가숙독시기呂氏家塾讀詩記》
857, 1483, 1619, 1634, 1636,
1637, 1639, 1642, 1647, 1649,

1664, 1666, 1670, 1675, 1678, 1683

《여씨이집산呂氏易集散》　183

《여씨종보余氏宗譜》　181

《여씨춘추呂氏春秋》　126, 214, 513, 679, 693, 857, 1500

《여씨춘추잡기呂氏春秋雜記》　1090

《여씨학역黎氏學易》　1440

《여암소고如庵小稿》　428, 438, 516

《여양지廬揚志》　680

《여정지견전본서목鄱亭知見傳本書目》　225, 1274, 1753

《여정집麗情集》　136

《여지광기輿地廣記》　204, 1420, 1479, 1662, 1673, 1674, 1681

《여지기승輿地紀勝》　204

《여지도輿地圖》　649, 684

《여지보荔枝譜》　260

《여지비목興地碑目》　210

《여진역어女眞譯語》　840

《여진자모女眞字母》　839

《여진자효경女眞字孝經》　457, 1708

《여초편茹草編》　812

《여충목가전呂忠穆家傳》　202

《여칙女則》　31, 32, 70, 1693

《여칙실록연음女則實錄演音》　70

《여칙연음女則演音》　70, 936

《여태사외집呂太史外集》　1656

《여택논설집》　1651

《여택논설집록麗澤論說集錄》　1624, 1639, 1648, 1650, 1654, 1655, 1657, 1663, 1666, 1669, 1670, 1681

《여택집麗澤集》　1672, 1680

《여통감女通鑒》　794

《여항현지余杭縣志》　1452

《여헌女憲》　36

《여혜경치현법呂惠卿治縣法》　218

《여후참한신전한서속집呂后斬韓信前漢書續集》　548

《여훈女訓》　629, 806

《역간과학서적고략譯刊科學書籍考略》　1111

《역간방易簡方》　819

《역경易經》　11, 13, 405, 432, 456, 770, 1325

《역경여화易經如話》　1182, 1365, 1366, 1414, 1439

《역경전의易經詮義》　1360, 1439

《역경주의강목易經主意綱目》　760

《역대갑자도歷代甲子圖》　687, 688

《역대고사歷代故事》　291, 1480, 1639, 1641, 1647, 1648, 1656, 1659, 1670, 1676

《역대명공화보歷代名公畵譜》　645

《역대명신주의歷代名臣奏議》　776,

805

《역대명원도설歷代名媛圖說》 1070

《역대몽구歷代蒙求》 771

《역대사서대전歷代史書大全》 1284,
  1423, 1444

《역대삼보기歷代三寶記》 47

《역대소사歷代小史》 807

《역대시여歷代詩餘》 921

《역대신감歷代臣鑒》 628

《역대지리운편금석歷代地理韻編
  今釋》 1449

《역대지리지장도歷代地理指掌圖》
  169, 205

《역보驛報》 1158

《역본의부록찬소易本義附錄纂疏》
  503

《역사월간》 1863

《역상고성曆象考成》 1108

《역상고성후편曆象考成後編》 1108

《역상구은도易象鉤隱圖》 143

《역서曆書》 58

《역세통보歷世統譜》 647

《역신전逆臣傳》 1448

《역易》 153, 331, 503, 702

《역원자판서亦園子板書》 1362,
  1420

《역원좌독亦園脞牘》 1382, 1393,
  1459

《역의易義》 187

《역의易義·서의書疑·서의書義》
  504

《역익전易翼傳》 502

《역전易傳》 384

《역전회통易傳會通》 669

《역정씨전易程氏傳》 158

《역조제서歷朝制書》 802

《역조척독대전歷朝尺牘大全》 624

《역조헌장류지歷朝憲章類志》 1567,
  1584

《역학신설曆學新說》 809

《역혜기易鞋記》 621

《연감류함淵鑒類函》 1092, 1559

《연경개교략燕京開教略》 1003,
  1004

《연경蓮經》 150, 324

《연금시집聯錦詩集》 685

《연번로演繁露》 182, 380

《연병실기練兵實紀》 786

《연봉집蓮峰集》 245

《연사蓮詞》 730

《연사硯史》 390

《연산집演山集》 241

《연석집燕石集》 517

《연신기研神記》 60

《연신사비시학대성聯新事備詩學
  大成》 499

《연영오선생집淵穎吳先生集》　517,
542

《연육실문초研六室文鈔》　948

《연자기燕子磯》　993

《연자병법집전鉛字拼法集全》　1047,
1048

《연장군병법年將軍兵法》　1092

《연전硯箋》　390

《연정십이종棟亭十二種》　1103

《연지기燕脂記》　621

《연초보煙草譜》　1111

《연파시화蓮坡詩話》　1380

《연평답문延平答問》　682

《연평산인집燕平山人集》　1469

《연해자평대전淵海子平大全》　672

《연화경蓮華經》　545

《연화소사煙花小史》　808

《연희사燕喜詞》　249

《열경기列卿記》　776

《열국지列國志》　653, 674, 1132

《열녀전》　541, 1721

《열미초당필기閱微草堂筆記》　1099

《열반》　281

《열숙연의列宿演義》　1315

《열자列子》　213, 473

《열자권재구의列子鬳齋口義》　214,
1629, 1638, 1646, 1669

《열자석문列子釋文》　1090

《염계선생집濂溪先生集》　233

《염구시식의궤焰口施食儀軌》　536

《염리전廉吏傳》　201

《염법지鹽法志》　1083

《염수지림斂水志林》　1452

《염정지鹽政志》　680

《염철론鹽鐵論》　679, 1445

《염초당집念初堂集》　1285

《영가총서永嘉叢書》　1106

《영감록永鑒錄》　704, 803

《영계집靈溪集》　230

《영구경靈樞經》　711

《영구靈樞》　266

《영국·프랑스·독일·러시아
4국 지략》　1086

《영국부지寧國府志》　1148, 1506

《영규營規》　634

《영규율수瀛奎律髓》　748

《영기경靈棋經》　685, 736, 747,
878

《영길리고략英吉利考略》　1086

《영남군아嶺南群雅》　931

《영남본초嶺南本草》　1564

《영남유서嶺南遺書》　1106

《영남주옥嶺南珠玉》　686

《영대의상지靈台儀象志》　1108

《영도직례주지寧都直隸州志》　1751

《영락교지총지永樂交阯總志》　1862

《영락대전永樂大典》　　221, 275,
　　349, 360, 361, 496, 509, 516,
　　603, 630, 787, 870, 892, 1080,
　　1150, 1180, 1262, 1348, 1350,
　　1383, 1420, 1847, 1856, 1876
《영락북장永樂北藏》　　823, 1722
《영류검방永類鈐方》　　524
《영명지각선사어록永明知覺禪師
　　語錄》　　1746
《영모보翎毛譜》　　786
《영번서목寧藩書目》　　705, 737
《영봉존고靈峰存稿》　　1470
《영사시咏史詩》　　230, 687
《영수왕시운永壽王詩韻》　　721
《영암가장서목瑩庵家藏書目》　　886
《영애승람瀛涯勝覽》　　780
《영언여작靈言蠡勺》　　834
《영연잡지嬴壖雜志》　　1073, 1074
《영운록翎運錄》　　774
《영웅보英雄譜》　　791, 869, 1148
《영웅회英雄會》　　993
《영원방靈苑方》　　269
《영조법식營造法式》　　164, 263,
　　286, 551, 614, 1668, 1680
《영청현지永淸縣志》　　1087
《영추경靈樞經》　　741
《영태비원靈臺秘苑》　　257
《영표시전嶺表詩傳》　　931

《영해시초嶺海詩抄》　　932
《영하신지寧夏新志》　　1749
《영하지寧夏志》　　706, 732, 782
《영헌왕사실寧獻王事實》　　702
《영혼편靈魂篇》　　1128, 1530
《영환쇄기瀛環瑣記》　　1076
《영환지략瀛寰志略》　　1085
《영환화보瀛環畫報》　　1070
《영회시詠懷詩》　　1461
《예》　　457, 503
《예경》　　770
《예경회원禮經會元》　　493
《예국신편藝菊新編》　　1364, 1457
《예기》　　153, 158, 315, 405, 432,
　　1540, 1637, 1644, 1676, 1701
《예기기주藝器記珠》　　1060
《예기석문禮記釋文》　　1484, 1643
《예기소禮記疏》　　1635, 1676
《예기장구혹문禮記章句或問》　　1441
《예기주禮記注》　　1628
《예기집설禮記集說》　　166, 504, 660
《예기찬언禮記纂言》　　543, 728
《예문류취藝文類聚》　　215, 216,
　　787, 1294, 1302, 1316, 1459
《예부운략禮部韻略》　　546
《예부운략부석문호주禮部韻略附釋
　　文互注(하평성下平聲)》　　322
《예부주의종번사의禮部奏議宗藩

事宜》 1749

《예부지고禮部志稿》 775

《예부칙례禮部則例》 1446

《예서禮書》 314, 1625, 1642,
1646, 1667, 1670

《예석隸釋》 153, 210, 511

《예석릉서倪石陵書》 1463

《예속隸續》 169, 210, 511

《예수탄생전》 1058

《예운隸韻》 142, 1482, 1658

《예원藝苑》 786

《예의소禮儀疏》 1629

《예의정식禮儀定式》 744

《예장기구전豫章耆舊傳》 702

《예장기백시고豫章既白詩搞》 712,
734

《예장나선생문집豫章羅先生文集》
515, 1508

《예장문집豫章文集》 242

《예장총서豫章叢書》 1106

《예장황선생문집豫章黃先生文集》
238, 1631, 1632, 1634, 1637,
1639, 1668, 1672, 1679

《예제집요禮制集要》 737

《예주쌍즙藝舟雙楫》 1092

《예해주진藝海珠塵》 1105

《예현록禮賢錄》 774

《예화보藝花譜》 810

《오각휘군석의경서사민편용통
서 · 잡고五刻徽郡釋義經書士民便用
通書 · 雜考》 660

《오강지吳江志》 851

《오거운서五車韻瑞》 653, 787

《오경五經》 110, 159, 292, 430,
433, 602, 629, 660, 673, 675,
686, 706, 725, 770, 943, 946,
989, 1014, 1167, 1561, 1570,
1719

《오경개기五經改機》 728

《오경광주五經廣注》 479

《오경구해五經句解》 728

《오경대전五經大全》 771, 804, 859

《오경문자》 69, 88, 104, 190

《오경방주五經旁注》 892

《오경백문五經白文》 708, 728, 746

《오경사서五經四書》 1130

《오경사서대전五經四書大全》 615

《오경산법五經算法》 256

《오경설五經說》 1439

《오경전소五經傳疏》 405, 408

《오경전주五經傳注》 728

《오경정문五經程文》 799

《오경정의五經正義》 69, 131,
153, 187, 290, 325, 1698

《오경찬언五經纂言》 728

《오계집梧溪集》 518

《오공석의五功釋義》　1126

《오군도경吳郡圖經》　164, 206, 1628

《오군도경속기吳郡圖經續記》　127, 164, 206

《오군지吳郡志》　164, 207, 649, 1747

《오대부직음집운五大部直音集韻》　648

《오대사》　159, 161, 419, 681

《오대사기五代史記》　507, 561

《오대양송감본고五代兩宋監本考》　1754

《오대회요五代會要》　159, 169, 349, 1444, 1746

《오도문수吳都文粹》　1147, 1411, 1412, 1473

《오등회원五燈會元》　1481, 1615, 1633, 1635, 1667

《오륜서五倫書》　628, 805

《오륜전비충효기五倫全備忠孝記》　621

《오릉지吳陵志》　207

《오매화조법五梅花操法》　695

《오목경五木經》　150

《오문정공집吳文正公集》　1464, 1519

《오백가음변유선생문집五百家音辨柳先生文集》　227

《오복도해五服圖解》　493, 1499

《오서吳書》　1615, 1623, 1629, 1661, 1662, 1667, 1687

《오선생시집五先生詩集》　686

《오성기요五星記要》　1109

《오소합편吳騷合編》　645

《오신주양자법언五臣注揚子法言》　179

《오십만권루장서목록초편五十萬卷樓藏書目錄初編》　45

《오십여언五十餘言》　1127

《오씨서목吳氏書目》　359

《오아당총서粵雅堂叢書》　1104

《오역합벽집요현겁천불호五譯合璧集要賢劫千佛號》　1135

《오연영문집吳淵穎文集》　680

《오월소견서화록吳越所見書畫錄》　1458

《오월춘추吳越春秋》　155, 195, 772

《오월춘추음주吳越春秋音注》　509, 645

《오유쵀아吳歈萃雅》　1507

《오음금보五音琴譜》　738

《오음운보五音韻譜》　883

《오음집운五音集韻》　459

《오음편해집운五音篇海集韻》　639

《오자서서伍子胥書》　839

《오자五子》 513, 785

《오자吳子》 985

《오잡조五雜俎》 657, 1750

《오장론五藏論》 479

《오정문편午亭文編》 1517

《오정역조첩록백가평론五訂歷朝捷
錄百家評論》 672

《오조명신언행록五朝名臣言行錄》
510, 1637, 1642, 1648, 1661,
1681

《오조산경五曹算經》 256, 317

《오종비규전서五種秘竅全書》 625

《오중수리통지吳中水利通志》 1299,
1301, 1453

《오지吳志》 132, 1647

《오진편悟眞篇》 732

《오체집당五體集唐》 734

《오초노집吳草廬集》 704

《오충집五蟲集》 680

《오친아언娛親雅言》 1442

《오태산지五臺山志》 784

《오파도熬波圖》 522

《오학록초편吾學錄初編》 1360

《오학편吾學編》 773

《오훤초탄사娛萱草彈詞》 1472

《오흥장고집吳興掌故集》 898

《옥갑기玉匣記》 629, 1132

《옥결기玉玦記》 848

《옥교리玉嬌梨》 1149

《옥기미의玉機微義》 638, 692,
711, 728, 820, 872

《옥당류고玉堂類稿》 1654

《옥당잡기玉堂雜記》 256, 1247,
1250, 1458, 1710

《옥대신영玉臺新詠》 90, 107, 252,
1303, 1472, 1696

《옥령취의玉靈聚義》 514

《옥명당비점수상남북송전玉茗堂批
點繡像南北宋傳》 653

《옥봉지玉峰志》 207

《옥부도玉浮圖》 631

《옥수경玉髓經》 436

《옥잠기玉簪記》 622, 669, 850

《옥저시고玉楮詩稿》 290, 1480

《옥저집玉楮集》 246

《옥첩玉牒》 697, 870, 1180

《옥청정玉蜻蜓》 1095

《옥파주의玉坡奏議》 693

《옥편玉篇》 69, 191, 479, 480,
499, 1496, 1501, 1551, 1694

《옥함산방집일서玉函山房輯佚書》
1107

《옥합기玉合記》 847

《옥해玉海》 68, 89, 272, 502, 514,
561, 613, 891, 944, 1499,
1500, 1746

《옥호빙玉壺冰》　685

《옥황본행집경玉皇本行集經》　169

《온국문정사마공문집溫國文正司馬
公文集》　233, 1634, 1646, 1661,
1662, 1665, 1682

《온릉시기溫陵詩記》　1412, 1473

《온주로영녕지溫州路永寧志》　511

《온주로지溫州路志》　511

《옹대기雍大紀》　692

《옹동애집翁東涯集》　686, 723

《옹록雍錄》　692

《옹저방癰疽方》　269

《옹정주비유지雍正朱批諭旨》　967,
1447

《옹천소고甕天小稿》　712, 739

《옹희악부雍熙樂府》　636, 725, 752

《완구집宛邱集》　238

《완릉선생집宛陵先生集》　234

《완릉시집宛陵詩集》　680

《완릉집宛陵集》　1670

《완사숭집阮嗣崇集》　888

《완위별장宛委別藏》　1151

《완화집浣花集》　231

《왕건시집王建詩集》　228, 307

《왕고심필록王古心筆錄》　382

《왕공판사王公判事》　105, 1696

《왕공판서王公判書》　92

《왕국전례王國典禮》　706, 724

《왕기공궁사王岐公宮詞》　1302,
1403, 1464

《왕릉변王陵變》　384

《왕마힐문집王摩詰文集》　223

《왕매계집주분류동파선생시집王
梅溪集注分類東坡先生詩集》　237

《왕문공문집王文公文集》　235,
1673, 1677

《왕문숙공문집王文肅公文集》　625

《왕문종지王門宗旨》　785

《왕문충공집王文忠公集》　680

《왕본예석간오汪本隸釋刊誤》　1517

《왕생서방정토서응책전往生西方淨
土瑞應冊傳》　103

《왕서루선생야채보王西樓先生野
菜譜》　812

《왕석역간방王碩易簡方》　269

《왕선산유서王船山遺書》　944

《왕선생십칠사몽구王先生十七史
蒙求》　179

《왕소군출새군화융기王昭君出塞軍
和戎記》　621

《왕씨농서王氏農書》　690, 809

《왕씨맥경王氏脈經》　680

《왕씨박제방王氏博濟方》　269

《왕씨의안王氏醫案》　1113

《왕안석일록王安石日錄》　343

《왕양명무예도王陽明武藝圖》　683

《왕용보유시집汪容甫遺詩集》 1467

《왕우승문집王右丞文集》 223,
　　1638, 1641, 1642, 1644, 1647,
　　1657, 1665, 1678

《왕우승시집王右丞詩集》 1503

《왕우승집王右丞集》 748, 1516

《왕유시집王維詩集》 660

《왕인구간류보결절운王仁昫刊謬補
　　缺切韻》 378

《왕자안집王子安集》 223

《왕장원집王狀元集》 179

《왕장원집백가주분류동파선생시
　　王狀元集百家注分類東坡先生詩》
　　179, 236

《왕장원집백가주편년두릉시사王
　　狀元集百家注編年杜陵詩史》 224

《왕장원집제가주분류동파선생시
　　王狀元集諸家注分類東坡先生詩》
　　180, 312

《왕장원표목당문수王狀元標目唐
　　文粹》 1472

《왕준암가거집王遵岩家居集》 748

《왕지부댁진본휘주록王知府宅眞本
　　揮塵錄》 180

《왕필주주역王弼注周易》 740

《왕형공당백가시선王荊公唐百家
　　詩選》 126, 1664

《왕형공시전주王荊公詩箋注》 515

《왕황주소축외집王黃州小畜外集》
　　1642, 1644, 1645, 1649, 1651,
　　1659, 1667, 1673, 1675

《외과리예外科理例》 821

《외과비요外科備要》 671

《외과정종평外科正宗評》 1113

《외대비요방外臺秘要方》 126, 135

《외외부동태산심근결과보권巍巍
　　不動太山深根結果寶卷》 795

《외집外集》 1386, 1640

《외척사감外戚事鑒》 628, 805

《외태外臺》 267

《외태비요방外臺秘要方》 152, 266,
　　276, 1625, 1628, 1630, 1635,
　　1641-1644, 1650, 1652, 1654,
　　1656, 1660, 1662, 1664, 1665,
　　1671, 1673, 1677, 1678, 1680,
　　1681, 1690

《요간왕식유고遼簡王植遺稿》 730

《요굉주섬천본전국책姚宏注剡川本
　　戰國策》 1659, 1662

《요굉주섬천전국책姚宏注剡川戰
　　國策》 1627

《요금원사遼金元史》 943

《요도종애책遼道宗哀冊》 419

《요동지遼東志》 690, 695

《요마집療馬集》 811

《요무휘편要務彙編》 1571

2090

《요문휘遼文彙》 1754

《요봉문초堯峰文鈔》 1517

《요사遼史》 79, 417, 492, 561, 614, 1130, 1748

《요성음고遼城吟稿》 690

《요소감시집姚少監詩集》 229

《요장遼藏》 406, 409, 413, 414, 416, 444, 1699

《요재지이聊齋志異》 918, 1098, 1100, 1131

《요재필기聊齋筆記》 1752

《요집要集》 470, 472

《요해집遼海集》 683

《용감법보장》 531

《용감수감龍龕手鑒》 137, 1620, 1631, 1641, 1651, 1666, 1670, 1672, 1673

《용감수경龍龕手鏡》 409, 420, 1699

《용강몽여록龍江夢餘錄》 1297, 1305, 1750

《용단문업榕壇問業》 785

《용당소품湧幢小品》 1750

《용문편영龍文鞭影》 931

《용상수리지甬上水利志》 1453

《용암전집庸盦全集》 1072

《용암집庸庵集》 1411, 1464

《용운집龍雲集》 239

《용유현지龍遊縣志》 1506

《용장龍藏》 1116, 1117, 1730

《용장경龍藏經》 313

《용재삼필容齋三筆》 150

《용재속필容齋續筆》 1677

《용재수필容齋隨筆》 334, 689, 1458, 1634, 1747

《용재오필容齋五筆》 1292, 1425

《용재총화慵齋叢話》 1546

《용주시집龍州詩集》 1462

《용주집龍洲集》 247

《용천문집龍川文集》 245

《용촌총서榕村叢書》 1107

《용춘당집容春堂集》 1290, 1296

《용호경龍虎經》 736

《용호경주龍虎經注》 707, 738

《용호산지龍虎山志》 511

《우경牛經》 811

《우공고금주통석禹貢古今注通釋》 1441

《우공론禹貢論》 329

《우공산천지리禹貢山川地理》 205

《우공역해禹貢易解》 1145, 1405, 1441

《우공추지절요禹貢錐指節要》 1441

《우두요법牛痘要法》 1113, 1115

《우림을고友林乙稿》 247, 291, 301, 1655

《우문고사右文古事》 1264

《우서牛書》 811

《우선보羽扇譜》 1111

《우소보췌충전于少保萃忠傳》 1470

《우숙민공집于肅愍公集》 748

《우숙민집于肅愍集》 689

《우시愚示》 729

《우아友雅》 734, 1504, 1506

《우재가장서목愚齋家藏書目》 886

《우재고문편迂齋古文編》 1632,
1641, 1655, 1665

《우초지虞初志》 758

《욱풍재필주郁風齋筆麈》 913

《운각장圓覺藏》 1485

《운간지속지雲間志續志》 679

《운간지雲間志》 208

《운거을고芸居乙藁》 146

《운계거사집雲溪居士集》 239

《운계우의雲溪友議》 66

《운계집郎溪集》 233

《운교서별雲翹敍別》 1568

《운급칠첨雲笈七簽》 136, 539

《운남도경지서》 688

《운남록》 208

《운남비징지雲南備徵志》 947

《운남통지고雲南通志稿》 1087

《운남통지雲南通志》 1285

《운대韻對》 132

《운략韻略》 141

《운록만초雲麓漫抄》 1747, 1841

《운림사지》 1088

《운보韻補》 505, 693

《운보韻譜》 723

《운부군옥韻府群玉》 499, 505

《운산잡기雲山雜記》 1505

《운선산록雲仙散錄》 33, 401

《운선집雲仙集》 713, 738

《운장사륙여화雲莊四六餘話》 289

《운장악부雲莊樂府》 743

《운중약초雲中藥草》 688

《운창선생초집眞窗先生初集·속집
續集》 247

《운평집雲坪集》 740

《운학집성韻學集成》 749, 1504,
1507

《운화현기運化玄機》 735

《운회정정韻會定正》 772

《울지공삼탈삭尉遲恭三奪槊》 495

《웅붕래집熊朋來集》 1464

《원·백문집》 1725

《원각경략석圓覺經略釋》 648

《원각장경圓覺藏經》 1656

《원각장圓覺藏》 277, 1490, 1654,
1668, 1680

《원경설遠鏡說》 817

《원곡선元曲選》 519

《원공주선생염계집元公周先生濂溪集》 233

《원기활법시학전서圓機活法詩學全書》 625

《원기활법圓機活法》 708, 744

《원류지론源流至論》 689

《원매가서수고진적袁枚家書手稿眞跡》 1752

《원명신사략元名臣事略》 1263

《원명원공부칙례圓明園工部則例》 1111

《원명원동판화圓明園銅版畫》 1732

《원몽비책圓夢秘策》 1226

《원문류元文類》 691, 707, 722, 801

《원문정환혼기袁文正還魂記》 621

《원문초轅門鈔》 962, 1159, 1165, 1733

《원미지문집元微之文集》 228

《원미지집元微之集》 63

《원병식原病式》 679

《원사元史》 483, 509, 557, 611, 613, 773, 891, 944, 1130, 1265, 1749

《원사洹詞》 740

《원사기사본말》 1445

《원사략元史略》 683

《원사속편元史續編》 688

《원사元史 · 예문지》 1520

《원사종집院嗣宗集》 684

《원사 · 지리지》 510

《원사 · 형법지刑法志》 558

《원상추경경청죄초권비소고袁爽秋京卿請罪剿拳匪疏稿》 1447

《원서기기도설遠西奇器圖說》 817

《원선原善》 1091

《원숭이》 792

《원시元詩》 550

《원시비서原始秘書》 706, 736

《원시선元詩選》 930

《원시전집元詩前集 · 후집後集》 519

《원시천존설북방진무묘경元始天尊說北方眞武妙經》 753

《원시체요元詩體要》 731

《원씨세범袁氏世範》 297, 303

《원씨장경집元氏長慶集》 127, 153, 169, 228, 1462, 1508, 1627, 1630, 1655, 1664

《원씨종보袁氏宗譜》 1290, 1409

《원씨통감기사본말최요袁氏通鑑紀事本末最要》 199

《원야園冶》 813

《원원기경元元棋經》 219

《원유산집元遺山集》 516

《원의약성부原醫藥性賦》 671, 820

《원인백종곡元人百種曲》 519

《원잡극삼십종元雜劇三十種》　519
《원전장元典章》　1748
《원중랑집袁中郎集》　808
《원차산문집元次山文集》　636
《원차산집元次山集》　225
《원통제조격元通制條格》　1748
《원포경元包經》　169
《원풍구역지元豊九域志》　204
《원풍류고元豊類稿》　234, 515, 542
《원풍오군도경속기元豊吳郡圖經
　續記》　1449
《원화군현지元和郡縣志》　1420
《원화도현지元和都縣志》　204
《원화성찬元和姓纂》　169
《원화현지元和縣志》　530
《월광게月光偈》　340
《월교서越嶠書》　1862
《월남기략越南紀略》　1862
《월남불전략편越南佛典略編》　1560
《월남사요越南史要》　1569
《월남지여도설越南地興圖說》　1085
《월남집략越南輯略》　1086
《월동문해粤東文海》　931
《월령강해月令講解》　1570
《월로음月露音》　874
《월사경越史鏡》　1568
《월사신약전편越史新約全編》　1569
《월사요越史要》　1568

《월아당총서粤雅堂叢書》　1105
《월음越吟》　1284, 1465
《월인천강지곡月印千江之曲》　1542
《월절서越絶書》　155, 169, 195,
　509, 681, 772, 1506
《월주도경越州圖經》　206
《월주신지越州新志》　207
《월중금석기越中金石記》　1089
《위간시집葦間詩集》　1466
《위기圍棋》　714
《위남문집渭南文集》　244, 301,
　1293, 1463, 1623, 1625, 1658,
　1659, 1662, 1668, 1680, 1748
《위략緯略》　1411, 1412, 1458
《위료자尉繚子》　11
《위산경책潙山警策》　1560
《위생가보산과비요衛生家寶產科
　備要》　271, 289, 298
《위생보감衛生保鑒》　689
《위생이간방衛生易簡方》　682, 685
《위서魏書》　1623, 1630, 1631,
　1640-1642, 1645, 1647, 1648,
　1655, 1658, 1659, 1664, 1673,
　1675
《위선음즐爲善陰騭》　628, 804,
　806, 858, 1544, 1722
《위소주시韋蘇州詩》　649
《위소주집韋蘇州集》　164, 225,

1247, 1484, 1616, 1625, 1645, 1653

《위숙자문집魏叔子文集》 1093

《위씨가장방魏氏家藏方》 276

《위암주소韋庵奏疏》 1286, 1447

《위애서목違碍書目》 1152

《위야시魏野詩》 405

《위야합집韋野合集》 1562

《위언危言》 1072

《위자사시집韋刺史詩集》 748

《위전사절사魏全死節事》 427, 434

《위정공간록魏鄭公諫錄》 163

《위정준칙爲政准則》 680

《위제방衛濟方》 269

《위제집韋齋集》 242

《위태복집危太僕集》 264

《위학산거양시주魏鶴山渠陽詩注》 247

《유경類經》 654

《유과철경幼科鐵鏡》 1113

《유굉전劉宏傳》 66, 67, 71, 1694

《유구시록琉球詩錄》 1572

《유구지流寇志》 774

《유구지략琉球志略》 1086

《유대제문집柳待制文集》 517

《유리지琉璃志》 1111

《유리창서사기琉璃廠書肆記》 926

《유림類林》 437, 471, 473, 1709

《유림외사儒林外史》 918, 1099, 1471

《유림잡설類林雜說》 631

《유마힐소설경維摩詰所說經》 1257

《유몽득문집劉夢得文集》 227, 1629, 1632

《유몽득집劉夢得集》 64

《유문방사劉文房事》 225

《유문사친儒門事親》 524, 711, 742

《유문정공문집劉文靖公文集》 727

《유문집崙文集》 453

《유방재유고留芳齋遺稿》 1342

《유백온문집劉伯溫文集》 642, 789

《유백온선생백전기략劉伯溫先生百戰奇略》 1386

《유범蠕范》 1110

《유빈객집》 227

《유빈훈서柳玭訓序》 68

《유설類說》 180

《유설호매보劉雪湖梅譜》 550

《유세명언喻世明言》 794

《유소방幼小方》 631, 632

《유소잡식楡巢雜識》 315

《유수주집劉隨州集》 225, 1285, 1462

《유씨가업당선본서목劉氏嘉業堂善本書目》 1247

《유씨홍서劉氏鴻書》 787

《유양지維揚志》　207, 679

《유양향음維揚鄕飮》　679

《유연자귀유방劉涓子鬼遺方》　291

《유유신서幼幼新書》　271

《유유주집柳柳州集》　1632, 1676

《유유집성幼幼集成》　1113

《유음소고遊吟小稿》　1298

《유자劉子》　457, 1287, 1455

《유장儒藏》　1346

《유장시柳莊詩》　680

《유전당왕우승시집類箋唐王右丞
詩集》　679, 1507

《유접휘존諭摺彙存》　1158

《유정진신교제편몽문한품조類定
縉紳交際便蒙文翰品藻》　672

《유종원문집》　515

《유종원집》　226, 289

《유주외집柳州外集》　227, 1636,
1671

《유주의화柳州醫話》　1113

《유주조서幼主詔書》　986

《유증본초類證本草》　642, 819

《유지원백토기劉知遠白兔記》　867

《유지원제궁조劉知遠諸宮調》　439,
458

《유지집柳枝集》　519

《유집柳集》　126, 157, 179, 315,
650, 1640

《유초산방문집酉樵山房文集》　1467

《유춘기遊春記》　692

《유편遺篇》　741

《유편음양비용차곡기서類編陰陽備
用差縠奇書》　514

《유편주씨집험의방類編朱氏集驗
醫方》　270

《유편증광노소선생대전문집類編
增廣老蘇先生大全文集》　235

《유편증광황선생대전문집類編增廣
黃先生大全文集》　178, 237, 311

《유하간의학육서劉河間醫學六書》
441

《유하동집柳河東集》　169, 788

《유학경오儒學警悟》　256

《유학수지幼學須知》　193

《유학시연의幼學詩演義》　1136

《유학시幼學詩》　987, 989, 991,
1735

《유학집有學集》　1093, 1752

《유해봉문집劉海峰文集》　1364,
1467

《유헌사자절대어석별국방언輶軒
使者絶代語釋別國方言》　1627

《유현집猶賢集》　1458

《유훈類訓》　683

《육가신어陸賈新語》　681

《육가주문선六家注文選》　170, 171,

1676

《육갑천원기운검六甲天元氣運鈐》
275, 1640, 1654

《육경六經》　　48, 107, 140, 141,
166, 177, 188, 336, 427, 432,
434, 770, 1707

《육경도六經圖》　　　205, 660

《육경삼전六經三傳》　　　189

《육경삼주수초六經三注粹鈔》　　670

《육경의소六經義疏》　　169, 188

《육경정문六經正文》　　161, 188

《육경정오六經正誤》　　　141

《육경정오서六經正誤序》　　326

《육군자집六君子集》　　　238

《육덕당주의育德堂奏議》201, 1682

《육도六韜》　　11, 213, 471, 473

《육도집경六度集經》　　　1490

《육로망집陸魯望集》　　169, 229

《육미도六美圖》 1145, 1404, 1405

《육미도탄사六美圖彈詞》　　1475

《육민장서목록陸民藏書目錄》　555

《육박경六博經》　　　220

《육방옹시집陸放翁詩集》638, 1514

《육병율령陸兵律令》　　　642

《육병조법陸兵操法》　　　642

《육사룡문집陸士龍文集》　　1504

《육사룡집陸士龍集》　　　787

《육사형陸士衡・육사룡집陸士

龍集》　　　222

《육서고六書故》　　　505

《육서소원六書溯源》　　　542

《육서정와六書正譌》 505, 542, 763

《육서통六書統》　　493, 505, 542

《육선공문집陸宣公文集》　　225

《육선공주의陸宣公奏議》 201, 297,
499, 681, 709, 739

《육선공주의주陸宣公奏議注》　510

《육선공집陸宣公集》　　515, 681

《육신주문선六臣注文選》　　519

《육십종곡六十種曲》　　　797

《육씨속집험방陸氏續集驗方》　269

《육씨통감상절陸氏通鑒詳節》　508

《육일거사집六一居士集》 127, 234

《육일시화六一詩話》　　　254

《육임거혹검六壬祛惑鈐》　　513

《육자六子》　707, 719, 741, 785

《육자鬻子》　　　160, 214

《육자백문六子白文》　　　681

《육자서》　　　686

《육자전서六子全書》　693, 1503

《육조문혈六朝文絜》　　　1517

《육조사적六朝事迹》　　　166

《육조시집六朝詩集》　　　788

《육조신의陸操新義》　　　1068

《육조통감박의六朝通鑒博議》　297

《육첩》　　119, 132, 217

《육첩보六帖補》 159, 217

《육학사제발陸學士題跋》 1507

《육합총담六合叢談》 1074, 1161, 1163

《윤문자尹文子》 513, 542

《윤산전서胤産全書》 672

《율律》 218, 1635, 1649, 1651, 1654, 1658, 1678

《율려정의律呂正義》 1376

《율령律令》 786

《율령직해律令直解》 806, 1719

《율문》 132

《율소律疏》 1695

《율수지溧水志》 207

《율양현지溧陽縣志》 1450

《율장초분律藏初分》 306

《율조소의律條疏義》 674

《율조편람직인律條便覽直引》 638

《율해부례律解附例》 687

《융당사서관견融堂四書管見》 160

《융평집隆平集》 199, 509

《은단문고闇壇文稿》 1466

《은시산장유저蘟時山莊遺著》 1469

《음론音論》 1390, 1443

《음부경주陰符經注》 453, 707, 738

《음석춘추音釋春秋》 1292, 1425, 1441

《음선정요飮膳正要》 526, 732

《음악오서音樂五書》 1518

《음양첩경陰陽捷徑》 672

《음운봉원音韻逢源》 1132

《음운상주吟韻詳注》 721

《음의音義》 132, 210, 218

《음점대자순자구해音點大字荀子句解》 298, 319

《음주한문공집音注韓文公集》 226

《음하시陰何詩》 1305, 1461

《음학오서音學五書》 1390, 1733

《응산현지應山縣志》 684

《응재고凝齋稿》 707, 738

《응조집應詔集》 236

《의각료잡기猗覺寮雜記》 68

《의경방醫經方》 13

《의경소학醫經小學》 684, 692

《의고감흥시擬古感興詩》 712, 740

《의고근원議古根源》 257

《의례儀禮》 11, 631, 633, 882

《의례경전통해儀禮經傳通解》 1625, 1639, 1644

《의례도儀禮圖》 178

《의례소儀禮疏》 1481

《의례주儀禮注》 161, 314

《의례집설儀禮集說》 504

《의론醫論》 821

《의림意林》 681, 1294, 1455

《의림개착醫林改錯》 930

《의림류중집요醫林類證集要》 1457
《의림집요醫林集要》 634, 681
《의방비결췌편醫方秘訣萃編》 1134
《의방선요醫方選要》 623, 634,
　　681, 711, 744
《의방유취醫方類聚》 1541
《의방집성醫方集成》 690
《의상고성儀象考成》 1108
《의상도儀象圖》 1108
《의서대전醫書大全》 1553
《의설醫說》 711
《의성지宣城志》 207
《의성현지宣城縣志》 1451
《의소義疏》 1081
《의송노인문집倚松老人文集》 239
《의습몽인意拾蒙引》 802, 1138
《의습유언意拾喩言》 802
《의오醫悟》 1457
《의요疑耀》 382
《의종금감醫宗金鑒》 923, 940
《의주비간儀注備簡》 647
《의증義證》 1090
《의진지儀眞志》 207
《의천속장義天續藏》 1539
《의풍문집義豐文集》 245, 1617,
　　1625, 1641, 1659, 1667
《의학강목》 1504
《의학삼자경醫學三字經》 1113

《의학원융醫學元戎》 524
《의해간편醫海簡編》 1134
《의협기義俠記》 622
《이강주의李綱奏議》 201
《이견지夷堅志》 250, 341, 883,
　　1625, 1634, 1639, 1643, 1644,
　　1646, 1665, 1666, 1668, 1677,
　　1679, 1681, 1747
《이곡당시존貽彀堂詩存》 1469
《이공가전李公家傳》 166
《이공신서李公新書》 936
《이괴제성씨족보합편李魁第姓氏族
　　譜合編》 1449
《이교집李嶠集》 1285, 1462
《이군옥시집李群玉詩集》 229
《이근경易筋經》 1068
《이단론異端論》 1128
《이단시집李端詩集》 911
《이단집李端集》 1306
《이당선생문집頤堂先生文集》 243
《이두천가시李杜千家詩》 686
《이락연원록伊洛淵源錄》 202
《이로주문집李鷺洲文集》 1467
《이론통달理論通達》 1028
《이륙집二陸集》 649
《이리수항도伊犂受降圖》 1004
《이림異林》 702, 734, 1749
《이묘집二妙集》 519

《이문공집》 227

《이문광독夷門廣牘》 624, 807, 808

《이문당집摛文堂集》 240

《이문태상감응편彝文太上感應篇》
1728

《이물재문집二勿齋文集》 1468

《이물휘원異物彙苑》 708, 744,
1287, 1288, 1425, 1460

《이박二拍》 794

《이백시》 710, 736

《이백재서고夷白齋書稿》 1749

《이백집》 514

《이번원세칙理藩院細則》 1132

《이부전주조례吏部銓注條例》 152

《이부칙례吏部則例》 1353

《이비음집邇卑吟集》 744

《이사보유언伊娑菩喻言》 802

《이석첩집李石疊集》 748

《이선주문선李善注文選》 519

《이세 모노가타리[伊勢物語]》 1556

《이세속명언집》 472

《이소離騷》 881

《이소집전離騷集傳》 222

《이소초목소離騷草木疏》 260

《이속송남지二續淞南志》 1450

《이솝우언》 802

《이솝우화》 1042, 1101

《이승상시집李承相詩集》 90, 150,

230, 319

《이시李詩》 628

《이시백문李詩白文》 659

《이신기년보李申耆年譜》 1448

《이신서오종李申誓五種》 1107

《이신전貳臣傳》 1448

《이십가자서二十家子書》 709, 743

《이십사사二十四史》 302, 923,
924, 946, 1052, 1068, 1076,
1082, 1189

《이십사사연의》 1330

《이십사잠二十四箴》 222

《이십사효二十四孝》 1097

《이십사효압좌문二十四孝押座文》
109

《이십선생회란문감二十先生回瀾
文鑒》 180

《이십이자二十二子》 944, 1090

《이십일사二十一史》 507, 614,
630, 633, 772, 922, 1081,
1381, 1508, 1727, 1730

《이십자二十子》 660, 719, 785

《이씨유서李氏遺書》 1107

《이씨총서李氏叢書》 808

《이아爾雅》 104, 190, 468, 469,
471, 505, 884, 1080, 1700

《이아곽주爾雅郭注》 505

《이아도爾雅圖》 1070

《이아소爾雅疏》 1633, 1648, 1650, 1653, 1657, 1658, 1662, 1667, 1668, 1673, 1677

《이아신의爾雅新義》 191

《이아정의爾雅正義》 1081

《이아주소爾雅注疏》 505

《이아주爾雅注》 505

《이악시집梨岳詩集》 229

《이암문선頤庵文選》 736

《이암문집頤庵文集》 736

《이어도찬異魚圖贊》 811

《이언邇言》 731

《이여정군방보二如亭群芳譜》 810

《이역지異域志》 624, 702, 706, 735, 780

《이원아조梨園雅調》 797

《이원안시악부신성梨園按試樂府新聲》 518

《이원총화履園叢話》 1518

《이위공비전집李衛公備全集》 228

《이육당집離六堂集》 1140

《이이창화시二李倡和詩》 125

《이장길가시李長吉歌詩》 515

《이재시집怡齋詩集》 713

《이정문대》 213

《이정유서二程遺書》 513

《이조실록》 1878

《이종경二宗經》 341

《이주문선李注文選》 1627

《이준문집二俊文集》 323, 1491

《이집二集》 1341

《이천격양집伊川擊壤集》 515

《이추관피사집李推官披沙集》 230

《이충숙공집李忠肅公集》 1465

《이탁오비평삼대가문집李卓吾批評三大家文集》 653

《이탁오선생비평충의수호전李卓吾先生批評忠義水滸傳》 645

《이탈리아 잠서蠶書》 1109

《이태백·두보시》 499

《이태백문집李太白文集》 788, 1646

《이태백집》 169, 671

《이태백폄야랑李太白貶夜郎》 495

《이하가시편李賀歌詩編》 228, 515

《이학류편理學類編》 745, 785

《이학요람理學要覽》 785

《이학종요理學宗要》 785

《이한림집李翰林集》 127, 164, 788, 1702

《이형정요理刑正要》 683

《익보益報》 1168

《익성지翼城志》 693

《익세보益世報》 1859

《익운록翊運錄》 681

《익재가화益齋佳話》 714

《인경양추人鏡陽秋》 661, 846

《인규집蚓竅集》 724

《인도지나印度支那》 1861

《인림印林》 787

《인문연구》 1860

《인물지》 690

《인민일보》 1864

《인민중국》 1866

《인보人譜》 785

《인삼보人參譜》 1114

《인서당필기仁恕堂筆記》 1364,
1459

《인쇄사》 1853

《인쇄전선印刷戰線》 1850

《인신개설人身槪說》 648

《인장요론印章要論》 1092

《인재직지방론仁齋直指方論》 270

《인전印典》 1092

《인조실록》 1543

《인존현람印存玄覽》 763

《인주잡저麟洲雜著》 1459

《인지연구印支研究》 1860

《인화현도경仁和縣圖經》 206

《인효황후권선서仁孝皇后勸善書》
611

《인효황후서씨내훈仁孝皇后徐氏
內訓》 706

《일경여문초一經廬文鈔》 1468

《일광게日光偈》 340

《일기고사日記故事》 845

《일본고日本考》 840

《일본고략日本考略》 642, 780

《일본국지日本國志》 946

《일본도경日本圖經》 1085

《일본도지日本圖志》 1085

《일본지日本志》 780

《일속재잡저一粟齋雜著》 1443

《일시기시壹是紀始》 512, 1398,
1752

《일아逸雅》 882

《일재시一齋詩》 739

《일정록逸情景》 725

《일존총서佚存叢書》 1364

《일지록日知錄》 862, 1751

《일체경음의一切經音義》 409

《일초정목과전서一草亭目科全書》
1113

《일통부一統賦》 690

《일통지一統志》 781

《일통지략一統志略》 681

《일통지안설一統志按說》 1449

《일풍선생문집一豐先生文集》 851

《일하구문고日下舊聞考》 923

《임랑비실총서琳琅秘室叢書》 1406,
1411, 1413, 1421, 1519

《임생임서전林生林瑞傳》 936

《임송향집任松鄕集》 518

《임신중개정여태위경진장자전해 壬辰重改正呂太尉經進莊子全解》 435

《임안지臨安志》 139, 397, 1660, 1747

《임안현지臨安縣志》 1452

《임역소설林譯小說》 1102

《임오교존고任午橋存稿》 1468

《임오평해기壬午平海記》 1286, 1287, 1425, 1445

《임옹록臨雍錄》 632

《임읍고林邑考》 1858

《임읍기林邑記》 321, 661

《임이가보林·李家譜》 1368

《임정현지臨汀縣志》 1856

《임증지남의안臨證指南醫案》 967

《임천사몽臨川四夢》 796

《임천선생문집》 235

《임천오문정공초려선생집臨川吳文正公草廬先生集》 837

《임천이사집臨川二謝集》 240

《임천지》 258

《임천집臨川集》 127, 232, 631

《임현량초범집林賢良草範集》 183, 235

《임화정집林和靖集》 642

《입공안남위인전立功安南偉人傳》 1858

《입릉가경소入楞伽經疏》 379

《입설재금보立雪齋琴譜》 1092

《입역총서笠譯叢書》 428

《입재외과발휘立齋外科發揮》 1286, 1287, 1425, 1457

《입택총서笠澤總書》 127

ㅈ

《자감字鑑》 1517

《자건집子建集》 1305

《자경편自警編》 727, 1626, 1629, 1661, 1663, 1670, 1677, 1681

《자계문고滋溪文稿》 518, 1749

《자계황씨일초慈谿黃氏日抄》 1284

《자도어自渡語》 714

《자랄보孖剌報》(China Mail) 1166

《자략子略》 256, 362

《자림보字林報》 1163

《자림서보字林西報》 1163

《자복장資福藏》 277, 1712

《자불어子不語》 932

《자비도량참법慈悲道場懺法》 314

《자사정화子史精華》 1067, 1092

《자설字說》 191

《자운주국慈雲走國》 934

《자정신편資政新篇》 986, 991

《자정요람資政要覽》 921

《자치통감資治通鑑》 32, 156, 171, 197, 198, 350, 351, 361, 426,

427, 434, 507, 541, 542, 719,
748, 1130, 1565, 1626, 1628,
1630, 1633, 1639, 1647, 1650,
1654, 1662, 1665, 1670-1672,
1680, 1682, 1683, 1703

《자치통감강목資治通鑑綱目》 182,
198, 1548, 1653, 1679, 1683

《자치통감강목제요資治通鑑綱目
提要》 199

《자치통감보》 1444

《자치통감상절》 198

《자통字通》 314

《자학구정가字學求精歌》 936

《자화자子華子》 155

《자휘字彙》 609, 615, 625, 654,
772, 1329, 1561

《작읍자잠作邑自箴》 143

《작잠휘지柞蠶彙志》 1457

《작중지酌中志》 629, 751, 1749

《잔당오대사연의殘唐五代史演義》
790

《잠가주시岑嘉州詩》 224

《잠경蠶經》 811

《잠계문집》 788

《잠계집潛溪集》 685

《잠상설蠶桑說》 1457

《잠상췌편蠶桑萃編》 1109

《잠서潛書》 1091

《잠서蠶書》 260

《잠연당전서潛研堂全書》 1107

《잠재의화潛齋醫話》 1113

《잠허潛虛》 182, 436, 461

《잠확거류서潛確居類書》 653

《잡계雜誡》 785

《잡극십단금십집雜劇十段錦十集》
699

《잡기雜記》 1298

《잡자雜字》 470

《잡저雜著》 1341

《잡훼도雜卉圖》 993

《장각노경연사서직해張閣老經筵四
書直解》 652

《장강집長江集》 228

《장경藏經》 91, 110, 168, 173,
351, 382, 413, 415, 417, 420,
426, 476, 530, 829, 937, 1121,
1701, 1714

《장경집長庚集》 120

《장경찬서藏經贊序》 829

《장광계선생시집張廣溪先生詩集》
1563

《장구건산경張丘建算經》 256

《장녕현지長寧縣志》 1452

《장맹압운張孟押韻》 479

《장문육자진언경藏文六字眞言經》
1134

《장문장경藏文藏經》　1121

《장문정공[장옥서]연보張文貞公(玉書)年譜》　1448

《장문창문집張文昌文集》　227, 289

《장문충공문집張文忠公文集》　516

《장문충공주대고張文忠公奏對稿》　776

《장문충시집》　743

《장문충張文忠(양호)가훈》　743

《장민유사莊敏遺事》　166

《장백안본문선張伯顔本文選》　738

《장빈시집張蠙詩集》　230

《장사업시집》　227

《장사업집張司業集》　227

《장생長生》　660

《장생전長生殿》　918, 1100

《장서기사시藏書紀事詩》　1295, 1874

《장서기요藏書紀要》　1181, 1290

《장서목록》　358

《장서葬書》　1506

《장순허원쌍충기張巡許遠雙忠記》　621

《장승길문집張承吉文集》　229

《장씨사안본말莊氏史案本末》　1751

《장씨소아방張氏小兒方》　271

《장씨유경張氏類經》　821

《장씨통종세보張氏統宗世譜》　1516, 1517

《장악지長樂志》　207

《장안지長安志》　206, 692

《장안지도長安志圖》　511

《장양호문집張養浩文集》　690

《장열지문집張說之文集》　883

《장요당서목莊蓼塘書目》　555

《장원유학시狀元幼學詩》　936

《장의술론藏醫術論》　1114, 1134

《장자莊子》　213, 881, 1668, 1841

《장자권재구의莊子鬳齋口義》　1282, 1455

《장자남화진경주소》　213

《장자야사張子野詞》　234

《장자양생론》　1863

《장자어록張子語錄》　176, 319, 1623, 1633, 1644, 1646, 1653

《장자인莊子因》　1090

《장자집해莊子集解》　1090

《장자통莊子通》　1090

《장정산문집莊定山文集》　691

《장정집莊靖集》　1748

《장주현지長洲縣志》　530

《장주현지長州悬志》　649

《장중경오장론張仲景五臟論》　1541

《장중주掌中珠》　472

《장춘경진고長春競辰藁》　712, 728

《장춘진인서유기長春眞人西遊記》

511

《장황지裝潢志》 1092

《장효표시집章孝標詩集》 229

《재상도설栽桑圖說》 521

《재상도栽桑圖》 615, 810

《재생연再生緣》 1096

《재인유제梓人遺制》 522

《저등록著燈錄》 489

《저보邸報》 1158, 1364

《저작왕선생집著作王先生集》 242

《저재수필樗齋隨筆》 707, 714,
732, 753

《저주지滁州志》 1451

《저초휘편邸鈔彙編》 1158

《적도남북양총성도赤道南北兩總
星圖》 1002

《적벽부》 709, 742, 870

《적사장磧砂藏》 277, 380, 530,
537, 562, 1479, 1482, 1615,
1621, 1676, 1711, 1715

《적석대장》 1485

《적성지赤城志》 207

《적송산지赤松山志》 209

《적씨종보霍氏宗譜》 1343, 1385

《적정록適情錄》 633

《전·후한서》 1699

《전가력田家曆》 675

《전가비보맥중구결병방傳家秘寶脈

證口訣幷方》 269

《전각초소篆刻楚騷》 858

《전각침도篆刻針度》 1092

《전간문집田間文集》 1466

《전거기田居記》 1286

《전계滇系》 945, 1136, 1137

《전고공집錢考功集》 225

《전국책》 13, 137, 194, 509, 650,
689, 691, 772

《전기만록傳奇漫錄》 793, 1566

《전남지滇南志》 688

《전당문全唐文》 64, 945, 1101

《전당시全唐詩》 940, 1101, 1143

《전당위선생집錢塘韋先生集》 233

《전등록傳燈錄》 1657

《전등신화剪燈新話》 793, 865

《전등여화剪燈餘話》 793

《전략滇略》 688

《전명충의별전前明忠義別傳》 1448

《전문육경篆文六經》 857

《전방비조全芳備組》 260

《전법정종기傳法正宗紀》 1513

《전보篆譜》 1513

《전보신편電報新編》 946

《전사사前四史》 943, 945

《전상고삼대진한삼국육조문全上
古三代秦漢三國六朝文》 1101

《전상담화기全像曇花記》 647

《전상무왕벌주평화全相武王伐紂
　平話》　　　549

《전상석랑부마전全相石郎駙馬傳》
　　　　　844

《전상속전한서평화全相續前漢書
　平話》　　　549

《전상손방투지연의全相孫龐鬥智
　演義》　　　851

《전상열국지전全像列國志傳》　869

《전상우랑직녀전全像牛郎織女傳》
　　　　　674

《전상충의수호지전평림全像忠義水
　滸志傳評林》　670, 867, 869

《전상효경직해全相孝經直解》　504

《전서논어篆書論語》　　1442

《전습록傳習錄》　684, 687, 785

《전신지錢神志》　　1423, 1458

《전씨삼세오왕집錢氏三世五王集》
　　　　　1447

《전씨소아방錢氏小兒方》　　271

《전유심감全幼心鑒》　　868

《전음광[병등]연보錢飲光(秉鐙)
　年譜》　　　1448

《전자편어수검篆字便於搜檢》　714

《전적편람典籍便覽》　　1506

《전존훈 선생 80세 생일
　축수논문집》　　1861

《전주도연명집箋注陶淵明集》　222,
　　　　　514

《전중문집錢仲文集》　　225

《전진몽영록前塵夢影錄》　544, 1752

《전체신론全體新論》　　1114

《전태사평주이어린당시선옥錢太
　史評注李於鱗唐詩選玉》　672

《전한서》　　135, 150, 330

《전한지전》　　671

《전후한서보주前後漢書補注》　944

《절강관서국서목浙江官書局書目》
　　　　　1753

《절강통지浙江通志》　642, 678,
　782, 944

《절계기折桂記》　　622

《절동진해득승전도浙東鎮海得勝
　全圖》　　　979

《절매전折梅箋》　　798

《절사節事》　　437

《절운》　　109, 479, 480

《절운지장도切韻指掌圖》　155, 159,
　191, 1616, 1624, 1625, 1635,
　1663, 1666, 1680

《절효집節孝集》　　234

《점석재화보》　　1070

《정가당문고송원판도록해제편靜
　嘉堂文庫宋元版圖錄解題篇》　1622,
　1692

《정가당靜嘉堂문고송원판도록》

1621

《정강현지靖江縣志》　　　1450

《정관옥경통貞觀玉鏡統》　470, 472

《정관요문貞觀要文》　　471, 473

《정관정요貞觀政要》　　196, 404,
　419, 428, 434, 457, 458, 471,
　540, 541, 614, 628, 728, 743,
　772, 1556, 1561, 1716

《정관정요정본貞觀政要定本》　419

《정교진전正教眞詮》　1125, 1728

《정국지定國志》　　　　　1096

《정군예문지汀郡藝文誌》　　1871

《정기精騎》　　　　　　　158

《정기丁記》　　　　　　　207

《정단간공주의鄭端簡公奏議》　776

《정덕현지旌德縣志》　511, 1271,
　1423, 1431, 1715

《정도장》　　　　　　　832

《정림문집亭林文集》　　　1093

《정림유서亭林遺書》　　　1107

《정면기문征緬紀聞》　　　1086

《정묘시집丁卯詩集》　　　515

《정묘집丁卯集》　　　　　229

《정부주의政府奏議》　　　201

《정사程史》　316, 401, 1658, 1676

《정사동봉록丁巳同封錄》　　713

《정상서경진우공론程尚書經進禹
　貢論》　　　　　　　182

《정상서경진우공론도程尚書經進禹
　貢論圖》　　　　　　1649

《정서십약訂書十約》　　　894

《정선백일방精選百一方》　410

《정소남문집鄭所南文集》　516

《정수선생문집靜修先生文集》　516

《정수선생집靜修先生集》　709, 730

《정수우문집鄭守愚文集》　230

《정수집靜修集》　　　　　499

《정신진의무수증자재보권正信陳疑
　無修證自在寶卷》　　　795

《정심계관발진언淨心誡觀發眞言》
　　　　　　　　　　143

《정심서원집正心書院集》　726

《정심시집正心詩集》　712, 725

《정씨가규鄭氏家規》　　　680

《정씨서목鄭氏書目》　　　359

《정씨여효경鄭氏女孝經》　728

《정씨이범집程氏貽範集》　1509

《정안현속지靖安縣續志》　1452

《정안현지靖安縣志》　　　1452

《정암유집靜庵遺集》　　　1468

《정왕퇴사록鄭王退思錄》　709, 741

《정자程子》　　　　　　　166

《정자통正字通》　　　　　79

《정재집定齋集》　　　　　246

《정전동판사서체주精鐫銅板四書
　體注》　　　　　　　949

《정전합각삼국수호전전精鐫合刻三
國水滸全傳》　869

《정절선생시집靖節先生詩集》　222

《정정강감이십일사통속연의精訂
綱鑒二十一史通俗衍義》1328, 1471

《정지鄭志》　1442

《정책회요程策會要》　749

《정천지旌川志》　207

《정충록精忠錄》　642

《정토종요淨土宗要》　1559

《정통도장正統道藏》　892, 1723

《정통도장正統道藏·궁관비지宮觀
碑志》　1749

《정통실록正統實錄》　1749

《정통임융록正統臨戎錄》　774

《정파주첩통속연의征播奏捷通俗
演義》　870

《정판교집鄭板橋集》　1486, 1519

《정학년시집丁鶴年詩集》　705

《정해기靖海紀》　1445

《정화경사증류비용본초政和經史證
類備用本草》　126

《정화만수도장政和萬壽道藏》　175,
283, 454, 1705

《정화본초政和本草》　274

《정화중수칙령격식》　218

《정화항해도鄭和航海圖》　812

《제가명방諸家名方》　270

《제간자채생시題刊字蔡生詩》　1485

《제갈공명심서諸葛孔明心書》　751,
785, 1307, 1456, 1725

《제갈무후병법심요諸葛武侯兵法
心要》　1386

《제갈무후비연금서諸葛武侯秘演
禽書》　668

《제감도설帝鑒圖說》　623, 634,
891, 1506

《제공전濟公傳》　930, 1471

《제당보提塘報》　1158

《제동야어齊東野語》　1747

《제리명대인문략帝里明代人文略》
1148, 1366, 1411, 1413, 1414,
1448

《제무영전취진판십운시題武英殿聚
珍版十韻詩》　1349

《제문制文》　1562

《제민요술齊民要術》　259, 262,
390, 520, 521, 684, 692, 809

《제번지諸蕃志》　205

《제범帝范》　540, 541, 650

《제병양의除病良醫》　1114, 1134

《제병원후론諸病源候論》　266

《제불보살묘상명호경주諸佛菩薩妙
相名號經咒》　841

《제불세존여래보살존자명칭가곡
諸佛世尊如來菩薩尊者名稱歌曲》　892

《제사정어諸史精語》　166

《제사제요諸史提要》　301

《제사직장諸司職掌》　611, 628, 689, 693, 804, 806

《제생발췌방濟生拔萃方》　524

《제생산보방濟生產寶方》　623

《제서》　802

《제서아의制書雅意》　896

《제승齊乘》　511

《제신주의諸臣奏議》　1447

《제왕경세도보帝王經世圖譜》　205, 1638, 1682, 1683

《제요령위서계집題姚令威西溪集》　241

《제유강의諸儒講義》　748

《제유명도諸儒鳴道》　1491, 1635, 1669, 1678

《제유명도집諸儒鳴道集》　298

《제유비점고문집성諸儒批點古文集成》　298

《제의制義》　801

《제이국諸夷圖》　687

《제인입효濟人立效》　1457

《제일재자서삼국연의第一才子書三國演義》　979

《제전대학諸篆大學》　714

《제전전전濟顚全傳》　930

《제전중용諸篆中庸》　714

《제주사건題奏事件》　964, 966, 1731

《제주전고題奏全稿》　964

《제주전록題奏全錄》　963, 964, 1730

《제증녹존題贈錄存》　734

《제학帝學》　1243, 1244, 1272

《조경이정도朝京里程圖》　151, 152

《조고표장기요詔誥表章機要》　693

《조대가여교曹大家女敎》　706, 728

《조래집徂徠集》　160, 232

《조련군사례操練軍士例》　786

《조례편람》　690

《조론肇論》　730

《조문숙공문집趙文肅公文集》　1412, 1465

《조문정공시집曹文貞公詩集》　517

《조법操法》　786

《조상루판인도법照相樓版印圖法》　1077

《조서개새반행론詔書蓋璽頒行論》　987

《조선역대사략朝鮮歷代史略》　1541

《조선인쇄》　1546

《조선재기비편朝鮮載記備編》　1085

《조선주조금속활자년표朝鮮鑄造金屬活字年表》　1546

《조선지朝鮮志》　780

《조설潮說》 136, 259

《조성장趙城藏》 458, 461, 1496,
1502, 1706

《조씨고아기》 621

《조씨독서지晁氏讀書志》 360

《조씨묵경晁氏墨經》 1748

《조씨묵림曹氏墨林》 1111

《조씨보문당서목晁氏寶文堂書目》
1445

《조씨삼집趙氏三集》 1473

《조씨전방집曹氏傳芳集》 1473

《조야신성태평악부朝野新聲太平
樂府》 518, 1286, 1404, 1408,
1472

《조야잡기朝野雜記》 140

《조양왕집棗陽王集》 709

《조양현지》 686

《조업전曹鄴傳》 687

《조영집祖英集》 1483, 1501

《조옥집琱玉集》 1472

《조자건집曹子建集》 222, 1284,
1461

《조자앙시집趙子昂詩集》 498, 516

《조정광기祖庭廣記》 202, 434, 510

《조주기구집潮州耆舊集》 931

《조집曹集》 1305

《조청헌공문집趙淸獻公文集》 159,
233, 1615, 1636, 1638, 1672

《조충간집趙忠簡集》 183

《조태강공주의釣臺江公奏議》 201

《조태집釣臺集·속집·별집》 161

《조판원류고》 1874

《조하지漕河志》 680

《조한왕주의趙韓王奏議》 201

《조한천집曹漢泉集》 543

《조활자인서법造活字印書法》 1276,
1359

《조훈록祖訓錄》 803

《존생팔전遵生八箋》 44

《존아당유고存雅堂遺稿》 1464

《존오춘재시초存吾春齋詩鈔》 1469

《존주요지尊朱要旨》 1091

《존파수밀보살소집론尊婆須蜜菩薩
所集論》 1488

《졸제문집拙齋文集》 243

《졸헌집拙軒集》 1464

《종경록宗鏡錄》 102, 399, 1489,
1501, 1513, 1615, 1628, 1629,
1630, 1662, 1667

《종고수계일선천회혁통현보從姑
修禊一線天會弈通玄譜》 745

《종과소種果疏》 810

《종도도문宗徒禱文》 836

《종련세고種蓮歲稿》 731

《종백경선생수평사부령사鍾伯敬先
生殊評詞府靈蛇》 625

《종번사례宗藩事例》 805

《종번요례宗藩要例》 805

《종번훈전宗藩訓典》 709, 742

《종보의 연구[宗譜の研究]・자료 편》 1756

《종상설種桑說》 1109

《종소소種蔬疏》 810

《종수서種樹書》 810

《종약소種藥疏》 810

《종우법種芋法》 810

《종정관지鍾鼎款識》 209

《좌수류찬左粹類纂》 1301

《좌씨적기左氏摘奇》 120

《좌씨전》 37

《좌은선생집坐隱先生集》 661, 842

《좌은원희묵坐隱園戲墨》 661, 842

《좌은일백이십영坐隱一百二十詠》 661

《좌전左傳》 473, 684, 693, 728, 741

《좌전사위左傳事緯》 1441

《좌전정의左傳正義》 155, 188

《좌해문집左海文集》 1752

《주경당집籀經堂集》 1469

《주경여시집朱慶餘詩集》 229, 306, 317

《주경酒經》 262, 812, 1649, 1654, 1673

《주교창려집朱校昌黎集》 1670

《주국세계표周國世系表》 703

《주군지州郡志》 203

《주권朱卷》 1524

《주당시고취注唐詩鼓吹》 519

《주동파선생시注東坡先生詩》 237, 1650, 1658, 1663, 1665

《주례周禮》 108, 153, 329, 758, 1628

《주례신의》 135

《주례정주周禮鄭注》 158, 298

《주례주周禮注》 1645

《주매신전朱買臣傳》 1562

《주문공교창려선생집朱文公校昌黎先生集》 226, 515, 563, 1645, 1683

《주문공교창려집》 1670

《주문공논맹혹문朱文公論孟或問》 183

《주문공대전집》 515

《주문공등과록朱文公登科錄》 678

《주문공정정문인채구봉서집전朱文公訂正門人蔡九峰書集傳》 169, 1655

《주문공한문고이朱文公韓文考異》 176

《주문충대전집周文忠大全集》 244, 1248

《주비무비전서硃批武備全書》 759

《주비산경周髀算經》 256, 1432

《주비유지硃批諭旨》 1083, 1410

《주서周書》 1641, 1650, 1654,
1658, 1659, 1673, 1675

《주서구해周書句解》 883

《주석교정화영사서註釋校正華英
四書》 1138

《주석락승문초평림註釋駱丞文抄
評林》 682

《주소서注素書》 702

《주승周乘》 703

《주역周易》 290, 409, 499

《주역계사술周易系辭述》 503

《주역고점법周易古占法》 888

《주역국음결周易國音訣》 1565

《주역복서단周易卜筮斷》 470, 471,
477

《주역본의계몽익전周易本義啟蒙
翼傳》 503

《주역본의周易本義》 384, 1634,
1646, 1647, 1682

《주역본의집성周易本義集成》 503

《주역상통周易象通》 734

《주역설략周易說略》 1323, 1325,
1439, 1729

《주역왕주周易王注》 302

《주역왕필주周易王弼注》 1484,

1618, 1650, 1659, 1676, 1683

《주역요씨학周易姚氏學》 1439

《주역요의周易要義》 1644, 1652,
1664, 1679

《주역의해촬요周易義海撮要》 159

《주역전의대전周易傳義大全》 867,
876

《주역절중周易折中》 1079, 1360,
1439

《주역정의》 1673

《주역주소周易注疏》 1617, 1646,
1654, 1656, 1662, 1675

《주역준술周易遵述》 1439

《주역집문周易輯聞》 723

《주역집설周易集說》 503

《주역집해周易集解》 723

《주역참동계周易參同契》 453, 732,
741

《주역참동계간요석의周易參同契簡
要釋義》 453

《주역참동계주해周易參同契注解》
709, 739

《주원공연보周元公年譜》 203

《주음압이람注吟押易覽》 721

《주의奏議》 888

《주익공서고周益公書稿》 244,
1634, 1670

《주익문충공서고周益文忠公書稿》

244

《주익문충공집周益文忠公集》 244,
　1634-1636, 1638, 1640, 1670,
　1682, 1683, 1690

《주익문충집周益文忠集》　　1248

《주인전疇人傳》　　1083

《주자강목》　　628

《주자대전집朱子大全集》　　1748

《주자독서법朱子讀書法》　　157

《주자만년정고朱子晚年定稿》　　748

《주자문집朱子文集》　　1618

《주자시집전朱子詩集傳》　　1625

《주자어류》　　212

《주자전서朱子全書》　　1091

《주장군전周將軍傳》　　678

《주정서상硃訂西廂》　　755

《주정왕周定王・헌왕연표憲王
　年表》　　703

《주종양집朱宗良集》　　712, 734

《주중각십삼경이십일사의차자奏
　重刻十三經二十一史事宜劄子》　1415

《주중자시집朱仲子詩集》　　742

《주찰고륜일기駐紮庫倫日記》　1754

《주총별록珠叢別錄》　　1105

《주하시집周賀詩集》　　230

《주해도편籌海圖編》　　642

《주현제강州縣提綱》　　1561

《주후방肘後方》　　410, 442, 1541

《주후신구肘後神》　　706

《주희어략》　　212

《죽간재이십사사竹簡齋二十四史》
　　　1068

《죽보竹譜》　　786

《죽서기년竹書紀年》　　11

《죽엽정잡기竹葉亭雜記》　　1359

《죽우집竹友集》　　240

《죽은기사집竹隱畸士集》　　240

《준생팔전遵生八箋》　　1750

《준의군도경遵義軍圖經》　　208

《중각고선군신도감重刻古先君臣
　圖鑒》　　745

《중각송제군주의重刻宋諸軍奏議》
　　　169

《중각장각로경연사서직해重刻張閣
　老經筵四書直解》　　678

《중간경사증류대전본초重刊經史證
　類大全本草》　　749

《중간구황활민보유서重刊救荒活民
　補遺書》　　693

《중간증광분문류림잡설重刊增廣分
　門類林雜說》　　437

《중감록中鑒錄》　　751

《중경일보重慶日報》　　1169

《중교기서작인집자重校幾書作印
　集字》　　1036, 1037

《중교위료옹학산선생대전집重校

魏了翁鶴山先生大全集》　1464

《중교정도해지리신서重校正圖解地
　理新書》　436

《중교중활인서重校證活人書》 1630,
　1642, 1644, 1660, 1663, 1674,
　1675

《중교첨주류문重校添注柳文》　227

《중교학산선생대전문집重校鶴山先
　生大全文集》　169, 247

《중교활인서重校活人書》　276

《중국》　959, 1016

《중국고대과학가》　1754, 1866

《중국고대과학기술의 성취》　16

《중국고대서사中國古代書史》　1755

《중국고대장서藏書와 근대도서관
　사료》　1755

《중국고방지고中國古方志考》　208,
　1755

《중국고적판본학개론》　1755

《중국과학기술사고中國科學技術
　史稿》　1754

《중국당대사회과학가中國當代社會
　科學家》　1862

《중국동남아연구회통신》　1860,
　1862

《중국목판원류고[中國雕板源流考]》
　1754

《중국문고中國文庫》　959, 1015,

1017, 1022, 1027, 1029, 1031,
　1034, 1129, 1159

《중국법제사연구中國法制史研究》
　1756

《중국-베트남 관계사[中越關系史]》
　1858

《중국변강서목中國邊疆書目》　1847

《중국보학사中國報學史》　1163,
　1753

《중국사》　932

《중국사천년사》　39

《중국서사간편中國書史簡編》　1754

《중국선본서제요中國善本書提要》
　1226, 1755

《중국속곡총목고中國俗曲總目稿》
　1098

《중국속곡총목中國俗曲總目》　1755

《중국속문학사中國俗文學史》　1753

《중국에 온 신교 선교사의 저서
　목록》　1033

《중국역대연보총록中國歷代年譜
　總錄》　1755

《중국역사소총서中國歷史小叢書》
　1878

《중국연화발전사략中國年畫發展
　史略》　1754

《중국의 교회인쇄소》　1029

《중국의 현상과 전망》　1024

《중국의약서목中國醫藥書目》 1851
《중국이슬람교 사략史略》 1753
《중국인쇄》 1864, 1884
《중국인쇄발전사》 1754
《중국인쇄사中國印刷史》 1302,
　1620, 1622, 1847, 1850, 1857,
　1858, 1868, 1878, 1879, 1881,
　1882, 1884, 1885
《중국인쇄사논총中國印刷業論叢》
　　　　　　1882
《중국인쇄사료선집》 1759
《중국인쇄술기원中國印刷術起源》
　　　　　1754, 1850
《중국인쇄술의 발명과 그 영향》
　17, 1226, 1302, 1515, 1756,
　1849, 1877, 1878, 1880
《중국인쇄술의 발명과 서양
　유입》 1847, 1878
《중국조판원류고中國雕板源流考》
　49, 81, 1845, 1868, 1873
《중국종이와 인쇄문화사》 1759
《중국지도사강의中國地圖史講義》
　　　　　　1753
《중국지방지연합목록中國地方志聯
　合目錄》 1855
《중국지中國志》 1592
《중국총서종록中國叢書綜錄》 1103
《중국통사中國通史》 955, 1753

《중국통사강요中國通史綱要》 1753
《중국통속소설서목》 1755
《중국판각도록中國版刻圖錄》 1310,
　1755
《중국판화사략中國板畫史略》 1754
《중국평론》 961
《중국활자인쇄사》 1759
《중국회화사中國繪畫史》 1753
《중산관제고中山官制考》 1571
《중산시휘집中山詩彙集》 1570
《중산전신록中山傳信錄》 1086
《중서교통사료휘편中西交通史料
　彙編》 1754
《중서기사中西紀事》 1446
《중서산학대성中西算學大成》 1071
《중서산학사종中西算學四種》 1107
《중서오경中書五經》 187, 292
《중서통서中西通書》 1074
《중설中說》 212, 513
《중설고中說考》 691
《중수건양여씨신보重修建陽余氏
　新譜》 1751
《중수규천황씨종보重修虬川黃氏
　宗譜》 1751
《중수금천지重修琴川志》 511
《중수대명회전重修大明會典》 805
《중수보응현지변重修寶應縣志辨》
　　　　　　1450

《중수상고현지重修上高縣志》 1452

《중수영산현지重修英山縣志》 1453

《중수정화경사증류비용본초重修
政和經史證類備用本草》 491, 525,
711, 725, 728

《중수정화증류본초重修正和證類
本草》 491

《중수태안현지重修泰安縣志》 1754

《중승마선생집中丞馬先生集》 741

《중신점교부음증주몽구重新點校附
音增注蒙求》 1501

《중아함경中阿含經》 416

《중암선생유문간공문집中庵先生劉
文簡公文集》 517

《중양교화집重陽教化集》 1748

《중양전진집重陽全眞集》 452

《중영합벽자전中英合璧字典》 1166

《중오기문中吳紀聞》 1449

《중외신보中外新報》 1163, 1166

《중용中庸》 629

《중용읍략中庸揖略》 1625

《중용정주이동설中庸鄭朱異同說》 1442

《중용집략中庸輯略》 183, 1629,
1650, 1664, 1682

《중월관계사논문집中越關系史論
文集》 1858

《중월약성합편中越藥性合編》 1564

《중음경中陰經》 1502

《중주명현문표中州名賢文表》 1263

《중주문헌지中州文獻志》 703

《중주악부中州樂府》 491, 518

《중주인물지中州人物志》 703, 706,
723

《중주집中州集》 438, 439, 440,
519, 748

《중증부록전등신화重增附錄剪燈
新話》 793

《중증석의대명률重增釋義大明律》 806

《중천선생집中川先生集》 723

《중첨교서촉본서림사류운회重添
校西蜀本書林事類韻會》 170

《중편개병오음편重編改並五音篇》 433

《중편광운重編廣韻》 745

《중편보첨분문자원촬요重篇補添分
門字苑撮要》 433

《중편상비쇄금重編詳備碎金》 150

《중편서호임화정선생시집重編西湖
林和靖先生詩集》 231

《중편송갈장경백옥섬문집重編宋葛
長庚白玉蟾文集》 733

《중편초사重編楚辭》 222

《중학월사촬요교과中學越史撮要
教科》 1568

《중학重學》　　　1076, 1112

《중한조약中韓條約》　　946

《중화대제국지中華大帝國志》 1593,
　1595

《중화제국고금공업中華帝國古今
　工業》　　　813

《중화제국지리역사전지中華帝國地
　理歷史全志》　　955

《중흥관각서목中興館閣書目》 143,
　356

《중흥관각속서목中興館閣續書目》
　356

《중흥등과소록中興登科小錄》 203

《중흥백관제명中興百官題名》 143

《중흥소기中興小紀》　200, 345

《중흥양조편년中興兩朝編年》 200

《중흥양조편년강목中興兩朝編年
　綱目》　　　1746

《증간교정왕장원집주분류동파선
　생시增刊校正王狀元集注分類東坡先
　生詩》　　　236

《증간자장생서贈刊字張生序》 1500

《증광분문유림잡설增廣分門類林
　雜說》　430, 459, 473

《증광사류씨족대전增廣事類氏族
　大全》　　　546

《증광시고취속편增廣唐詩鼓吹續編》
　732

《증광전주간재시집增廣箋注簡齋
　詩集》　　　515

《증광주석음변당유선생집增廣注釋
　音辨唐柳先生集》　　227

《증광태평혜민화제국방增廣太平惠
　民和劑局方》　　523

《증국번전집曾國藩全集》　944

《증기집增奇集》　　736

《증남풍문수曾南豐文粹》　234

《증류본초證類本草》　274, 690

《증명경證明經》　　340

《증명찬證明贊》　　340

《증보문헌비고增補文獻備考》 1541

《증수감천현지增修甘泉縣志》 1450

《증수동래선생우공도설增修東萊先
　生禹貢圖說》　　205

《증수비아增修埤雅 · 광아廣雅》 727

《증수시화총귀增修詩話總龜》 709,
　742

《증수의흥현구지增修宜興縣舊志》
　1450

《증수호주예부운략增修互注禮部
　韻略》　　　506

《증씨종보曾氏宗譜》　1290

《증일아함경增壹阿含經》 1502

《증자曾子》　　　211

《증절음주자치통감》　508

《증절표목음주정의자치통감增節

標目音注精義資治通鑑》　508

《증절표목음주정의통감增節標目音

　注精義通鑑》　491

《증정한위육조별해增定漢魏六朝

　別解》　808

《증주예부운략增注禮部韻略》　433

《증주주역신응육친백장해저안전

　후집增注周易神應六親百章海底眼前

　後集》　514

《증체산인잡지證諦山人雜志》　1471

《증치준승전서證治准繩全書》　821

《증필생장몽서贈筆生張蒙序》　898

《지가옹집知稼翁集》　243

《지구도설보地球圖說補》　1109

《지구설략地球說略》　1032

《지남광의指南廣義》　1571

《지남차부指南車賦》　1384

《지낭智囊》　877

《지대중수선화박고도至大重修宣和

　博古圖》　511

《지리관견地理管見》　681

《지리대전》　660

《지리도》　649

《지리서》　684

《지리신서地理新書》　338, 428, 430

《지림志林》　236

《지명산법指明算法》　675

《지방지목록地方志目錄》　1846

《지보세계地譜世系》　743

《지부족재총서知不足齋叢書》　1105

《지상선생운산집知常先生雲山集》

　517

《지상필승芷湘筆乘》　1752

《지서至書》　721

《지성기략芝城紀略》　1310

《지아당잡초志雅堂雜鈔》　1517

《지연화상탑명智延和尚塔銘》　1290

《지원법보감동총록至元法寶勘同

　總錄》　560, 893

《지원설地圓說》　1109

《지원신간전상삼분사략至元新刊全

　相三分事略》　518, 544

《지원신격至元新格》　510

《지재문집止齋文集》　176, 245

《지재집止齋集》　515

《지학천설地學淺說》　1112

《지해指海》　1085, 1105

《직례안평현광서14년정수지량은

　량민흠정신책直隸安平縣光緒十四

　年征收地糧銀兩民欠征信冊》　1445

《직례화주지直隸和州志》　1451

《직방외기職方外紀》　648, 817

《직설소서直說素書》　751

《직설통략直說通略》　70, 710, 728,

　731, 738

《직성분군인물고直省分郡人物考》

776

《직재서록해제直齋書錄解題》 205,
361, 1748

《진가경陳嘉庚 선생의 학교
설립기》 1840

《진강지鎭江志》 207, 511

《진덕월간進德月刊》 1866

《진도문답천해眞道問答淺解》 1579

《진도심원眞道尋源》 1128, 1530

《진동포집陳同甫集》 1363, 1464

《진랍풍토기眞臘風土記》 510

《진록陳錄》 236, 256, 264

《진무묘경眞武妙經》 639

《진문충공문장정종眞文忠公文章
正宗》 1548, 1722

《진문충공속문장정종眞文忠公續文
章正宗》 722

《진미공선생비평춘추열국지전陳
眉公先生批評春秋列國志傳》 653

《진미공십종장서陳眉公十種藏書》
808

《진번세덕록秦藩世德錄》 721

《진병육국秦並六國》 548

《진보일보進步日報》 1859

《진사동년서치록進士同年序齒錄》
778

《진사왕집陳思王集》 222, 1461

《진사이력편람進士履歷便覽》 778

《진사잡영晉史雜詠》 1145, 1404

《진서陳書》 1623, 1637, 1639,
1649, 1657, 1659, 1676, 1687

《진서晉書》 196, 507, 682, 1515

《진서교문晉書校文》 1444

《진서잡영晉書雜詠》 1444

《진성주어필개정사서오경眞聖主御
筆改正四書五經》 991

《진수록進修錄》 632

《진승화불상陳昇畫佛像》 1652

《진시황전秦始皇傳》 549

《진신록縉紳錄》 639, 1156

《진신책縉紳冊》 638, 926

《진씨소아두진방론陳氏小兒痘疹
方論》 671

《진씨역설陳氏易說》 1440

《진양명비록晉陽明備錄》 945

《진양사적잡기晉陽事迹雜記》 125

《진양지晉陽志》 435

《진언집盡言集》 201

《진여산선생소저서陳余山先生所
著書》 1469

《진왕비영애록秦王妃榮哀錄》 721

《진우군장군왕부인묘지晉右軍將軍
王夫人墓志》 1528

《진운문징縉雲文徵》 948

《진월루秦月樓》 930

《진은군집秦隱君集》 224

《진전국새秦傳國璽》　　130

《진제방普濟方》　　819

《진주낭珍珠囊》　　631

《진주도경珍州圖經》　　208

《진주탑珍珠塔》　　1095

《진중중문집陳衆仲文集》　　517

《진지재집陳止齋集》　　671

《진체비서津逮秘書》　　807

《진택편震澤編》　　784

《진평세계록鎭平世系錄》　　703, 723

《진한문秦漢文》　　746

《진한와당문자秦漢瓦當文字》　　951

《진한인통秦漢印統》　　660

《진해대자전호진신편람眞楷大字全
號縉紳便覽》　　638

《진회해집秦淮海集》　　671

《진후산시주陳后山詩注》　　731

《진휘편계進彙編啟》　　1380

《짐심지斟鄩志》　　615

《집경지集慶志》　　615

《집고록集古錄》　　210

《집고문운集古文韻》　　1656, 1683

《집고산경緝古算經》　　256

《집록진서산문장정종集錄眞西山文
章正宗》　　1503

《집사集史》　　1716

《집사찬요集史纂要》　　1565

《집성력集聖曆》　　479

《집요방集要方》　　270

《집운集韻》　　1484, 1618, 1630,
1631, 1635, 1636, 1638, 1643,
1647, 1650, 1651, 1659, 1661

《집주동파선생시》　　237

《집주두시集注杜詩》　　1644, 1677

《집주분류동파선생시集注分類東坡
先生詩》　　437

《집천가두공부시집集千家杜工部
詩集》　　788

《집천가주비점두공부시집集千家注
批點杜工部詩集》　　739

《집해集解》　　944

《집험양방集驗良方》　　1113

ㅊ

《차재초고此齋初稿》　　1466

《찬도증각군서류요사림광기纂圖
增刻群書類要事林廣記》　　514

《찬도호주주례纂圖互注周禮》　　1641

《찬언纂言》　　503

《찰기집설札記集說》　　161

《찰세속매월통계전察世俗每月統
計傳》　　1161, 1579

《참동계參同契》　　155

《참료자시집參寥子詩集》　　248,
1642, 1653, 1674

《참서讖書》　　230

《Champa Kingdom 고찰[占城考]》 1859

《창곡집昌谷集》 948

《창국주도지昌國州圖志》 511

《창랑시화滄浪詩話》 254

《창려선생문집昌黎先生文集》 1651, 1654, 1664

《창려선생연구집昌黎先生聯句集》 1501

《창려선생집고이昌黎先生集考異》 226

《창려선생집昌黎先生集》 183, 226, 301, 308, 1615, 1632, 1634, 1639, 1656, 1661, 1670, 1674, 1675, 1682

《창려시주昌黎詩注》 967

《창려집주》 180

《창산시고倉山詩稿》 1562

《창설재고蒼雪齋稿》 754

《창세전創世傳》 991

《창소지론》 533

《창암장서절구厱盫藏書絕句》 385

《창오지蒼梧志》 615

《창진집瘡珍集》 1550

《창해유주집滄海遺珠集》 684

《채보菜譜》 810

《채중랑집蔡中郎集》 222, 1294, 1461

《채지음采芝吟》 706, 712, 735

《책대策對》 686

《책략비람策略備覽》 799

《책부원구册府元龜》 169, 172, 216, 1379, 1380

《책학비찬策學備纂》 1063

《책학집략策學集略》 685

《처주부지》 1308

《척독법언尺牘法言》 683

《척독쌍어尺牘雙魚》 653

《척독청재尺牘清裁》 1505

《척원초고惕園初稿》 1362

《천가성》 672, 673

《천가시千家詩》 302, 772, 931, 1570

《천가주소시千家注蘇詩》 633

《천경당서목千頃堂書目》 605, 696, 770, 773, 779, 781, 788, 819, 1152, 1753

《천계성덕중흥송天啟聖德中興頌》 734

《천계天階》 1126

《천공개물天工開物》 813, 904, 906, 1728

《천금》 267

《천금기》 622

《천금방千金方》 123, 523, 723

《천금방연의千金方衍義》 930

《천금보요千金寶要》 633, 693, 721

《천금요방千金要方》 266

《천금익방千金翼方》 266, 267, 523

《천동평석화상어록天童平石和尚
語錄》 1501

《천로지남天路指南》 1033

《천록임랑天祿琳琅》 1243, 1874

《천록임랑서목天祿琳琅書目》 1753

《천록임랑서목天祿琳琅書目·후편
後編》 1151

《천리도서관희서목록天理圖書館稀
書目錄》 1621

《천리마》 677

《천리요론天理要論》 989

《천명조지天命詔旨》 987

《천문각天文刻》 634, 809

《천문도天文圖》 650

《천문상이부天文祥異賦》 809

《천문서天文書》 809

《천문지天文志》 258, 614, 615

《천문지리도》 688

《천문집략天文輯略》 520

《천민화보天民畫報》 1073

《천방삼자유의天方三字幼義》 1125

《천방성리天方性理》 1125

《천방시경天方詩經》 1125, 1584

《천방전례택요해天方典禮擇要解》
1125

《천방지성실록天方至聖實錄》 1125

《천부상제언제황조天父上帝言題
皇詔》 987

《천부시天父詩》 986

《천부하범조서天父下凡詔書》 987

《천선기川扇記》 1111

《천성년개신정율령天盛年改新定
律令》 470

《천성율령天盛律令》 468

《천연론天演論》 1067, 1091, 1112

《천운소통天運紹統》 733, 735

《천원발미天原發微》 660, 721

《천원옥력상이부天元玉歷詳異賦》
805

《천일각기서天一閣奇書》 680, 807,
1504

《천일각서목天一閣書目》 1755

《천일각장서사지天一閣藏書史志》
1863

《천일각집》 888

《천자문千字文》 192, 302, 540,
614, 629, 772, 987

《천자문연의千字文演義》 935

《천자문체千字文體》 631

《천장휘록天章彙錄》 1447

《천정도리서天情道理書》 991

《천조서天條書》 989, 991, 1735

《천조전무제도天朝田畝制度》 867,

986

《천조조명天朝詔命》 991

《천주경해天主經解》 692

《천주금련天廚禁臠》 1286

《천주부지泉州府志》 182

《천주성교성인행실天主聖教聖人
行實》 648

《천주성교실록天主聖教實錄》 835

《천주성교약언天主聖教約言》 835

《천주성교인몽요람天主聖教引蒙
要覽》 1126

《천주실의天主實義》 835, 1130

《천주십계명》 835

《천주현지天柱縣志》 1453

《천중기天中記》 787

《천지설당휘고天地雪堂彙稿》 740

《천지泉志》 210, 220

《천축영첨天竺靈簽》 645

《천태산지天臺山志》 784

《천하군국이병서天下郡國利病書》
1067, 1084, 1361, 1413, 1422

《천하군현도天下郡縣圖》 205

《천하금석지天下金石志》 784

《천하난자天下難字》 672, 673

《천하대도天下大圖》 12

《천학실록天學實錄》 1726

《천학실의天學實義》 639, 683, 835

《천학초함天學初函》 836

《철강산호鐵網珊瑚》 786

《철경록輟耕錄》 679, 1748

《철금동검장서목록鐵琴銅劍藏書
目錄》 302

《철당시초鐵堂詩草》 948

《철애문집鐵崖文集》 748

《철연산방고鐵研山房稿》 1467

《철장문집鐵莊文集·시집》 1467

《철학자의 정원》 1583

《첨맹거천문첩詹孟舉千文帖》 729

《첨산장씨종보瞻山張氏宗譜》 1370

《청강삼공집清江三孔集 234

《청강선생집清江先生集》 726

《청궁사속편清宮史續編》 1375

《청녕집清寧集》 405

《청대문자옥당清代文字獄檔》 1751

《청대학술개론清代學術概論》 1753

《청량답순종심요법문清凉答順宗心
要法門》 1548, 1715

《청량산잡집清凉山雜集》 1132

《청량산지清凉山志》 1751

《청량소清凉疏》 1539, 1704

《청량전清凉傳》 443

《청룡장清龍藏》 1116, 1179

《청류현지清流縣志》 1453

《청림서화》 1247

《청매青梅》 660

《청문계몽清文啟蒙》 1130

《청사고清史稿》　　　　　1753

《청사고清史稿 · 예문지藝文志》
　　1079, 1093, 1112, 1380

《청산집青山集》　　　239, 1677

《청삼통淸三通》　　　　　1082

《청상기青箱記》　　　　　373

《청실록淸實錄》　　　　　1082

《청암선생중화집清庵先生中和集》
　　　　　　　　　　　739

《청양현지青陽縣志》　　　1451

《청용거사집清容居士集》　517, 543

《청운부青雲賦》　　　　　631

《청의보淸議報》　　　　　1168

《청재당화화훼영모青在堂畫花卉
　翎毛》　　　　　　　　1180

《청주부지青州府志》　　　1749

《청진교고淸眞教考》　　　1126

《청진사清眞詞》　　　　　249

《청진석의淸眞釋疑》　　　1125

《청진선생문집清眞先生文集》　240

《청진시여清眞詩餘》　　　249

《청진지남淸眞指南》　　　1125

《청진집清眞集》　　　　　157

《청초사선清初詞選》　　　930

《청파잡지淸波雜志》　1634, 1638,
　1670, 1682, 1683, 1747

《청하서화방清河書畫舫》　787

《청하현지淸河縣志》　　　1399

《체상서體尚書》　　　　　805

《체인휘편體仁彙編》　　　687

《체주體注》　　　　　　　949

《초결백운가草訣百韻歌》　747

《초계어은총화苕溪漁隱叢話》　155

《초남포[초원회]연보焦南浦(焦袁
　熹)年譜》　　　　　　1448

《초당시여草堂詩餘》　　502, 518,
　970, 758

《초당여의草堂餘意》　　　661

《초당유영시草堂遊詠詩》　685

《초목자草木子》　　　　　686

《초보楚報》　　　　　　　1169

《초보산지招寶山志》　　　1452

《초사楚辭》　221, 222, 609, 631,
　649, 659, 679, 758, 787

《초사장구》　　　　645, 1504

《초사집주楚辭集注》　221, 514,
　709, 743, 1506, 1626, 1634,
　1674

《초사집해楚辭集解》　625, 874, 877

《초상사의招商事宜》　　　642

《초서운회草書韻會》　　　433

《초서집운草書集韻》　　714, 857

《초서천가시草書千家詩》　857

《초소왕소자하선楚昭王疏者下船》
　　　　　　　　　　　488

《초소왕행실楚昭王行實》　725

《초씨역림焦氏易林》 738

《초씨유림焦氏類林》 881

《초씨필승焦氏筆乘》 1750

《초요지관집招搖池館集》 1285,
1465

《초우세방》 321

《초우세필용방初虞世必用方》 269,
1854

《초우유서楚愚類書》 677

《초운변체草韻辨體》 747

《초운시집樵雲詩集》 712

《초편初編》 1343

《초평염비방략剿平捻匪方略》 1082

《초평월비방략剿平粵匪方略》 1082

《초학기初學記》 94, 95, 105, 119,
132, 133, 158, 215, 479, 480,
678, 679, 710, 715, 719, 722,
738, 787, 1300, 1301, 1459,
1696

《초학승척初學繩尺》 673

《초학집初學集》 1093, 1543

《초호로醋葫蘆》 851

《초화보草花譜》 714, 811

《촉감蜀鑒》 706, 727

《촉대자본한서蜀大字本漢書》 1615

《촉본구경》 104

《촉본초蜀本草》 94

《촉소자체본사기蜀小字體本史記》

292

《촉왕초서집운蜀王草書集韻》 727

《촉전보蜀箋譜》 395, 1749

《촉중광기蜀中廣記》 1750

《촉직보促織譜》 714, 811

《촉한본말蜀漢本末》 509, 706, 727

《총계모시집해叢桂毛詩集解》 353

《총서》 1399

《총필헌유고叢筆軒遺稿》 1470

《최신양잠학最新養蠶學》 947, 1109

《추경도秋景圖》 993

《추당소선생문집秋堂邵先生文集》
516

《추력년첨례법推曆年瞻禮法》 836

《추수당쌍취원전기秋水堂雙翠園
傳奇》 1140, 1528

《추애선생소고秋崖先生小稿》 248

《추애소고秋崖小稿》 1145, 1404,
1412, 1464

《추애시사고秋涯詩詞稿》 1150

《추애집秋崖集》 1464

《추윤선생대전문집秋潤先生大全
文集》 516, 1748

《추훼서목抽毁書目》 1152

《축국논보蹴鞠論譜》 714

《축수편년祝壽編年》 647

《축천대찬집해祝天大贊集解》 1125

《춘계고록春季考錄》 632

《춘곡소초春谷小草》 1752

《춘재당수필春在堂隨筆》 551

《춘저기문春渚紀聞》 354

《춘추春秋》 198, 199, 405, 457,
499, 503, 702, 736, 770

《춘추가감春秋加減》 386

《춘추경전春秋經傳》 1637, 1681

《춘추경전집해春秋經傳集解》 180,
499, 1628, 1635, 1637, 1643-
1645, 1648-1650, 1656, 1658,
1662, 1665, 1666, 1669, 1670,
1672, 1673, 1676, 1677, 1684

《춘추공양春秋公羊》 1676

《춘추공양경전해고春秋公羊經傳
解詁》 178, 307, 317, 1630,
1642, 1645, 1647, 1650, 1651,
1660, 1661, 1666, 1676, 1683

《춘추공양소春秋公羊疏》 1652,
1653, 1656, 1661, 1662

《춘추국화春秋國華》 1284, 1287,
1425, 1441

《춘추금쇄시春秋金鎖匙》 504, 669

《춘추번로春秋繁露》 1279, 1300,
1442, 1629, 1634, 1670, 1674

《춘추본례春秋本例》 317

《춘추사설春秋師說》 504

《춘추속사春秋屬辭》 503

《춘추열국제신전春秋列國諸臣傳》
201

《춘추열국지전春秋列國志傳》 32

《춘추전례春秋傳例》 502

《춘추좌씨전春秋左氏傳》 432

《춘추좌전春秋左傳》 755

《춘추좌전유해春秋左傳類解》 722,
743

《춘추좌전정의春秋左傳正義》 1624,
1627, 1630, 1639, 1647, 1651,
1659

《춘추집전春秋集傳》 504

《춘추집전혹문春秋集傳或問》 183

《춘추찬례春秋纂例》 430, 433, 461

《춘추측의春秋測義》 1442

《춘추호씨전찬소春秋胡氏傳纂疏》
504

《춘추후어春秋後語》 479

《춘희椿姬》 1102

《출사복건기出使福建記》 1592

《출상관판대자서유기出像官板大字
西遊記》 622, 792

《출상금심기出像琴心記》 621

《출상당시出相唐詩》 674

《출상채회본초出相彩繪本草》 274

《출행보감出行寶鑒》 693

《충간선생문선忠簡先生文選》 242

《충간집忠簡集》 240

《충경忠經》 540, 714, 728, 745,

837

《충계자독보대라천沖溪子獨步大
羅天》   737

《충렬협의전忠烈俠義傳》   1471

《충목집忠穆集》   143, 241

《충무록忠武錄》   739

《충문왕기사실록忠文王紀事實錄》
                          202, 1675

《충민공유문忠敏公遺文》   1466

《충왕회의집략忠王會議輯略》   991

《충의수호전忠義水滸傳》 636, 791,
1097

《충의수호전서忠義水滸全書》   791

《충정덕문집忠正德文集》   241

《충천지蟲天志》   811

《충허沖虛》   213

《충허지덕진경沖虛至德眞經》   213

《충회蟲薈》   1110

《췌보萃報》   1072

《취리유서檇李遺書》   1106

《취정록就正錄》   785

《취진판총서聚珍版叢書》 944, 945,
1353

《측량법의測量法義》   816

《측원해경통석測圓海鏡通釋》   948

《치가격언治家格言》   1562

《치당독사관견致堂讀史管見》 1642,
1663, 1679

《치미병방治未病方》   270

《치성광구요도熾盛光九耀圖》   421

《치성진우존고治城眞寓存稿》   1423

《치평보범治平寶範》   1562

《치평승산전서治平勝算全書》   1092

《칙극록則克錄》   817

《칙유감규敕諭監規》   632

《칙유수직도임수지敕諭授職到任
須知》   631

《친정평정삭막방략親征平定朔漠
方略》   1082

《칠경정의》   135, 187

《칠극七克》   1126

《칠록七錄》   1872

《칠록 · 선도록仙道錄》   282

《칠불여래공양의궤경七佛如來供養
儀軌經》   1133

《칠사七史》   123, 172, 194, 196,
614

《칠수류고七修類稿》   1750

《칠시게七時偈》   340

《칠언잡자七言雜字》   772

《칠요이십팔수력七曜二十八宿曆》
                                70

《칠자七子》   708, 719, 744, 785

《칠정력七政曆》   633

《칠지七志》   1872

《칠진연보七眞年譜》   1748

《칠진요훈七眞要訓》 452

《침구경針灸經》 266

《침구대성針灸大成》 623

《침구대전針灸大全》 821

《침구방針灸方》 684

《침구사서針灸四書》 488, 525

《침구상설針灸詳說》 692

《침구자생경鍼灸資生經》 273, 525

《침구잡설針灸雜說》 488

《침구지남針灸指南》 525

《침동요략》 264

《침조재서경문답枕葃齋書經問答》 1440

《침조재춘추문답枕葃齋春秋問答》 1442

《칭기즈칸기》 1716

《칭기즈칸전》 1132

《칭찬대승공덕경稱贊大乘功德經》 413, 416, 1495

ㅋ

《코란경[古蘭經]》 1124, 1585, 1736

《쿠로다쇼닌어록黑谷上人語錄》 1717

ㅌ

《타마격打馬格》 220

《타마도경打馬圖經》 220

《타타르자모達達字母》 837

《탁소재문집托素齋文集》 1467

《탁소재집託素齋集》 1364

《탁씨조림卓氏藻林》 624

《탕두가괄湯頭歌括》 1113

《탕자유서湯子遺書》 1518

《태고유음太古遺音》 699, 735

《태고집太古集》 516

《태극진인잡단약방太極眞人雜丹藥方》 1231

《태백검太白劍》 1472

《태복시지太仆寺志》 775

《태사온국문정공전가집太師溫國文正公傳家集》 233

《태산기사泰山紀事》 784

《태산수지胎産須知》 623

《태상감응편太上感應篇》 642, 840, 1090

《태상노군팔십일화도설太上老君八十一化圖說》 833

《태상노자도덕진경太上老子道德眞經》 891

《태상삼원사복사죄해액연생경고太上三元賜福赦罪解厄延生經誥》 833

《태상지太常志》 775

《태서수법泰西水法》 816

《태소太素》 266

《태악태화산지太岳太和山志》 753, 784

《태원현지太原縣志》 1504

《태의원교정대자상한지장도太醫院校正大字傷寒指掌圖》 866

《태의장자화선생유문사친太醫張子和先生儒門事親》 441

《태자하생경太子下生經》 340

《태조고황제어제문집太祖高皇帝御製文集》 615

《태조남장太祖南藏》 824

《태종북장太宗北藏》 824

《태주총서台州叢書》 1106

《태창제미집太倉稊米集》 243

《태청풍로경太淸風露經》 539

《태평경국서》 691

《태평관제太平官制》 991

《태평광기太平廣記》 250, 930, 1286, 1470

《태평구세가太平救世歌》 992

《태평군목太平軍目》 985, 992

《태평금경책太平金鏡策》 499

《태평부지太平府志》 1451

《태평성혜방太平聖惠方》 268, 275, 317, 321, 1486, 1617, 1619, 1636, 1656, 1657, 1664, 1667

《태평어람太平御覽》 32, 169, 170, 216, 321, 327, 603, 787, 1067, 1312, 1316, 1379, 1380, 1405, 1421, 1423, 1424, 1459, 1481, 1508, 1516, 1556, 1631, 1633, 1640, 1652, 1674

《태평예제太平禮制》 985, 986

《태평조규太平條規》 985

《태평천국太平天國》 1849

《태평천국자료목록太平天國資料目錄》 1756, 1849

《태평천일太平天日》 989

《태평편류太平編類》 216

《태평혜민화제국방太平惠民和劑局方》 268, 671

《태평환우기太平寰宇記》 170, 203, 1449

《태학분문증광성현사실太學分門增廣聖賢事實》 293, 313

《태현경太玄經》 513, 645, 1623, 1639, 1649, 1658, 1665, 1675, 1681

《태현월령경太玄月令經》 725

《태화선생도상찬太和先生圖像贊》 870

《태화오음신개병류취사성편泰和五音新改並類聚四聲篇》 433

《태화율의편泰和律義篇》 430, 436

《태화정운太和正韻》 735

《태화정음보太和正音譜》 485, 702,

733, 734

《택존당오종澤存堂五種》　1103, 1144

《톰 아저씨Uncle Tom》　1102

《통감通鑑》　32, 35, 70, 104, 199, 318, 438, 487, 561, 563, 614, 615, 660, 673, 704, 772, 943, 1500, 1642, 1651, 1678, 1714

《통삼강목通鑑綱目》　141, 508, 614, 672, 740, 772, 1543, 1546, 1561, 1720, 1722

《통감강목전서通鑑綱目全書》　706, 728

《통감기사본말通鑑紀事本末》　161, 199, 294, 300, 614, 772, 944, 1445, 1491, 1625-1633, 1635, 1638, 1639, 1641, 1643, 1647, 1648, 1649, 1650, 1651, 1658, 1660, 1664-1666, 1668, 1671, 1673, 1674, 1677, 1678, 1680-1682, 1688

《통감기사본미촬요通鑑紀事本未撮要》　289

《통감론通鑑論》　1364, 1454

《통감박론通鑑博論》　702, 735

《통감보식오通鑑補識誤》　1144

《통감본말》　1637, 1673

《통감상해通鑑詳解》　434

《통감석문변오通鑑釋文辨誤》　487

《통감속편》　508

《통감외기通鑑外記》　152

《통감유요通鑑類要》　688

《통감전편通鑑前編》　508, 614

《통감절요通鑑節要》　491, 508, 540, 541, 672, 1716

《통감집람通鑑輯覽》　1562

《통감총류通鑑總類》　183, 300, 508, 688, 751, 772, 1484, 1619, 1651

《통감평감通鑑評鑑》　863

《통고通考》　509, 561, 614, 675

《통력通曆》　419

《통산현지通山縣志》　1453

《통서通書》　1313

《통서대전通書大全》　671

《통서류취극택대전通書類聚尅擇大全》　1311, 1457, 1725

《통성현지通城縣志》　1452

《통속시초通俗詩鈔》　1341

《통신론通神論》　681

《통아通雅》　1750

《통원산법通原算法》　809

《통전상절》　508

《통전通典》　126, 195, 334, 508, 509, 614, 704, 748, 749, 883, 1631, 1643, 1650

《통지通志》   32, 197, 508, 509,
   561, 749, 870
《통지당경해通志堂經解》   948,
   1080, 1103
《통지략通志略》   614
《통진자보주왕숙화맥결通眞子補注
   王叔和脈訣》   669
《통현진경通玄眞經》   289
《투할록投轄錄》   326
《티베트 사진》   1757
《티베트 여행 20년》   1757

ㅍ

《파군도경巴郡圖經》   206
《파례라명오려석마신간료씨정교
   편람巴禮羅明敄黎石媽新刊僚氏正教
   便覽》   1576
《파문수창坡門酬唱》   1616, 1626,
   1634, 1636, 1639, 1640, 1644,
   1647, 1667, 1669, 1674, 1675,
   1678
《파사론破邪論》   352
《판교사板橋詞》   1094
《판교집板橋集》   1144
《판본통의板本通義》   1755
《판사判辭》   169
《판서우기販書偶記》   436, 1755
《팔경백문八經白文》   159

《팔기계규八旗戒規》   1133
《팔기만주씨족통보八旗滿洲氏族
   通譜》   1083
《팔기문경八旗文經》   1100
《팔민통지八閩通志》   499, 682
《팔십가당시八十家唐詩》   679, 788
《패문운부佩文韻府》   1063, 1066,
   1093, 1559
《패문재서화보佩文齋書畫譜》   1068,
   1092
《패부통옥牌孚統玉》   763
《패해稗海》   882, 883
《편년통재編年通載》   127, 1628,
   1648, 1675
《편민도찬便民圖纂》   675, 687, 810
《편어수검便於蒐檢》   708
《편해직음篇海直音》   746
《폄요혈위제례론貶妖穴爲罪隸論》
   987
《평강성씨가승고平江盛氏家乘稿》
   1519
《평강적사장平江磧砂藏》   1640,
   1660, 1679
《평교기사平交紀事》   774
《평구지平寇志》   1445
《평문책平文策》   340
《평산냉연平山冷燕》   1149
《평송록平宋錄》   493, 509

2132

《평수신간운략平水新刊韻略》 433

《평요전平妖傳》 792

《평원록平冤錄》 624, 807

《평재문집平齋文集》 247

《평정교남록平定交南錄》 774

《평정남경고사平定南京鼓詞》 1097

《평정삼역방략平定三逆方略》 922, 1082

《평정안남득승도平定安南得勝圖》 1008

《평정양금천전도平定兩金川戰圖》 1008

《평정월비기요平定粵匪紀要》 1446

《평정준가르[准噶爾]방략》 1082

《평주가담萍洲可談》 1747

《평진관총서平津館叢書》 1105

《평창천동각화상송고종용암록評唱天童覺和尚頌古從容庵錄》 489

《평한록平漢錄》 774

《포강현지浦江縣志》 1452

《포경당총서抱經堂叢書》 1105

《포공주의包公奏議》 680

《포도보葡萄譜》 810

《포룡도단백호정전包龍圖斷白虎精傳》 638

《포룡도단오분전包龍圖斷烏盆傳》 638

《포명원집鮑明遠集》 679

《포박자내편抱樸子內篇》 150, 307

《포박자抱樸子》 708, 726

《포성유서浦城遺書》 1106

《포슬음려시문집抱膝吟廬詩文集》 1469

《포씨전국책鮑氏戰國策》 1624, 1643, 1647, 1653, 1654, 1672

《포양거사채공문집蒲陽居士蔡公文集》 295

《포양인물기浦陽人物記》 510

《포정서목布政書目》 694

《포조집鮑照集》 222

《포주국책鮑注國策》 650

《포참군집鮑參軍集》 1286, 1461

《포황고捕煌考》 1561

《포황도捕蝗圖》 440

《포효숙주의包孝肅奏議》 201, 1284

《폭서정사》 1094

《폭서정집曝書亭集》 1093

《폭천집瀑泉集》 1483

《표제보주몽구標題補注蒙求》 679

《표진문집鏢津文集》 1506

《품다요록品茶要錄》 262

《풍간집諷諫集》 418

《풍과집험방風科集驗方》 524

《풍류절창도風流絶暢圖》 761

《풍선현품風宣玄品》 744

《풍속통風俗通》 693

《풍속통의風俗通義》 513

《풍씨금낭비록馮氏錦囊秘錄》 1424,
1457, 1564

《풍씨금낭비록잡증대소합참馮氏
錦囊秘錄雜症大小合參》 1114

《풍씨시기馮氏詩紀》 881

《풍안악집馮安岳集》 233

《풍월자운정風月紫雲庭》 495

《피서녹화避暑錄話》 1747

《피서산장시避暑山莊詩》 995

《필도통회筆道通會》 1457

《필사筆史》 1111

《필산筆算》 1108

《필산수학筆算數學》 1112

《필생화筆生花》 1096

ㅎ

《하간육서河間六書》 660

《하공기구도설河工器具圖說》 1111

《하국세차夏國世次》 477

《하남지河南志》 689

《하남통지河南通志》 689, 703, 782

《하대주간厦大周刊》 1863, 1872

《하동선생집河東先生集》 227, 1656

《하문지廈門志》 948

《하방기河防記》 521

《하방일람河防一覽》 812, 1453

《하방통의河防通議》 440, 521,
615, 1124

《하분연한록河汾燕閑錄》 47

《하분제로시河汾諸老詩》 691

《하분제로시집河汾諸老詩集》 492,
519

《하삭방고기河朔訪古記》 1454

《하서자대장河西字大藏》 478, 1715

《하서자장河西字藏》 562

《하선고보권何仙姑寶卷》 1097

《하선십영河仙十詠》 1563

《하성시집夏城詩集》 732

《하수부집何水部集》 107

《하이관진遐邇貫珍》 1163

《하후양산경夏侯陽算經》 256

《학경鶴經》 811

《학랑謔浪》 622

《학림옥로鶴林玉露》 615, 690,
1246, 1286, 1405, 1458

《학사문집學士文集》 788

《학사시집鶴沙詩集》 1520

《학사學史》 686

《학산선생대전집鶴山先生大全集》
1748

《학산집鶴山集》 164, 247

《학술논단》 1860

《학시모정이동전學詩毛鄭異同箋》
1441

《학원學原》 1859, 1876

2134

《학이기學易記》 503

《학적學的》 632

《학진토원學津討源》 1104

《학해學海》 1292

《학해군옥學海群玉》 865

《학해당경해學海堂經解》 1080

《학해류편學海類編》 1107, 1362, 1411, 1420

《학형學衡》 1875

《한관의漢官儀》 143, 219, 289, 306, 1649, 1659, 1668, 1671, 1680, 1683

《한관의채선漢官儀采選》 219

《한구보》 1169

《한기漢紀》 18, 152, 692

《한단도서지邯鄲圖書志》 359

《한단몽邯鄲夢》 758

《한당비사漢唐秘史》 733, 734

《한당지리서초漢唐地理書鈔》 1107

《한림고문초翰林古文鈔》 726

《한림양중홍시翰林楊仲弘詩》 731

《한만금汗漫唫》 838

《한만몽장법오국문자자휘漢滿蒙藏法五國文字字彙》 1138

《한무고사漢武故事》 679

《한문공시주韓文公詩注》 226

《한문선漢文選》 707, 722

《한분음의韓文音義》 226

《한문전적적역漢文典籍摘譯》 471, 473

《한본기漢本記》 692

《한비자집해韓非子集解》 1090

《한비자韓非子》 179, 214, 681

《한산자시寒山子詩》 230

《한산寒山·습득시拾得詩》 150, 230

《한상자전집韓湘子全傳》 622

《한서漢書》 104, 137, 170, 178-180, 193, 311, 325, 329, 406, 410, 507, 614, 720, 748, 883, 1082, 1481, 1500, 1616, 1629-1631, 1633, 1638, 1642-1644, 1650, 1651, 1653, 1654, 1657-1659, 1661, 1663, 1665-1667, 1672, 1673, 1677, 1678, 1680, 1683, 1685, 1708

《한서백문漢書白文》 708, 742

《한서역도고漢西域圖考》 1449

《한서·예문지》 1841

《한송기서漢宋奇書》 1148

《한시외전漢詩外傳》 137, 650, 690, 872, 1441, 1503

《한원군서翰苑群書》 166

《한원영화중주집翰苑英華中州集》 491

《한위유서초漢魏遺書鈔》 1107

《한위육조백삼명가집漢魏六朝百三
　名家集》　　787, 1470
《한위총서漢魏叢書》　　807
《한유·유종원집》　　170, 682
《한유수운태기漢劉秀雲臺記》　　621
《한유집》　　221, 289
《한·유집》　　1719
《한인경해집존서목漢人經解輯存
　序目》　　1440
《한자韓子》　　214
《한자양본漢字樣本》　　1023, 1024
《한준漢雋》　183, 323, 1440, 1624,
　1627, 1629, 1637, 1640, 1644,
　1648, 1650-1652, 1655, 1657,
　1660, 1662, 1669, 1677, 1679,
　1682, 1683
《한지초집寒支初集》　　1404, 1464
《한집韓集》　107, 183, 315, 650,
　1511, 1640, 1696
《한집거정韓集舉正》　　226
《한찬책漢贊策》　　340
《한창려집韓昌黎集》　90, 107, 128,
　137, 169, 788
《한한외집閑閑外集》　　439
《할원밀율첩법割圓密率捷法》　　1108
《할증전서割症全書》　　1114
《함빈록咸賓錄》　　780, 1501
《함사函史》　1284, 1285, 1444

《함순임안지咸淳臨安志》　96, 299,
　1627, 1689
《함풍·광서 동화록》　　1082
《함현선생집含玄先生集》　　1282,
　1462
《합각천화장칠재자서合刻天花藏七
　才子書》　　1149
《합경鴿經》　　811
《합답양아우哈答咩兒于》　　839
《합벽사류合璧事類》　　678
《합비왕씨가집合肥王氏家集》　1470
《항본동파집》　　137
《항성도표恒星圖表》　　1109
《항성설恒星說》　　1109
《항씨칠종杭氏七種》　　1107
《항악지恒嶽志》　　784
《항주부수리도설杭州府水利圖說》
　　　642
《항주부지杭州府志》　642, 1750
《항창자亢倉子》　　289
《항해지남航海指南》　　812
《해국광기안남海國廣記安南》　1862
《해국도지海國圖志》　1085, 1449
《해남잡저海南雜著》　　1859
《해내기관海內奇觀》　645, 861
《해당보海棠譜》　148, 261
《해도경海道經》　690, 812
《해도산경海島算經》　　256

《해도지海濤志》 259

《해동삼국통록海東三國通錄》 1550

《해동역사海東繹史》 1756

《해략蟹略》 261

《해릉집海陵集》 364

《해몽서대전解夢書大全》 629

《해문의공집解文毅公集》 1750

《해미색은海味索隱》 811

《해방고海防考》 642

《해법소원楷法溯源》 1092

《해보蟹譜》 261, 811

《해상방海上方》 270

《해상의종심령海上醫宗心領》 1564

《해소집海巢集》 725

《해수집海叟集》 1286, 1465

《해악영수집海岳靈秀集》 727

《해약본초海藥本草》 1581

《해여총고陔餘叢考》 1752, 1874

《해외기사海外紀事》 1859

《해조도론海潮圖論》 259

《해중사씨족보海澄謝氏族譜》 1573

《해편정종海篇正宗》 840, 876

《해편직운海篇直韻》 666

《해학사문집解學士文集》 685

《핵진회소고劾秦檜疏稿》 438

《행계부씨우공집해杏溪傅氏禹貢
    集解》 205, 1626, 1637, 1639,
    1656, 1660, 1663, 1680, 1682

《행군방편방行軍方便方》 1113

《행군수지行軍須知》 690, 691

《행군총요行軍總要》 985

《행급별집行笈別集》 875

《행급이집行笈二集》 875

《행염사의行鹽事宜》 642

《행원생춘杏苑生春》 624

《향계집香溪集》 243

《향낭기》 622

《향당비고鄕黨備考》 1442

《향보香譜》 745

《향시록鄕試錄》 770, 778, 779,
    878, 892

《향약집성방鄕藥集成方》 1541

《향항화자일보香港華字日報》 1166

《향회시록鄕會試錄》 1149

《허사신서許使新書》 936

《허숙미류증보제본사방許叔微類證
    普濟本事方》 270

《허씨어약원방許氏御藥院方》 524

《허재삼서虛齋三書》 785

《허학사류증보제본사방許學士類證
    普濟本事方》 178

《헌강憲綱》 683, 685

《헌장록憲章錄》 774

《헌정책표獻廷策表》 673

《헌태기憲臺記》 615

《혁명군革命軍》 1168

《혁성집奕城集》 729, 882, 1462, 1747

《혁제유사革除遺事》 774

《현기경玄棋經》 744

《현도보장玄都寶藏》 454, 538, 539

《현람당속초玄覽堂續鈔》 1465

《현람당시초玄覽堂詩抄》 1284

《현람玄覽》 702, 734

《현왕전賢王傳》 714

《현재현겁천불명경》 476

《현존하는 몇 개의 고본 대당서 역기를 기록한다》 1489

《현지집賢智集》 470, 472

《현천상제백자성호玄天上帝百字聖號》 753

《협의풍월전俠義風月傳》 1101

《협제서목夾漈書目》 359

《협주화엄경夾注華嚴經》 1540

《형부서목衡府書目》 703

《형서》 7

《형세언이집型世言二集》 875

《형주기荊州記》 19

《형주전씨서총목荊州田氏書總目》 359

《형주집衡州集》 60

《형차기荊釵記》 621, 699

《형천비편荊川碑編》 787

《형통刑統》 141, 218

《형통률소刑統律疏》 347

《형통률소정본刑統律疏正本》 136

《형통부刑統賦》 649

《혜대기惠大記》 686

《혜민어약원약방惠民御藥院藥方》 524

《혜주부지》 686

《혜중산집嵇中散集》 787

《호가장呼家將》 1097

《호가浩歌》 736

《호광통지湖廣通志》 684

《호구전好逑傳》 1101

《호국사남초護國司南鈔》 480

《호남유로집湖南遺老集》 516, 1748

《호두남문집胡斗南文集》 736

《호문충공유집胡文忠公遺集》 944

《호보滬報》 1164

《호북관보湖北官報》 1159

《호북총서湖北叢書》 1106

《호북통지湖北通志》 1087

《호산승개湖山勝概》 767

《호산지湑山志》 1451

《호산집湖山集》 1463

《호씨잡편胡氏雜編》 647

《호씨전초胡氏篆草》 763

《호암한화蒿庵閑話》 1323, 1459, 1729, 1751

《호연경극복성도보공도胡延慶克服

成都報功圖》 851

《호원虎苑》 811

《호자지언胡子知言》 748

《호잠술湖蠶述》 1109

《호접배蝴蝶杯》 1097

《호주선철유서湖州先哲遺書》 1106

《호주예부운략互注禮部韻略》 1679

《호해신문이견속지湖海新聞夷堅
續志》 439

《호회虎薈》 811

《혼원교홍양중화보권混元教弘陽中
華寶卷》 753

《혼원문원돈교홍양법混元門元沌教
弘陽法》 753

《혼원홍양여래무극표고조임범
보권混元弘陽如來無極瓢高祖臨凡寶卷》
795

《홍간록弘簡錄》 31, 32, 1508,
1749

《홍도록弘道錄》 785

《홍루몽紅樓夢》 918, 934,
1099-1101, 1132, 1364, 1421,
1424, 1471

《홍루몽부紅樓夢賦》 1471

《홍루몽영紅樓夢影》 1471

《홍무경성지서洪武京城志書》 806

《홍무남장洪武南藏》 823, 1719

《홍무대장洪武大藏》 823

《홍무성정송洪武聖政頌》 713

《홍무예제洪武禮制》 602, 693

《홍무정운洪武正韻》 628, 683,
691, 708, 709, 714, 724, 728,
730, 746, 771, 806, 1389

《홍범구주수해洪範九疇數解》 671

《홍불기紅拂記》 758

《홍씨집험방洪氏集驗方》 220, 290,
297, 401, 1481, 1627, 1657,
1678

《홍책紅冊》 542

《홍치존전집洪稚存全集》 1107

《홍콩기록보》 1159

《홍콩신문[香港新聞]》 1161

《홍포집鴻苞集》 44

《화간집花間集》 93, 127, 166, 249,
289, 660, 758, 1624, 1625,
1627, 1633, 1663, 1664, 1677

《화경花鏡》 930

《화계畵繼》 149

《화공설요火攻挈要》 817

《화관색출신전花關索出身傳》 844

《화림격이청지和林格爾聽志》 1453

《화만집畵墁集》 239, 351

《화법권여畫法權輿》 787

《화보禾譜》 260

《화보畫譜》 786

《화사花史》 761

《화사좌편花史左編》　810

《화사휘전畫史彙傳》　1092

《화서化書》　709

《화수畫藪》　786

《화씨문헌표華氏文獻表》　1295

《화씨산계공지종보華氏山桂公支
宗譜》　1296

《화씨전방집華氏傳芳集》　1296

《화씨종보華氏宗譜》　1368

《화악전집華嶽全集》　784

《화양국지華陽國志》　127, 195

《화양집華陽集》　241

《화엄경華嚴經》　100, 137, 1254,
1256, 1257

《화엄경지귀華嚴經旨歸》　143

《화엄도량참의華嚴道場懺儀》　536

《화엄삼역華嚴三譯》　282

《화엄원인론華嚴原人論》　730

《화영자전華英字典》　1021

《화예부인시花蕊夫人詩》　231

《화원우부집和元祐賦集》　353

《화원畫苑》　787

《화웅집》　106

《화이풍토지華夷風土誌》　647

《화이화목조수진완고華夷花木鳥獸
珍玩考》　811

《화인차보華人差報와 광주초보廣州
鈔報》　1159

《화전기花箋記》　1096

《화정선생시집和靖先生詩集》　231,
1629, 1658, 1659

《화정선생집和靖先生集》　298

《화주지和州志》　1087

《화추향백영和秋香百詠》　726

《화학감원化學鑒原・속편・
보편補編》　1112

《화학고질化學考質》　1112

《화학구수化學求數》　1112

《화호化胡》　539

《화호경化胡經》　833

《환성歡聲》　720, 736

《환우방비록寰宇訪碑錄》　1089

《환우잡기寰宇雜記》　647

《환우통지寰宇通志》　629, 635,
683, 685, 780, 805, 859

《환취당악부環翠堂樂府》　660

《활민서活民書》　166, 275

《활유신서活幼新書》　525, 550, 685

《활인사증방活人事證方》　178

《활인심법活人心法》　700, 733,
735, 819

《활인심통活人心統》　692

《활자인쇄사화活字印刷史話》　1756,
1850, 1878

《활자판목록》　1874

《황가인쇄소활자양본皇家印刷所活

字樣本》　1024

《황간의예경전통해黃幹儀禮經傳
通解》　1667

《황도대훈皇圖大訓》　540

《황도적승도皇都積勝圖》　640, 795

《황도총성도黃道總星圖》　1002

《황람皇覽》　215

《황량몽기黃粱夢記》　622

《황명개운무영전皇明開運英武傳》
　870

《황명경세문편皇明經世文編》　801

《황명경제록皇明經濟錄》　642

《황명경제문록皇明經濟文錄》　645

《황명근체시초皇明近體詩鈔》　801

《황명금문정皇明今文定》　653

《황명명신록皇明名臣錄》　687

《황명명신언행록신편皇明名臣言行
錄新編》　776

《황명문원皇明文苑》　801

《황명문형皇明文衡》　659, 801

《황명백대가문선皇明百大家文選》
　625

《황명보훈皇明寶訓》　624

《황명사절皇明史竊》　773

《황명삼원고皇明三元考》　678, 879

《황명성제책요皇明聖制策要》　723,
802, 1750

《황명세법록皇明世法錄》　773

《황명소의집략皇明疏議輯略》　776

《황명시선皇明詩選》　682

《황명시초皇明詩鈔》　688, 801

《황명십육가소품皇明十六家小品》
　875

《황명영렬전皇明英烈傳》　32, 636,
670

《황명인물고皇明人物考》　668, 776

《황명자치통기皇明資治通紀》　670

《황명장략皇明將略》　759

《황명정요皇明政要》　679

《황명제사렴명기판공안皇明諸司廉
明奇判公案》　671

《황명조령皇明詔令》　642

《황명조훈皇明祖訓》　615, 628

《황명종신록皇明從信錄》　773

《황명진사등과고皇明進士登科考》
749, 779

《황명태학지皇明太學志》　632

《황명통기법전록皇明通紀法傳錄》
　773

《황명한각문종皇明翰閣文宗》　625

《황문헌공집黃文獻公集》　517, 544,
680

《황벽판장경》　1556

《황보시정집皇甫詩正集》　224

《황보염시집皇甫冉詩集》　224

《황보지정문집皇甫持正文集》　227

《황부서씨종보黃埠徐氏宗譜》 1374, 1414

《황산곡집》 944

《황산도경黃山圖經》 127, 209

《황석공삼략黃石公三略》 471

《황송류원皇宋類苑》 1557, 1559

《황송사실류원皇宋事實類苑》 180

《황씨보천가주기년두공부시사黃氏補千家注紀年杜工部詩史》 563

《황씨사례거총서黃氏士禮居叢書》 1067

《황씨일서고黃氏逸書考》 1107

《황양집黃楊集》 1469

《황여고皇輿考》 780

《황여서역도지皇輿西域圖志》 923

《황여요람皇輿要覽》 647

《황여전람도皇輿全覽圖》 994, 1086

《황여표皇輿表》 1084

《황우간요제중방皇祐簡要濟衆方》 268

《황우신락도기皇祐新樂圖記》 285

《황원대과삼장선사서의皇元大科三場選四書疑‧주역의周易疑》 504

《황원풍아皇元風雅》 519

《황원풍아전후집皇元風雅前後集》 645

《황월문선皇越文選》 1563

《황월지여지皇越地輿志》 1135, 1562

《황의況義》 802, 1727

《황정黃庭》 329

《황정집荒政集》 680

《황제구장黃帝九章》 256

《황제내경소문黃帝內經素問》 265, 440, 1700

《황제내경영추黃帝內經靈樞》 523

《황제명당침구경黃帝明堂針灸經》 525

《황제소문黃帝素問》 690

《황제음부경주皇帝陰符經註》 453

《황제팔십일난黃帝八十一難》 1541

《황조경세문皇朝經世文》 1100

《황조경세문속편皇朝經世文續編》 1100

《황조대조령皇朝大詔令》 200

《황조명신언행통록皇朝名臣言行通錄》 776

《황조무공기성皇朝武功紀盛》 1082

《황조문감皇朝文鑑》 178, 253, 254, 1484, 1618, 1626, 1630-1632, 1638, 1642, 1653, 1655, 1658, 1668, 1672, 1674, 1680, 1683, 1692

《황조사학규범皇朝仕學規範》 290

《황조사학범皇朝仕學範》 1638

《황조속문헌통고皇朝續文獻通考》

1082

《황조실록皇朝實錄》 421

《황조여지전도皇朝輿地全圖》 1001

《황조조야기략皇明朝野紀略》 774

《황조중주열녀전皇朝中州列女傳》
703

《황조통감기사본말皇朝通鑑紀事
本末》 199

《황조특명록皇朝特命錄》 166

《황조편년비요皇朝編年備要》 200

《황주도경黃州圖經》 206

《황진경집黃晉卿集》 680

《황청경해皇淸經解》 1080

《황청백명가시皇淸百名家詩》 1100

《황청주의皇淸奏議》 1447

《황청직공도皇淸職貢圖》 1141

《황충선공시집黃忠宣公詩集》 690

《황태사정화록黃太史精華錄》 515

《황포선생문집橫浦先生文集》 242

《황화기문皇華紀聞》 1185

《황화기실皇華紀實》 754

《회강지回疆志》 1751

《회계기》 155

《회계록會稽錄》 206

《회계비방洄溪秘方》 1113

《회계삼부會稽三賦》 155, 298,
681, 1672

《회계선생사운回溪先生史韻》 217

《회계의안洄溪醫案》 1113

《회계지會稽志》 207, 323, 396,
400, 1746

《회계편會稽編》 206

《회괴시권會魁試卷》 1465

《회군문헌지淮郡文獻志》 680

《회남자淮南子》 42, 214, 1455

《회남자정오淮南子正誤》 1090

《회남홍열해淮南鴻烈解》 214, 859

《회녕현지懷寧縣志》 1451

《회도열녀전繪圖列女傳》 510, 543

《회림繪林》 786

《회보滙報》 1167

《회사지몽繪事指蒙》 645

《회상주석괴자편몽일기고사繪像
注釋魁字便蒙日記故事》 673

《회성신금록淮城信今錄》 1332,
1412, 1423, 1450

《회속연주서판기回贖鉛鑄書板記》
1399

《회시록會試錄》 634, 778

《회암선생문집晦庵先生文集》 243,
1616, 1635, 1639, 1643, 1648,
1653, 1672, 1678, 1681

《회암선생주문공시집晦庵先生朱文
公詩集》 515, 1639

《회암어록晦庵語錄》 212

《회암주선생문집》 1661

《회암집晦庵集》 243

《회요會要》 342, 348, 1420

《회원현지懷遠縣志》 1451

《회전會典》 635

《회창일품집會昌一品集》 228

《회통관교정음석서경會通館校正音
譯書經》 1440

《회통관본금수만화곡전후속집會
通館本錦繡萬花谷前後續集》 744

《회통화처사묘표會通華處士墓表》
1296

《회해거사장단구淮海居士長短句》
249

《회해선생한거집淮海先生閑居集》
238, 1484, 1618, 1679

《회해집淮海集》 169, 238, 260,
323, 631, 1637, 1638, 1655

《회해한거집淮海閑居集》 1621

《회회력回回曆》 513

《회회력법回回曆法》 611

《회회약방回回藥方》 841, 1581

《횡포선생문집橫浦先生文集》 1632,
1645, 1648, 1655

《효감리지孝感里志》 1455

《효경孝經》 427, 433, 434, 456,
457, 468, 469, 471, 504, 540,
541, 629, 714, 745, 837, 1700,
1707

《효경간오孝經刊誤》 291

《효경고미孝經古微》 1442

《효경장구혹문孝經章句或問》 1442

《효경장구孝經章句》 1360

《효경주해孝經注解》 714

《효경집주孝經集注》 1442

《효경학》 1442

《효숙포공주의孝肅包公奏議》 120

《효숙포공주의집孝肅包公奏議集》
743

《효순사실孝順事實》 611, 628,
805, 806, 858, 1544

《효암신법曉庵新法》 1108

《효종실록》 1543

《후과비약喉科秘鑰》 1113

《후랍마猴拉馬》 993

《후사성원後四聲猿》 1472

《후산거사문집後山居士文集》 238,
1636

《후산거사시집後山居士詩集》 1463

《후산시주後山詩注》 172, 238,
515, 1649

《후산총담後山叢談》 380

《후새니侯賽尼》 1137

《후악집後樂集》 246

《후전려부後典麗賦》 1490,
1618, 1681

《후집後集》 742

《후청록侯鯖錄》 276, 657

《후촉석경》 94

《후촌거사집後村居士集》 247, 316

《후촌대전집後村大會集》 248

《후한서後漢書》 16-19, 135, 150,
170, 179, 297, 311, 330, 384,
506, 507, 1556, 1628-1630,
1633, 1634, 1646, 1650, 1651,
1653, 1654, 1657, 1664, 1667,
1668, 1671, 1672, 1677, 1686

《후한서주後漢書注》 308, 316,
1627, 1630, 1638, 1641, 1645,
1654-1656, 1660, 1661, 1664,
1675, 1679, 1682

《훈몽일곡가訓蒙一曲歌》 935

《휘각서목초편彙刻書目初編》 1455

《휘군주석대류대전徽郡注釋對類
大全》 660, 867

《휘보彙報》 1167

《휘부서목徽府書目》 703

《휘삼기전彙三奇傳》 873

《휘삼묘전전彙三妙全傳》 873

《휘유생멱련彙劉生覓蓮》 873

《휘전기전집彙傳奇全集》 873

《휘정의표절彙情義表節》 873

《휘종정여집彙鍾情麗集》 873

《휘주록揮塵錄》 104, 149, 250,
308, 311, 1624, 1640, 1747

《휘주부지변증徽州府志辨證》 1451

《휘주삼록揮塵三錄》 1626

《휘천연기우彙天緣奇遇》 873

《휘편彙編》 1377, 1379

《휴녕솔구정씨속편본종보休寧率口
程氏續編本宗譜》 1368

《휼수집潏水集》 240

《흑곡상인어등록黑谷上人語燈錄》
1554

《흑선풍장의소재전기黑旋風仗義疏
財傳奇》 796

《흑장만록墨莊漫錄》 378

《흘사경訖思經》 340

《흠금사치欽禁奢侈》 805

《흠정고금도서집성欽定古今圖書
集成》 1729

《흠정고금도서집성색인欽定古今圖
書集成索引》 1754

《흠정곡보欽定曲譜》 967

《흠정국자감지欽定國子監志》 1751

《흠정군차실록欽定軍次實錄》 992

《흠정대남회전사례欽定大南會典
事例》 1566

《흠정대청회전欽定大淸會典》 1083

《흠정무영전취진판정식欽定武英殿
聚珍版程式》 1360, 1433, 1753

《흠정사계조례欽定士階條例》 986,
992

《흠정사고전서欽定四庫全書 ·
　주익문충집周益文忠集》　　1248

《흠정서역동문지欽定西域同文志》
　1133, 1731

《흠정연감류함欽定淵鑒類函》　922

《흠정일하구문고欽定日下舊聞考》
　922, 1359, 1751

《흠정중거천수연시欽定重擧千叟
　宴詩》　　　　　　　　1446

《흠정팔기칙례欽定八旗則例》　1083

《흠정팔기통지欽定八旗通志》　1083

《흠정패문운부欽定佩文韻府》　922

《흠정패문재서화보欽定佩文齋書
　畫譜》　　　　　　　　922

《흠정평묘기략欽定平苗紀略》　1446

《흠정황여서역도지欽定皇輿西域

　圖志》　　　　　　　　1453

《흠정황여서역비지欽定皇輿西域
　備志》　　　　　　　　1449

《흠정효경연의》　　　　　923

《흠주지欽州志》　　　　　686

《흡연집고歙硯輯考》　　　1111

《흡은원문초洽隱園文鈔》　1467

《흡중수각도화명수성씨록歙中繡刻
　圖畫名手姓氏錄》　　　850

《흡현지歙縣志》　　1529, 1751

《흥도대지興都大志》　　　628

《흥헌황후장씨여훈興獻皇后蔣氏
　女訓》　　　　　706, 725

《흥화부지興化府志》　　　782

《희풍일력熙豊日曆》　　　131

일반 색인

ㄱ

가경어람지보嘉慶御覽之寶　1663

가관인경서포賈官人經書鋪　144,
150, 1671

가래나무　897, 1243, 1285

가숙家塾　139, 179, 226, 236,
311, 318, 486, 607, 1409

가스가판[春日板]　1552, 1553

가업당嘉業堂　570, 1117,
1244, 1247, 1885

가정삼도嘉定三屠　915

가죽종이　398, 399

가취당嘉趣堂　650, 881

가칙전嘉則殿　1613

가타가나[片假]　1553, 1554

가화주본嘉禾注本　227

각관權關　606

각서인刻書人　896, 1505

각서처刻書處　923

각인사刻印司　468, 469, 470,
471, 1762

각자공　88, 171, 238, 243, 275,
292, 302, 316-318, 370-372,
410, 417, 423, 435, 487, 490,
492, 493, 495, 516, 529, 531,
576, 577, 593, 609, 628, 631,
634, 676, 826, 848, 856, 860,
871, 884, 896, 905, 912, 916,
922, 927, 928, 932, 934, 937-
939, 943, 956, 961, 984, 988,
991, 1020, 1021, 1023, 1055,
1128, 1160, 1201, 1225, 1234,
1239, 1268, 1345, 1351, 1362,
1369, 1403, 1475, 1477-1483,
1485, 1486, 1488-1491, 1495,
1496, 1498-1501, 1504-1511,
1513-1515, 1518-1529, 1531-
1533, 1537, 1553, 1554, 1565,
1571, 1577, 1578, 1580, 1582,
1588, 1605, 1606, 1608, 1609,

1613-1623, 1636, 1658, 1666,
1681, 1684-1690, 1692, 1706,
1711, 1714, 1723, 1733, 1762,
1781, 1783, 1786, 1790-1793,
1798, 1802, 1832, 1833, 1835-
1837, 1877, 1879, 1886, 1887,
1889

각자사刻字司 468

각자포刻字鋪 924, 926, 939,
1209, 1210, 1522,

각장榷場 344, 374, 405, 438,
1699

각장간본榷場刊本 438

각재刻梓 28, 897

각화무榷貨務 366, 375, 583, 584

간기刊記 306-308, 311-313,
872, 1293, 1488, 1694

간생刊生 1480

간어刊語 306, 1416, 1620

간자刊字 544, 578, 1480

간자노관刊字蘆寬 1294

간자생刊字生 1500

간자인刊字人 1505, 1606

간장刊章 36, 37

간체자 74, 172, 291, 292,
381, 458, 544, 857, 990, 1145,
1404, 1472, 1563, 1568, 1569,
1576, 1615, 1892

갈번교본葛藩校本 164

감교관監校官 1547

감백재甘白齋 1450

감본監本 41, 68, 88, 104, 108,
131, 132, 136, 141, 158, 159,
187, 188, 190, 191, 196, 197,
202, 210, 211, 213, 216, 217,
251, 252, 266, 267, 292, 304,
325, 331, 332, 338, 351, 360,
424, 427, 432, 434-436, 883,
1478, 1479, 1625, 1630, 1632,
1637, 1639, 1649, 1650, 1655,
1673, 1677, 1696, 1698, 1700,
1702

감본서적 140, 469

감생監生 1141, 1282, 1515, 1644

감서監書 880

감씨보국甘氏譜局 1473

감인관監印官 1547, 1548

감판 140, 161, 613

갑골문 6, 7, 20, 22

강거康居 473

강남제조국 1059, 1060, 1065,
1076, 1077, 1092, 1111, 1112,
1114, 1136

강녕동판江寧銅版 949

강녕번서江寧藩署 1359

강동지江東紙 397, 398

강묘剛卯　　　26

강서무군학당江西撫郡學堂　　　1360

강소고등학당江蘇高等學堂　　　1360

강수强水　　　1010, 1011

강운루絳雲樓　　　886, 1152

강음군학본江陰軍學本　　　194

강주묵絳州墨　　　84

강채법降采法　　　219

강희판　　　1119

개경본開慶本　　　1244, 1855

개경서포開經書鋪　　　144, 150

개국종장開國宗匠　　　918

개량파　　　1169

개만루開萬樓　　　1153

개보본　　　100, 446

개보장　　　168, 277, 312, 377, 379, 446, 448, 1488, 1539, 1616, 1698

개보판開寶板　　　168

개본開本　　　1414

개원사開元寺　　　133, 174, 175, 277, 280, 380, 400, 538, 562, 577, 596, 1490, 1616, 1621, 1653, 1654, 1665, 1667, 1668, 1682, 1705, 1853, 1869, 1872

개원사판　　　277, 530, 531, 1623

개원선사　　　133, 174, 277, 1623, 1631-1633

개자改字　　　297, 1147

개자원芥子園　　　766, 971

개화지開化紙　　　766, 920, 923, 967, 1150, 1189, 1190, 1382, 1410, 1413

개황開皇　　　47, 48, 51, 1195

거란대자　　　418

거록성巨鹿城　　　288

거연지居延紙　　　15

건대자본建大字本　　　294

건두부판乾豆腐板　　　1158

건륭먹　　　919, 1187

건륭수보판修補版　　　1119

건명원乾明院　　　462, 1706

건묵建墨　　　677

건문각　　　405

건본建本　　　159, 177, 181, 182, 189, 191, 289, 319, 327, 329, 496, 544, 661, 663, 675, 676, 791, 867, 872, 878, 919, 921, 1312, 1830

건상본巾箱本　　　158, 159, 212, 234, 247, 292, 293, 316, 491, 1110, 1218, 1364, 1414, 1466

건안본建安本　　　181, 236, 237, 551, 876

건안서원　　　243

건안차　　　373

건양동판 1312

건양본 201, 237, 874, 1505

건양서림建陽書林 32, 514, 663, 665, 666-668, 670, 673, 674, 677, 788, 840, 845, 865, 876

건양서원建陽書院 494, 497, 514

건양서적지建陽書籍紙 909

건축기술 263

건축설계도 286

검남무서黔南撫署 1359

검자檢字 1045, 1047, 1050, 1348, 1372

겉표지 545, 562, 598, 869, 895, 1160, 1161, 1163, 1205, 1332, 1352, 1361, 1367, 1380, 1384, 1388, 1393, 1414, 1570, 1602

게체재揭諦齋 339

겐로쿠[元祿] 107, 163

격格 79, 218, 328, 1329, 1330, 1345

견강지蠲穅紙 397

견당사 107, 1551

견지蠲紙 112, 135, 399, 907

결일려結一廬 1153

겸목당謙牧堂 1144

겸백縑帛 12

겸호필兼毫筆 899

경각京刻 679

경고經庫 141

경당본經堂本 329

경덕진景德鎭 116, 117, 391, 480, 609, 910, 919, 933, 1325

경도구인본京都舊印本 132, 204

경동經童 442

경락 272

경력항본慶歷杭本 137

경면전鏡面箋 913

경묵京墨 900, 904

경방經坊 144, 150, 164, 324

경사구본京師舊本 132, 234

경사대자구본京師大字舊本 294

경사인본 134, 236

경산본徑山本 828

경생經生 1488, 1490, 1492, 1618

경서포 144, 300, 1484

경설經屑 395

경유서당慶有書堂 180

경자庚子 배상금 1847

경적소經籍所 429, 487, 488, 490, 1705, 1711, 1713

경적포 144

경절본經折本 379, 478, 529, 826

경접장經摺裝 380

경조부京兆府 59, 502

경졸黥卒 1233

경주經咒 128, 1781

경중이가어동시인京中李家於東市印
58

경창고經廠庫　　　　628, 630

경창본經廠本　611, 627, 628, 750,
771, 772, 859, 862, 870, 880,
892, 909, 918, 921, 1505, 1853

경체자硬體字　　　　　1141

경판주　　　　　　　408

경포經鋪　　　　　　144

경학京學　　　　　　139

계고우문稽古右文　　　916

계본契本　　　512, 559, 560

계서루稽瑞樓　　　　1152

계아당繼雅堂　　　　1459

계지재繼志齋　618, 622, 623, 845

계행界行　313, 966, 1408, 1713

계호鷄毫　　　　　　1183

고건축　　　　　　　263

고경정사詁經精舍　　　943

고고학　501, 917, 1599, 1779

고곡재顧曲齋　　　519, 846

고려　28, 101, 110-112, 168, 177,
204, 205, 254, 255, 275, 285,
302, 412, 417, 420, 423, 529,
532, 554, 559, 661, 1188,
1250, 1497, 1538-1541, 1543,
1548-1550, 1699, 1700, 1702-
1704, 1711, 1714, 1715, 1721,

1815, 1873

고려공전高麗貢箋　　912, 1890

고려사高麗寺　282, 577, 1702

고려 사신　　112, 254, 255

고려지高麗紙　　414, 912, 913,
1275, 1550

고륜판　　　　　　1121

고빙지皷冰紙　　　　396

고사鼓詞　638, 918, 927, 1095,
1096

고산판[五山板]　　　1552

고소군재姑蘇郡齋　　　223

고소본姑蘇本　163, 164, 247

고소판姑蘇版　　　　1174

고야가미[高野紙]　　1558

고야판[高野板]　　　1552

고우군학高郵軍學　　　238

고우본高郵本　　　　323

고월장서루古越藏書樓　1154, 1155

고이考異　　　197, 1406

고주鼓鑄　　　　　1008

고청지庫青紙　　1151, 1180

곡수서국曲水書局　　942, 1360,
1372, 1373, 1439, 1442, 1603

공거公據　353, 366, 367, 1707

공묵장배전工墨裝背錢　322, 323

공묵전工墨錢　323, 401, 463, 579

공사고초전醋錢　　　121

공사供事 1523

공사전公使錢 121

공여貢餘 395

공용전 88, 122

공주주군贛州州郡 1625, 1690

공하파攻下派 441

공화법拱花法 763, 767, 769

공흥보방公興報房 1156

과두문蝌蚪文 10

과묵瓜墨 900

과소過所 501

과예課藝 1068

과제록科第錄 776

과질보瓜帙譜 1367

곽대경포 144, 150

곽향藿香 383, 394, 561, 562

관각館閣 195, 325, 335, 400, 544, 576

관각판 663

관간본 132, 142, 191, 413, 427

관두전貫頭錢 368

관리선발도 151

관묘제묵觀妙齋墨 901

관문당觀文堂 1562, 1565

관문전觀文殿 153

관보官報 82, 151, 1155, 1156, 1159, 1165

관상감觀象監 1548

관서국官書局 429, 918, 940, 942-947, 1352, 1359, 1360, 1433, 1796

관음지觀音紙 565, 908

관음초觀音鈔 557

관인문서법 372

관퇴지官堆紙 920, 946, 1189

관표官票 1171

광경당廣慶堂 616, 622, 623, 625, 845

광고 311, 324, 550, 551, 638, 844, 872, 874, 875, 877, 949, 950, 1024, 1070, 1161, 1166, 1195, 1217, 1363, 1842

광곽匡郭 313, 315, 316, 318, 650, 759, 866, 868, 869, 1407

광근당廣勤堂 178, 523, 667, 669

광덕군재廣德郡齋 292, 1628

광덕군재본廣德郡齋本 197

광덕사廣德寺 280

광도본 172

광도지廣都紙 170, 395, 400

광동조사廣東漕司 224, 1624, 1625, 1634, 1644, 1657

광란框欄 315

광록시서승光祿寺署丞 1292

광방언관廣方言館 1077

광성廣城 933

2152

광성국廣成局 486, 488, 1718

광성원光聖院 133

광승사廣勝寺 169, 445, 590

광신서원廣信書院 494, 544

광아서원 948

광운지보廣運之寶 880, 921

광원고廣源庫 564

광인사廣仁寺 1119

광저사廣儲司 1522

광지擴志 701

광지壙誌 733, 745

광지서국廣智書局 1065, 1077

광판廣板 686, 933

광학회廣學會 1111, 1218, 1607

광향廣香 147

굉문서국宏文書局 1018

교감기校勘記 1406

교경산방校經山房 766

교니판膠泥版 1258, 1332, 1333

교서직 16

교인고交引庫 374, 583

교자交子 365-367, 370, 463, 1699

교자무交子務 366, 370

교장教藏 282, 415, 493, 495, 529, 1362, 1531, 1702

교정의서국校正醫書局 265, 326

교초交鈔 463-465, 993

교초고交鈔庫 463, 465

구가헌舊可軒 1442

구강소재九江 邵齋 1626

구경본舊京本 132, 232, 234, 252

구룡벽九龍壁 698

구무불획재求無不獲齋 1445

구봉서원九峰書院 748

구산서원龜山書院 494

구씨瞿氏서영書影 170

9 · 18사변 1848

구주본衢州本 235, 360

구텐베르크 1225, 1227, 1275, 1589-1591, 1594, 1595

국가도서관 58, 119, 141, 152, 163, 174, 213, 217, 221-223, 227, 229, 233, 237, 244, 250, 260, 271, 274, 377, 384, 461, 507, 508, 523, 531, 541, 561, 569, 570, 573, 576, 584, 589, 594, 720, 738, 779, 781, 818, 832, 840, 841, 891, 1007, 1008, 1117, 1122, 1154, 1193, 1202, 1210, 1212, 1220, 1248, 1274, 1305, 1308, 1316, 1343, 1365, 1370, 1394, 1424, 1482, 1489, 1492, 1494, 1550, 1566, 1597, 1598, 1600, 1601, 1604, 1613, 1619, 1622, 1730, 1731, 1767, 1768, 1787, 1789, 1804,

1807, 1843, 1883, 1885

국각본局刻本　　940, 946, 1150,
　1151, 1736, 1879

국본局本　　918, 920, 946, 1189

국사원國史院　　131, 132, 553

국자감國子監　9, 41, 88, 115, 119,
　123, 131, 132, 134, 135, 140,
　141, 143, 160, 161, 187, 188,
　191, 193-196, 198, 210, 211,
　213-215, 218, 263, 265-268,
　273-275, 290, 298, 325, 332,
　335, 337, 349, 351, 353, 413,
　426-428, 432, 434, 435, 442,
　468, 486, 488, 494, 508, 523,
　553, 554, 576, 589, 593, 602,
　603, 606, 607, 612-615, 630-
　633, 636, 641, 673, 770, 772,
　777, 793, 804, 806, 820, 885,
　903, 924, 1122, 1141, 1154,
　1194, 1282, 1308, 1466, 1515,
　1541, 1560, 1562, 1577, 1677,
　1696, 1699, 1700, 1707, 1708,
　1720, 1721, 1726, 1727, 1790

국자감숭문각관서國子監崇文閣官書
　1620, 1627

국조반강관서國朝頒降官書　　802

국청사國淸寺　48, 49, 230, 282

국파정사菊坡精舍　　947, 948

국학　　88, 139, 332, 427, 435,
　439, 468, 790, 1570, 1840,
　1869, 1874

군망郡望　　　　　　186, 494

군상郡庠　　120, 121, 232, 602,

군옥당群玉堂　　　180, 1205

군옥재群玉齋　1441, 1454, 1471

군재郡齋　　　120, 121, 159

궁문초宮門鈔　363, 1156, 1158

권근卷根　　　　　1181, 1182

권도拳刀　　　　　　　896

권연勸緣　　　　　　　1488

권유각倦遊閣　　　　　1365

권자본卷子本　15, 74, 90, 91, 316,
　377, 379, 444, 448, 478, 561

권자장　　　　　　　　379

권점圈點　　302-304, 864, 869,
　971, 1050, 1130, 1411

권축卷軸　90, 91, 108, 376, 378,
　380, 381, 413, 414, 416, 423,
　448, 1491, 1492

권축장卷軸裝　137, 377, 379, 406,
　407, 416, 462, 891, 892,
　1179, 1558, 1894

귀류歸類　　　　　　　1356

귀배저정도鬼拜豬精圖　　　1178

규혈叫歇　　　　　　　1532

균양군재筠陽郡齋　　237, 239

균요鈞窯 115, 116

균자장均字匠 1547, 1548

근문당판近文堂版 1135, 1136

근보近譜 1368

근유당勤有堂 178, 181, 496, 498, 504, 510, 515

근유서당勤有書堂 178, 496, 498, 523, 616, 620

글자궤[字櫃] 1354, 1372

글자배열공 1508

금강선金剛禪 339

금난관金蘭館 1303, 1317, 1464

금난관인金蘭館印 1463

금단金丹 66

금릉방본金陵坊本 1505

금릉본 1300, 1853

금릉서국金陵書局 940, 942, 943, 947, 1443, 1449, 1797

금릉서국본 1404, 1412

금문金文 7

금문교안金門敎案 1169

금보琴譜 702, 710, 746, 747, 787, 872

금산연교원金山演敎院 415

금서 157, 284, 335, 345, 487, 553, 916, 1106, 1708

금서목록 338, 362, 1152

금성석연金星石硯 1185

금속산장경지金粟山藏經紙 1180

금양옥金鑲玉 1181, 1182

금어지金魚池 1251

금장판金藏版 445

금전기의金田起義 984

금창서방金閶書坊 651, 874

금체今體 1385, 1403

금파감소金巴監素 1134

금화金花 86

금화연지金花臙脂 392

금화주학金華州學 245

급고각汲古閣 654-657, 696, 770, 772, 797, 807, 861, 886, 911, 930, 931, 1141, 1196, 1507, 1508, 1528, 1891

급고당汲古堂 358

기거랑起居郎 336, 345

기궐剞劂 896

기궐공소剞劂公所 928, 1730

기궐씨剞劂氏 896, 1505, 1510, 1606

기궐재 637-639, 926

기대조棋待詔 219

기메박물관Musée Guimet 1273

기물도 286

기보棋譜 219, 702, 709, 714, 725, 1458, 1620

기본夔本 198

기봉騎縫 317, 381
기사판記事板 4
기서奇書 118, 169, 204, 294, 386, 643, 887, 1291, 1299, 1361, 1704,
기선紀善 704, 705, 712
기자재奇字齋 679, 1507, 1516
기전체 197, 199, 507, 1094
기혈氣穴 272
길주공사고본吉州公使庫本 234

ㄴ

나당고판那塘古版 534
나문전羅紋箋 565
나전羅箋 400
나전현상羅田縣庠 260
낙선당樂善堂 1064, 1065, 1076, 1467, 1566
낙질본落帙本 174
난설당蘭雪堂 787, 1279, 1294, 1295, 1302, 1318, 1409, 1442, 1455, 1458, 1462, 1516
난설당본 1294
난설당쌍행본 1294
난여鑾輿 67
난찰체蘭察體 500
남감南監 258, 612-614, 631, 633, 770, 810

남감본 612, 615, 631, 633, 772, 801, 806, 1198, 1720, 1727
남강군재南康郡齋 222, 271
남검주군재南劍州郡齋 226
남견藍絹 894, 912, 1209
남경주방아문南京駐防衙門 1131
남구지南扣紙 945, 946, 1189
남능藍綾 894
남도번회도南都繁會圖 627, 851
남랑南廊 355
남모변지藍毛邊紙 912
남삼각南三閣 1103, 1347
남송감본 190, 191, 197, 212, 213, 226, 236
남옹南雍 612, 613, 630, 631
남인藍印 878, 879, 906, 1246, 1310, 1319, 1441, 1455, 1725
남인본藍印本 687, 878, 1149, 1195, 1309
남자嘀字 935, 936, 1135, 1136, 1564, 1565
남자본嘀字本 70
남진藍靛 677
남조南詔 479, 480, 593
남지점南紙店 979, 1188
남풍본 194
남해초당南陔草堂 1463
남각인 364

2156

납상納商 950

납인蠟印 355, 959, 962, 1758, 1814, 1876

납전蠟箋 565

납탑본邋邋本 172, 614

납판 4, 354, 956-958, 960-966, 1035, 1211, 1216, 1703, 1730, 1731, 1733

납황장경전蠟黃藏經箋 398

낭호狼毫 1183

낭환복지嫏嬛福地 1360, 1361

내각문고內閣文庫 549, 598, 838, 1570

내당고판奈塘古版 534, 830, 1120

내당사奈塘寺 534, 1120, 1717

내당판奈塘版 937, 1120-1122, 1149

내반內盤 1371

내부본內府本 225, 611, 612, 630, 720, 780, 806, 881, 895, 921, 923, 1133, 1134, 1151, 1180

내부판內府板 613, 649, 923

내서당內書堂 629

내서방內書房 750

내수사 215

내전문새內殿文璽 1493

내주內酒 880

내탐內探 363, 1158

내판內板 921

네스토리우스Nestorius 78

노련老連 906

노신도서관 1155

노연老煙 904

노이유老二酉 926

노주묵潞州墨 84

녹군정綠君亭 656, 911

녹모필鹿毛筆 83, 1558

녹미祿米 122

녹백錄白 176, 177

녹삼장錄三場 778

녹아綠牙 377

녹영벽綠影壁 698

녹인본綠印本 1149

녹죽당菉竹堂 886, 1505

뇌봉탑雷峰塔 98-100, 569, 1097, 1698, 1780

뇌봉탑경 100

뇌봉탑전 98

누판漏版 422

능엄사본 828

니두판泥斗版 1258, 1333, 1338

니반인공泥盤印工 1373

니취진판泥聚珍板 1258, 1338

니활자판泥活字版 1230, 1258, 1264, 1334, 1337, 1805, 1806

ㄷ

다가라향관多伽羅香館　1456
다루하치[達魯花赤]　447, 484, 556, 573
다문당多文堂　1453
다사茶事　176
다삼지茶杉紙　398
다염사茶鹽司　120, 152, 154, 155, 217
다염소茶鹽所　369, 374
다염초인茶鹽鈔引　373, 374, 583
다인茶引　374, 401, 560, 911, 1704, 1718
다인법茶引法　374
다인초茶引鈔　1708
닥나무즙　382
닥종　370, 397
닥종이[楮皮紙]　170, 397, 398
단발령　916
단변單邊　315, 328, 621, 1311, 1312
단소본單疏本　152
단어미單魚尾　317, 320, 577, 1409
단연端硯　388-390, 465, 585, 880, 900, 934, 1184, 1185
단옥률斷獄律　218
단향목　91, 448, 899
달단관韃靼館　836
달단문자　837

담개본談愷本　1286, 1470
담반　115, 264
담본潭本　183, 332
담수　264
담수침동법膽水浸銅法　264
당고특唐古忒　1122
당보塘報　1158
당서국활자堂書局活字　1466
당십대전當十大錢　1170
당씨서방唐氏書坊　845
당인괄자공唐人刮字工　1501
당택본唐宅本　315
당항黨項　467
대각사大覺寺　281, 415, 444
대량서원大梁書院　748
대련지臺連紙　920
대료례大料例　370, 371
대리大理　479, 480, 501, 593, 1879
대리국大理國　479-481, 593, 688, 1712
대리시大理寺　132, 218, 347, 615
대리시인판　218
내마지　85, 1605
대만수사大萬壽寺　478, 534, 535, 596, 1715
대방맥과大方脈科　270
대보녕사판　527
대상국사大相國寺　134, 150

대성비사문천왕상大聖毗沙門天王像 109

대수구 49, 50

대수영大隨永 49

대식 20, 1538

대왕묘大王廟 96

대용봉묵大龍鳳墨 391

대은방大隱坊 137, 275

대자사大慈寺 280

대자정각본大字精刻本 217

대장경국大藏經局 164, 277, 527

대장장이 637, 1232

대정통보전大定通寶錢 462

대제待制 140

대조가大刁家 58, 59

대진大秦 473

대진완파戴震皖派 917

대책對策 778, 1664

대청보초大淸寶鈔 1171, 1735

대초大鈔 463, 464, 1707

대하大夏 467, 908

대항력사大恒力司 469

대호천사大昊天寺 407

대흥부大興府 426

덕격동판德格銅版 950

덕격인경원德格印經院 937, 1120, 1769

덕격철판德格鐵版 951

덕격판 937, 1121, 1122, 1149, 1730

덕수궁묵德壽宮墨 391

덕수전본德壽殿本 1482, 1658

덕흥초택德興草澤 264

도감관都勘官 325

도경 13, 276, 282, 283, 454, 538, 630, 639, 750, 867, 879, 891, 895

도관道觀 62, 276, 451, 781, 831

도군황제道君黃帝 276, 352

도다장都茶場 374, 1707

도도挑刀 896

도산장道山場 324

도상圖像 35, 101, 102, 135, 674, 844, 851, 1086, 1368, 1372, 1374

도서고 141

도서부圖書府 1361

도서집성국圖書集成局 1051, 1076, 1093

도수감都水監 440

도연陶硯 84

도원건상본弢園巾箱本 1442

도원서국弢園書局 1364

도인陶印 1323

도인법盜印法 347, 733

도주무都酒務 1487

도지홍[綴本] 386

도찰원都察院 606, 615, 633, 790

도참 337-339

도첩度牒 368, 451

도화오桃花塢 287, 1173-1175

도화지桃花紙 1189

독락사獨樂寺 412

독서재讀畫齋 1105

독처헌獨處軒 1101

동가장문모간東嘉張文摹刊 1650

동관각각본東觀閣刻本 1099

동단국東丹國 419

동랑東廊 355, 924

동몽구아童蒙求我 409

동문관同文館 1034, 1042,
1050, 1065, 1111, 1122

동문본同文本 1068, 1082

동문서국同文書局 1014, 1063,
1067, 1068, 1070, 1082, 1093,
1218, 1382, 1423, 1737, 1814

동방문화위원회 1847

동백숭도관桐柏崇道觀 108, 282

동벽東壁 1361

동벽헌東壁軒 1364, 1459, 1466

동선사東禪寺 173, 174, 277, 379,
530, 562, 1490, 1660, 1869

동선사판 173, 277, 280,
531, 1628

동성파桐城派 917, 1094

동세銅洗 13

동시東市 58-60, 70, 1694

동양판東洋板 1559

동연桐煙 393

동요판銅凹版 1010

동인銅人 272, 404, 831

동전출계법銅錢出界法 344

동정석씨洞庭席氏 657, 1891

동조방東朝房 924

동파법묵東坡法墨 392

동파판銅擺版 1259

동판全版 1259

동판同版 1259, 1297

동풍대東豊台 1174

동합금 1315, 1544

동호서원 947, 1281, 1282,
1465, 1472

동화서옥桐華書屋 1361, 1422,
1449

동화연桐花煙 393

동활자본 785, 787, 806, 881,
1198, 1279, 1295, 1308, 1316,
1377, 1393, 1409, 1424, 1425,
1470, 1473, 1516, 1550, 1557,
1600, 1810

두만석杜萬石 388

두판餖版 762, 763, 767,

971, 978, 980

두판飯版 인쇄 971, 978, 980

등각선원等覺禪院 103, 173,
174, 1662

등각원等覺院 277, 1869

등과록 203, 634, 770,
777, 779, 783

등록謄錄 290

등록리謄錄吏 1503, 1504

등백지藤白紙 398

등사리謄寫吏 1503, 1504

등시燈市 641, 1620

등자等字 319

등지藤紙 85, 86, 112, 135,
395-398

등화사藤花榭 1412, 1444, 1445

ㄹ

라사판 937, 1121

라이든 대학 935

라틴문 1138

로진 961, 963

루브르박물관 4

ㅁ

마니교摩尼教 78, 261, 284,
339, 341, 500, 1580

마두조馬頭調 1098

마랄격碼剌格 1578

마면麻面 86

마사본麻沙本 181, 235, 237, 239,
256, 314, 331, 332, 661, 919,
1557, 1792

마사서방麻沙書坊 180, 499, 1853

마왕퇴죽간馬王堆竹簡 11

마왕퇴한묘馬王堆漢墓 205

마육갑馬六甲 956, 957,
1017, 1578, 1579

마육갑麻六甲 1578, 1579

마인즈 시편[Mainz Psalter] 306

마지麻紙 15, 17, 19, 86, 395

만권당萬卷堂 137, 178, 180, 181,
197, 237, 270, 318, 497-499,
515, 573, 713

만기여가萬幾餘暇 1000

만랄가滿剌加 1578

만력본 609, 779, 828, 873,
1286, 1404, 1419

만문滿文 927, 1000, 1119,
1129, 1131-1133, 1796, 1797

만문노당滿文老檔 1130

만문시滿文詩 1000

만촉회운萬燭會雲 341

만한대조본 1132

말레이시아 957, 1016, 1161,
1537, 1578, 1610

망목동판網目銅版 1054
망악루望岳樓 1442
망지網紙 19
매계서원梅溪書院 242, 516, 523
매과빙옥전梅窠冰玉箋 147
매석산방梅石山房 1362, 1404, 1441
매은서원梅隱書院 494
매지권買地券 8
매화서옥梅花書屋 1409, 1441
매화서옥본梅花書屋本 1145, 1404
메뚜기 698, 895, 1182
메이저자[美查字] 1050, 1051, 1053, 1145
메이저판[美查版] 1052, 1082
면랍麵蠟 382
면련사綿連四 909
면방지棉榜紙 1190
면양군재沔陽郡齋 270
면자관緬字館 1136
면지棉紙 98, 610, 878, 879, 892, 893, 906-911, 920, 992, 1188, 1189, 1315
면측리綿側理 677
명경관明經館 1137
명교明教 78, 261, 339, 340, 341
명교재明教齋 340
명덕서원明德書院 749

명도궁明道宮 341
명본明本 156, 546, 870, 874, 882, 1405, 1721
명산과明算科 256
명자明字 861, 1204, 1403
명조자明朝字 860, 1042, 1052
명조활자 1043, 1772
명주본明州本 156, 157, 252, 597
명주판 212, 546
명체자明體字 860, 990, 1052, 1145, 1334
명초明鈔 911
명향明鄉 683, 1564
모니교牟尼教 339
모두지毛頭紙 1188
모륵摹勒 63
모모묘휘某某廟諱 1411
모변지毛邊紙 911, 920, 946, 990, 1189, 1190, 1367
모씨급고각인毛氏汲古閣印 657, 1891
모씨茅氏붓 898
모인摹印 137, 193, 253, 265-267, 327, 330, 508, 761, 780, 1226, 1248
모장毛裝 1181, 1382
모태지毛太紙 911, 920, 946, 1189
모필장[筆匠] 387, 388, 628,

898, 905

목간 10-12, 15, 313, 376,
1408, 1613

목록사木鹿寺 937, 1119, 1120,
1219, 1730

목록학 49, 159, 360, 362, 605,
1844, 1868, 1870, 1871, 1873

목록학 입문서 1841, 1867

목어서木魚書 1096

목인木印 307, 1371

목친방睦親坊 144, 146, 148, 223,
306, 307, 495, 930

목활자본 511, 813, 947, 1150,
1246, 1247, 1254, 1271, 1272,
1279, 1282, 1287, 1332, 1365,
1370, 1403, 1419, 1424, 1439,
1566, 1598, 1600, 1603, 1804

몰골화沒骨畵 762

몽골문 500, 527, 532, 540, 541,
834, 836, 837, 838, 1123,
1124, 1129, 1132-1134, 1599,
1716, 1731

몽괘蒙卦 409

몽올신자蒙兀新字 838

묏자리 436

묘행원 妙行院 143

묘회廟會 130, 131, 220, 639, 1176

묘휘廟諱 294, 295, 297,

578, 862, 1604

무강군학본武岡軍學本 351

무림진학사武林陳學士 146

무본 159, 189, 191, 314,
332, 1712

무본경서 159

무본서당務本書堂 236, 497, 498,
515, 548

무영전武英殿 46, 329, 918,
921-924, 997, 1008, 1081,
1117, 1130, 1131, 1133, 1140,
1150, 1186, 1262, 1347, 1348,
1352, 1358, 1359, 1363, 1372,
1375, 1382, 1383, 1433, 1436,
1522, 1523, 1529, 1533, 1729-
1731, 1795

무영전본 46, 921, 922, 924

무영전취진판武英殿聚珍板 971,
1147, 1254, 1270, 1271, 1345,
1348, 1350, 1353, 1358, 1407,
1412, 1435, 1446, 1521

무위교無爲敎 341

무정판武定板 636, 1725

무주각본 243

무주학 235

무창기의 1170

무학武學 115, 1421

무후신자 76, 77

묵등墨等　319, 320, 1405

묵무관墨務官　85, 110

묵보당墨寶堂본　214

묵요墨妖　393

묵인본　761

묵장墨匠 110, 322, 564, 628, 1522

묵정墨釘　319, 904

묵해루墨海樓　1153

묵해서관墨海書館　1016, 1034,
　1055, 1058, 1065, 1073-1075,
　1111, 1112, 1129, 1163, 1164,
　1813

묵해인본　1074

묵향지윤墨香紙潤　328

문경당問經堂　933, 1284, 1447

문란각文瀾閣　940, 1103

문명서국文明書局　1018, 1019,
　1063, 1065, 1077

문방본　104

문방사우　83, 183, 387, 658,
　1111

문서방文書房　629

문신 상자[類盤]　1355, 1356

문소각文溯閣　1103

문수당文萃堂　619, 925-927,
　929, 1097, 1210

문시당본文始堂本　1504

문신門神　286, 287, 1172,

1173, 1175, 1176

문연각文淵閣　221, 603, 604, 781,
　885, 1103, 1138, 1151, 1201,
　1620

문원각文源閣　1103, 1151, 1843

문원각文苑閣　1365, 1444

문자옥文字獄　916, 917, 1080,
　1158, 1524, 1525

문자포　144, 150

문장부호　302-304, 862, 864

문장지門狀紙　461

문족　323, 324, 579

문종각文宗閣　940, 1103

문즉루文則樓　1441, 1443

문진각文津閣　1103, 1150, 1843

문학산방文學山房　1364

문해재文楷齋　925, 1209, 1364

문화대혁명　103, 575, 1154,
　1174, 1177, 1850, 1852, 1877,
　1887

문회각文匯閣　940, 1103

물사리국勿斯離國　1584

미노가미[美濃紙]　1558

미산본　172, 173

미석아米昔兒　1584

미진헌味塵軒　1471

미타탑　102

미화서관美華書館　1032, 1033,

1042, 1043, 1045, 1047-1050,
1052, 1064, 1065, 1074, 1076,
1078, 1217, 1736, 1738

미화자美華字　1042, 1043,
1051, 1053, 1145, 1736

민보民報　1155, 1165

민본閩本　181, 211, 234,
240, 331, 332, 770, 880, 895

민상閩商　134

민왕閩王사당　1853

민전緡錢　115, 365, 697

민헌치閩憲治　238

밀랍　4, 265, 354, 561, 565, 816,
908, 958, 959, 961, 963,
1056, 1221, 1228

밀사아密思兒　1584

밀석이국密昔爾國　1584

밀장본　828

ㅂ

박가교장　414

박가교장전薄伽教藏殿　413, 587

박고당博古堂　359, 620, 625,
882, 1210

박등지薄藤紙　398

박면지薄棉紙　1190

박문서당博文書堂　498, 546

박제당博濟堂　186

반냥전半兩錢　13

반독伴讀　704

반독동궁伴讀東宮　754

반송거사半松居士　1363, 1364,
1446

반은飯銀　1523

반절反切　326, 409, 472

반절음反切音　409

반조록班朝錄　151

반지礬紙　1151

반항서頒降書　802

발공拔貢　1282, 1423

발해국　92, 419

방가경방龐家經坊　1502

방각본坊刻本　198, 200, 217, 311,
504, 510, 519, 623-625, 636,
720, 771, 790, 799, 800, 1404

방고房稿　800

방두체方頭體　1052

방보房譜　1368

방송본仿宋本　1144

방송자仿宋字　1141

방술사　66

방안榜眼　355, 778, 1285

방주傍注　673

방지榜紙　920, 1190

방책方冊　560, 824-826,
828, 893

방체方體　　　289, 290, 1145, 1204, 1403

방체자方體字　　1050, 1141, 1144, 1281, 1377

방태서법석인仿泰西法石印　　1070

방희재滂喜齋　　1105

배경루拜經樓　　1105

배나무 판　　93, 594, 897, 1521

배당아拜唐阿　　1186, 1383

배사구방탑拜寺溝方塔　　1253, 1806, 1819

배석산방拜石山房　　1063, 1067

배원당培遠堂　　1447

배인背印　　371

배인국排印局　　1364

배자판排字板　　1258, 1443

배판排板　　1258

배학재輩學齋　　1449

백경전白經箋　　398

백과산방百果山房　　1466

백광白框　　321

백구白口　　316, 1409

백급　　382, 383, 561, 562

백납본百衲本　　46, 297

백련교白蓮教　　753, 795

백련사지白連四紙　912, 1336, 1423

백련칠白連七　　909

백록白鹿　　906, 1221

백록동서원본　　190

백록산방白鹿山房　　1364, 1409, 1449, 1458

백록서원　　748

백림사柏林寺　　596, 1117, 1604, 1796, 1855

백마지白麻紙　　172, 397, 409, 421, 429

백만소탑百萬小塔　　78

백면지白棉紙　　501, 676, 906, 911, 1190, 1413

백면지대본白棉紙大本　　1413

백모향　　383

백문권유각본白門倦遊閣本　　1414

백반　　382, 383, 561, 562, 1151, 1209

백배경사百倍經史　　177

백본서白本書　　386

백본지白本紙　　1190

백부당白芙堂　　1439

백부초百部草　　383

백상탑白象塔　1239, 1597, 1803

백선니白善泥　　1373

백선지白宣紙　　946, 1189

백아白牙　　377

백옥판白玉版　　398

백운관白雲觀　　832

백자白字　　273

백전전白篆箋 565

백족白族 479, 501

백지방白紙坊 564

백지절첩장 126

백탑교 151

백호유지白戶油紙 912

버마자 1136

번각방翻刻房 1130

번부본藩府本 696, 710, 719, 806, 892, 1505, 1853, 1856, 1879

번서番書 469

번저판藩邸板 718

범동판范銅板 1291

범동판석자范銅板錫字 1302, 1395

범책본梵冊本 444

범협본梵夾本 162, 478, 821, 826, 832, 892, 893, 895, 1620

범협장梵夾裝 137, 379, 380, 561, 562, 832, 891, 892, 1117, 1124, 1179, 1818, 1845, 1856

법륜보장法輪寶藏 280

법보자복선사法寶資福禪寺 1869

법원사法源寺 407

법의학 276, 674

법창원法昌院 138

법첩法帖 96, 135, 194, 706, 714, 1070, 1186

벽곡辟谷 43

벽송루䯲宋樓 570, 573, 1153, 1621

벽운관碧雲館 1287, 1455, 1724

벽운당碧雲館 1409

벽지碧址 358

벽호碧湖 138, 569

변경본 132, 234, 239

변란邊欄 315, 316, 1397, 1406-1408, 1870

별자리 337, 436

별하재別下齋 1105

병리학 266

병인 266

병필태감秉筆太監 627, 822

병합자拼合字 1022-1025, 1027, 1032, 1033

병합한자 1027

병합활자 1028, 1029, 1031, 1033, 1040, 1050, 1216, 1217, 1813

병화재瓶花齋 1153

보권寶卷 639, 715, 794, 795, 892, 1095, 1097

보귀본寶龜本 75, 78

보녕사간경국普寧寺刊經局 527

보대본保大本 90, 107, 1696

보륜장寶輪藏 444

보리교원菩提教院 143

보문당寶文堂　886, 925, 1302

보사譜師　1371

보은사　625, 1204

보은사판　625

보은효관報恩孝觀　175

보자관補字官　1547

보장譜匠　1371, 1419, 1603

보천대초普天大醮　450

보철재寶鐵齋　1467

보첩학譜牒學　1367

보초寶鈔　556, 558, 559, 889, 890,
　911, 1171, 1172, 1577, 1581

보초국　890, 1720

보초법　1171

보초제거사寶鈔提擧司　889

보초제거사인寶鈔提擧司印　890

보초총고　556

보탑　90, 97-99, 122, 161, 418

복건본福建本　181, 275, 331, 649

복건조치福建漕治　1623

복건죽지　910

복당군상福唐群庠　1630

복두幞頭　130, 468

복리腹裏　512, 529

복사卜辭　6, 7

복장물腹藏物　449

복전서해福田書海　1145, 1388,
　1390-1393, 1404, 1412, 1443,
　1445

복주지福州紙　207, 398

복주판 대장경　1853

복청현학福淸縣學　1634, 1667

본조서本朝書　615, 802

본조지本槽紙　945

본지本紙　677, 1566

본초本草　266, 267, 269, 273,
　286, 326, 499, 523, 525, 526,
　541, 594, 632, 649, 669, 675,
　685-687, 715, 819, 1011

볼록판　1019, 1054, 1055,
　1057, 1403

봉고封誥　368, 838

봉궤縫績　893

봉귀縫襀　385, 386

봉니封泥　25

봉래각　153

봉래원蓬萊院　427, 459

봉사封事　216, 345

봉원각逢源閣　1465

봉장소封樁所　376

부경가숙傅卿家塾　197

부곽방필膚郭方筆　860

부도법浮圖法　411

부도학浮圖學　475

부랑部郞　606

부레풀[魚膠]　393

부문각富文閣　　　1018, 1064

부문각敷文閣　1361, 1404, 1422, 1449

부문서국敷文書局　　1064, 1067, 1446

부수파符水派　　　　　451

부영조賦咏祖　　　　　260

부재付梓　897, 1170, 1325, 1776

부지리조付之梨棗　　　28, 897

부춘당　　616, 621-625, 845, 866, 867, 869

부탄판　　　　　　　1121

부학府學 121, 143, 356, 694, 1511

부학당富學堂　　　　　180

북감北監　　　612, 631-633, 882, 924, 1508

북경대학교　　　276, 1844

북경대학도서관　436, 514, 991, 1154, 1320, 1344, 1386, 1844, 1885

북경도서관　143, 247, 299, 362, 445, 446, 573, 575, 596, 598, 867, 1121, 1154, 1200, 1203, 1214, 1221, 1320, 1370, 1395, 1564, 1603, 1620, 1621, 1712, 1730, 1755, 1762, 1767, 1784, 1787, 1843, 1853, 1855, 1857, 1866, 1874, 1880, 1887

북경서포　　　　　　　872

북경역사박물관　8, 272, 585, 1201, 1343

북경판　　1119, 1121, 1728

북방판본北方板本　　　461

북본北本　　　　　　　461

북사각北四閣　　　　1103

북옹北雍　　612, 630, 631

북제설北齊說　　　　　45

북평도서관北平圖書館　349, 478, 536, 1874, 1875

분문관賁文館　　　427, 459

분전粉箋　　　　399, 400

불교대총서　　　　　168

불궁사佛宮寺 412, 416, 588, 1786

불산판　　　　934, 1135

불산판의　　　　　　934

불상화　　　　　284, 285

붕남서옥鵬南書屋　　1440

붕본棚本　　　　　　147

브랜딘 인쇄소　　　852

비각비본秘閣秘本　　119

비각서고　　　　141, 142

비금속활자　　1276, 1280

비단 화폐[綾幣]　　　464

비루판俾鏤版　　　　152

비백서飛白書　　　　118

비백체飛白體　　　　350

비부秘府　　　　　　　　359

비서감秘書監　　56, 405, 459,
　487, 553, 806, 1551

비서성　131, 132, 141, 142, 169,
　215, 256, 335, 337, 400, 487,
　553, 1492, 1540, 1702, 1707

비서성본　　　　　　　256

비수肥瘦　　　　　　327, 328

비영관蜚英館　1063, 1067, 1069

비초지萆鈔紙　　189, 398, 400

비패碑牌　　　　　　　307

비현각飛玄閣　　　　　454

빙익지冰翼紙　　　　　397

ㅅ

사가각본私家刻本　　　1518

사가본私家本　　　　　65

사각본寫刻本　543, 650, 687,
　1143, 1144

사각판私刻版　　　137, 663

사검당본師儉堂本　622, 850

사경생寫經生　　　　1479

사고社稿　　　　　　800

사고관四庫館　　　18, 1105

사과四果　　　　　　339

사관史館　　90, 325, 355

사구四舊　　　1084, 1177

사농사司農司　　　　520

사대使臺　　　　　　177

사력司曆　　　　　　512

사례감司禮監　　611, 627

사례감각본司禮監刻本　790

사례거士禮居　155, 1308, 1517

사명본四明本　　156, 238

사명신본四明新本　157, 227

사문루斯文樓　　　　460

사문학四門學　　91, 115

사방명조체　　　　　544

사벽瀉碧　　　　　1251

사보루思補樓　1409, 1444

사보본四堡本　　　　938

사산곡해詞山曲海　　797

사서인寫書人　　　1503

사실조事實祖　　　　260

사씨서운당謝氏瑞雲堂　1365

사업司業　　　131, 633

사이관四夷館　836, 837, 839

사자인寫字人　1503, 1504

사작四作　　　　　1186

사재자　　　　　　1149

사지침양도射豬斬羊圖　1178

사주단변四周單邊　313, 868,
　1050, 1407

사주쌍변四周雙邊　313, 868,
　1407, 1411

사천감司天監　　338, 347

사천대司天臺　64, 105, 338, 436

사천사로四川四路　209

사천제서四川提署　1359, 1469

사첨시司贍寺　1549

사체四體　700, 1134

사편絲編　11

사화詞話　637, 638, 844

산부인과　270, 271, 576,
　675, 819, 1113, 1564

산서성박물관　446, 589

산스크리트문[梵文]　3, 1135

산스크리트어　49, 50, 71, 73,
　106, 128, 192, 413, 837, 840,
　1710

산예狻猊　287, 394

산장山長　493, 1333

산초　383

산학算學　115, 256, 1593

산학가算學家　257, 1368

살청殺靑　10, 16

삼갑三甲　778

삼계당三桂堂　178

삼관비각三館秘閣　135, 194,
　197, 355, 361

삼관三館　325, 355, 386, 426, 833

삼문당출판三文堂出版　1097

삼보태감三寶太監　792, 828

삼상희도三象戲圖　219

삼시권三試卷　1282

삼여재三餘齋　359, 1286, 1473

삼원三元　776

삼장성교三藏聖教　529

삼재자三才子　1149

삼정갑三鼎甲　777

삼체원주인三體元主人　1000

삼태사三太史　771

삽화서적　843, 1203

상감관詳勘官　88, 325

상곡묵上谷墨　84

상국사相國寺　130, 131, 226,
　272, 285, 428

상무인서관商務印書館　49, 434,
　519, 573, 832, 1018, 1019,
　1047, 1052-1056, 1065, 1073,
　1077, 1078, 1102, 1106, 1111,
　1134, 1214, 1215, 1522, 1531,
　1597, 1598, 1738, 1759-1761,
　1769, 1783, 1830, 1832, 1886,
　1887, 1894

상무자商務字　1052, 1053

상방尙方　18

상비象鼻　316

상비죽湘妃竹　1184

상산간지常山束紙　909

상산간지常山簡紙　909, 910

상산본象山本　323

상산지常山紙　　564

상서탁지부尙書度支部　132

상선태감尙膳太監　750

상세황백상지上細黃白狀紙　85

상소배인국常昭排印局　1454

상술相術　338

상어미上魚尾　317

상우지上虞紙　565

상정관詳定官　136, 337

상정일사칙령소詳定一司敕令所　132

상제회上帝會　1128

상주동판常州銅板　1302

상평의창常平義倉　176

상표　144, 873

상하흑구　1409

새련지賽連紙　945, 1189

색목인　341, 343, 484, 485, 541, 564, 1274

색인　871, 1728, 1837, 1848, 1849, 1894

생불휘生不諱　300

생칠　505, 1187

서계書契　3

서광사탑瑞光寺塔　128, 1782

서구書口　316, 381, 1415, 1508

서국書局　942-947, 1012, 1013, 1070, 1082, 1140, 1528

서근제書根題　1456

서금묵瑞金墨　1186

서뇌書腦　893, 1181

서당　9, 82, 123, 139, 172, 180, 304, 497, 607, 800, 804, 1096, 1467, 1529, 1838,

서랑西廊　355, 1130

서륜명협瑞輪蓂莢　257

서명 페이지(title page)　545

서목　136, 189, 321, 361, 362, 605, 636, 705, 886, 887, 1196, 1209, 1602

서방업書坊業　928

서방판書坊版　1518

서북과학고찰단西北科學考察團　500

서붕본書棚本　223, 225, 227-231, 246, 289, 1644

서사書寫　1503, 1504

서사書社　175

서산판西山板　1561

서수필鼠鬚筆　83

서시書市　497, 499

서십고西什庫　818

서십고북당인쇄소西什庫北堂印刷所　1012

서쌍판납西雙版納　5

서안파교지西安灞橋紙　13

서양인쇄본　842

서원　9, 49, 115, 121, 167, 190,

2172

356, 483, 486, 493, 494, 497,
502, 543, 607, 694, 716, 748,
784, 918, 943, 947, 948, 1281,
1333, 1347, 1360, 1432, 1894

서원본書院本　494, 748, 947

서월종매실鋤月種梅室　1469

서은재書隱齋　186

서이書耳　318, 319

서적포　72, 144, 147-150, 167,
324, 544, 571

서정서원西亭書院　748

서주본舒州本　323

서지書紙　181, 398, 610

서첩書籤　321, 322, 589, 1127,
1558, 1624, 1664, 1699, 1711

서청지徐靑紙　909

서파본書帕本　167, 607

서판書版　897, 1120, 1519

서하西夏　128, 168, 261, 368, 373,
403, 417, 419, 420, 424, 432,
450, 452, 455, 460, 467-470,
472-475, 477-479, 528, 536,
540, 588, 592, 841, 892,
1122, 1252, 1253, 1498, 1700,
1708, 1710, 1785-1787, 1789,
1804-1806, 1831, 1879, 1887

서학書學　115

서호서원西湖書院　494, 495, 508,

510, 519, 572, 602, 613, 641,
885, 1500, 1719, 1720

서호필鼠毫筆　465

서회書會　139

석거石渠　141

석고문　9

석당石幢　98, 1798

석도서목釋道書目　362

석산안씨관錫山安氏館　1409, 1461

석연재石硏齋　1517

석요판錫澆版　951, 952

석우石友　84

석인石印　315, 654, 920, 934,
939, 1012, 1013, 1015, 1017,
1018, 1056, 1058-1062, 1065,
1068-1073, 1078, 1079, 1083,
1138, 1162, 1188, 1214, 1218,
1382, 1423, 1533, 1603, 1734,
1736, 1758, 1814, 1879

석인복본石印覆本　519

석인서점　1063

석인판石印版　927, 1012

선관도選官圖　219, 582

선권宣卷　795

선두연鱓肚硯　563

선본고善本庫　818

선사繕寫　63

선서국善書局　938, 939, 1057,

1097

선성당善成堂　　925, 939, 1363

선장線裝　280, 316, 383, 385, 386,
　　530, 560, 826, 832, 893, 894,
　　990, 1151, 1180-1182, 1414,
　　1558, 1614, 1620, 1818, 1856

선정원宣政院　　　　　534

선주필[宣筆]　　83, 388, 563

선지宣紙　920, 1188, 1189, 1221

선체選體　　　　　251

선칙宣敕　　　837, 838

선패아扇牌兒　　　　80

선풍엽旋風葉　　　　378

선풍엽권자旋風葉卷子본　378

선풍장인　　　　　1516

선화인판扇畵印版　　287

선흑구線黑口　　　316

설도전薛濤箋　　907, 908

설말屑末　　　　　86

설창說唱　　638, 844, 1097

설창문학　　　　　439

설창서원雪窗書院　　494

섬곡초당剡曲草堂　　1451

섬등지　　　　　396

섬등촉견　　　　　396

섬지剡紙　　　84-86

섬천요씨본剡川姚氏本　155, 194

성도본　　169, 172, 275, 1481

성모도聖母圖　　843, 852

성선설　　　　　211

성省　　323, 432, 591, 606, 661,
　　951, 962, 1069, 1087, 1162,
　　1352, 1518, 1520, 1530, 1848,
　　1853

성수선원聖壽禪院　133, 312, 1702

성악설　　　　　211

성충랑　　　　　148

성탐省探　　　363, 1158

세견포각細絹包角　　1181

세계서국　　　　1073

세덕당世德堂　616, 617, 621, 622,
　　792, 845, 866, 869, 882, 929

세박백지細薄白紙　　85

세서당世瑞堂　　　1450

세서소본細書小本　　293

세수당世壽堂　　　1468

세심완이지실洗心玩易之室　1448,
　　1456

세이카도[靜嘉堂]　441, 570, 1482

세자경질細字輕帙　　293

세채당世綵堂　226, 227, 309

세택루世澤樓　　1469, 1472

세한당世翰堂　177, 180, 515

소각사昭覺寺　　　280

소경기小經紀　　　151

소경사昭慶寺　140, 643, 647,

648, 651, 851

소료燒料 1373

소무군학邵武軍學 243

소문관昭文館 325, 355

소방호재小方壺齋 1399

소백탑 151

소보小報 364, 1168

소산당小山堂 781, 1153

소아과 270, 271

소양邵陽군재 240, 243

소엽산방掃葉山房 652, 654, 930, 1063, 1067, 1069, 1081, 1107

소운곡小雲谷 1458

소원활자판嘯園活字版 1444

소정지小井紙 397

소주관서국 1106

소주본蘇州本 163, 164, 235

소주서방蘇州書坊 929, 931, 1090, 1210, 1364, 1728

소초小鈔 463, 890, 1168, 1707

소판蘇板 649, 928

소향지素馨紙 908

소형신문 363, 364, 365

소흑구小黑口 248, 316, 1409

소흥부본紹興府本 323, 1194

소흥부학관서紹興府學官書 235, 1620, 1654

손씨경묵孫氏京墨 610, 905

솔경체率更體 288

송각松刻 679

송강묵松江墨 610, 900, 906

송강판松江板 679

송분당誦芬堂 1458, 1459, 1468

송서옥松書屋 활자본 1286

송연松烟 84, 85, 393, 905, 1186

송연묵松烟墨 22, 393

송자宋字 291, 1042, 1141, 1204, 1334, 1376, 1394, 1403, 1404, 1521

송자양宋字樣 860

송장경지宋藏經紙 909

송체宋體 860, 861, 1141, 1393

송판교정宋板校正 1312

송판자宋板字 860

송화강석연松花江石硯 1185

송휘宋諱 862, 1620

쇄서아刷書衙 984, 988

쇠뇌 13

쇼소인[正倉院] 77, 394

수각연극전상繡刻演劇全像 845

수경당壽經堂 1362, 1365, 1464

수관壽官 1511

수금체瘦金體 118, 288-290, 350, 425, 544

수대설隋代說 29, 30, 47

수로전垂露篆 1132

수문서국修文書局 1065, 1076

수문인서국修文印書局 1053

수상繡像 674, 844, 1070

수상루판繡像樓板 1140

수상사殊像寺 1119

수상소설繡像小說 1070

수상전도繡像全圖 548

수서처修書處 924, 1186, 1729

수송당壽松堂 1153

수시력授時曆 512, 634

수심선원水心禪院 103

수아고경秀雅古勁 328

수야헌秀野軒 1466

수운의상대水運儀象臺 258, 575

수운전垂雲篆 1132

수운혼상水運渾象 257

수육산방漱六山房 1063, 1067

수의서獸醫書 526

수입인지 1056

수재壽梓 1285, 1325

수정궁묵水晶宮墨 901

수죽산방瘦竹山房 1461

수지쑛紙 19

수진본袖珍本 158, 293, 924, 1014, 1414

수훤당壽萱堂 1449

숙신씨肅愼氏 473

순무도찰원巡撫都察院 642, 694

순염다巡鹽茶 606

순우본淳祐本 738, 1244

순창서지順昌書紙 909, 910

순창지順昌紙 677, 909

순천부본順天府本 635

순화판順化版 1562

순휴旬休 67, 68

술고재述古齋 1467

숭녕만수崇寧萬壽 173

숭녕만수대장崇寧萬壽大藏 173, 277, 1628, 1702

숭덕공소崇德公所 928, 1728

숭문원崇文院 131, 132, 190, 191, 213, 218, 259, 325, 347, 355, 361, 574

숭본억말崇本抑末 520

숭선사崇善寺 277, 527, 530, 589, 832

숭양현재 231

숭재崧齋 1472

숭재조본崧齋雕本 1284

스키하라가미[杉原紙] 1558

승관도升官圖 35, 220

승두가升斗架 1045

승록사僧錄司 616

승모僧帽 99

승무랑承務郎 1237

승선정학자僧善定學者 1497
승안보화承安寶貨 463
승채법升采法 219
시각소市榷所 376
시박市舶 369
시박사市舶司 134, 205
시방대천장관十方大天長觀 450
시역무市易務 136
시의時義 626, 800
시지示紙 1566
시헌서時憲書 966, 1089, 1567, 1568
시화詩話 254, 1070
식式 218, 347, 902
식자植字 1045, 1050, 1075, 1078, 1258, 1270, 1327, 1335, 1336, 1340, 1341, 1405
식자판植字版 1047, 1078, 1353, 1465, 1554
신덕당愼德堂 1464
신도神道 27
신라먹 77, 110, 414
신라지新羅紙 414
신마소설神魔小說 792
신만문新滿文 1130
신문申文 202
신문방 888, 1156, 1158, 1159
신문보급소 888

신방각信芳閣 1365, 1409, 1439, 1441, 1442, 1444, 1457, 1459, 1473
신보관申報館 1053, 1055, 1165, 1398
신안군재新安郡齋 254, 1484
신안오면학재행新安吳勉學梓行 660
신안제묵新安制墨 902
신안향묵新安香墨 391
신전상新全相 548
신한宸翰 350
신화宸畵 285
심번다재沈藩多才 713
심양군재본瀋陽郡齋本 191
심이랑경방沈二郎經坊 145, 150
심전국心田局 1452
십만권루十萬卷樓 1063, 1105, 1153
십색전十色箋 86
십색지十色紙 400
12평균율 700, 809
십전노인十全老人 915
십죽재十竹齋 763, 971, 1513, 1799, 1800
십죽주인十竹主人 763
쌍감루雙鑒樓 1154
쌍계서당 496, 506, 664, 876
쌍구산방雙韭山房 1153

쌍륙雙陸　220, 574

쌍변　315, 621, 971, 1383

쌍봉당雙峰堂　663, 670, 674, 840, 867, 869, 872, 873, 876

쌍어미雙魚尾　317, 880, 1311, 1409

쌍인雙印　755, 879

ㅇ

아감재雅鑒齋　1365, 1449

아감재본雅鑒齋本　1413

아랍력　1137

아마포　4

아취금鴉嘴金　1233

아탐伺探　363, 1158

아편전쟁　958, 993, 1012, 1015, 1018, 1057, 1111, 1155, 1159, 1160, 1170, 1215, 1220, 1395, 1398, 1879

악록서원본　190

안륙군학安陸郡學　233

안무사사按撫使司　120

안식安息　1580

안씨관安氏館　1413, 1516

안정당재安正堂梓　865

안지案紙　85

안찰사按察司　606, 642, 681-691, 694, 806, 1186

안평대군　1854

암휘暗諱　296

압인법壓印法　25

앙가秧歌　918, 1098

앙고당仰高堂　211

앙소기仰詔期　20

애일정려愛日精廬　1152

야장冶匠　1547

약물학　820, 1011

양계문원각梁溪文苑閣　1450

양란兩欄　316

양류청楊柳靑　287, 993, 1173-1175, 1520, 1890

양무운동洋務運動　1059, 1071, 1111

양방兩坊　662

양성羊城　933, 1519

양심전養心殿　999, 1151, 1526

양왕총襄王塚　11

양음파養陰派　441

양의소良醫所　711

양장洋裝　316, 381, 383, 1073

양절동로兩浙東路　152, 153, 156, 157, 184, 185, 217, 1625, 1678

양절운사兩浙運司　642

양절전운사兩浙轉運司　1628, 1678

양주揚州 10일　915

양주파　1144

양지襄紙 397, 400

양투인兩套印 422

양피지 4, 14

양호羊毫 1183

양호서원兩湖書院 483, 1360, 1448

양호파陽湖派 918, 1094

양호필羊毫筆 388

양회강동전운사兩淮江東轉運司 1628

어마감御馬監 635, 753, 754

어미魚尾 316-318, 321, 579, 871, 971, 1409, 1411, 1415, 1870, 1873

어부도서御府圖書 1493

어비御批 922

어서처御書處 1186, 1522

어선御選 922

어자전魚子箋 400

어정御定 922

어주御注 213, 433, 922

어지魚紙 86

어찬御纂 802, 803, 922, 924, 940, 1375

어희감御戱監 518

엄묘嚴卯 26

엄본嚴本 160

엄주본 161, 246, 249, 286, 1306, 1491, 1681

Encyclopedia Britannica 1757

여릉군재廬陵郡齋 199

여릉본廬陵本 234

여요汝窯 115, 116, 184

여직문女直文 839

여현당勵賢堂 178, 496, 499, 526

역사박물관 288, 372, 568, 575, 1201, 1202

역일지曆日紙 909

역주묵易州墨 84

연금술사(alchemist) 1232

연단술 453

연려각然藜閣 1456

연무관硯務官 110

연보 203, 228, 232, 1084

연북산방硯北山房 1453

연사지連史紙 1162, 1189, 1413

연사지連四紙 920, 1189

연산지鉛山紙 564

연서鉛書 5

연서루煙嶼樓 1153

연성어명淵聖御名 297, 578

연인鉛印서점 1065

연인술鉛印術 920, 958, 1017

연인제硯印齋 439

연자軟字 941, 1141, 1383, 1385, 1403, 1521

연주석액延州石液 393

연칠지連七紙 908, 1191, 1208

연판인쇄 1037, 1057
연한年限 371
연화年畫 286, 287, 767, 891,
920, 979, 993, 1172-1179,
1221, 1520, 1567, 1879
연화루蓮花漏 258, 575
연환화連環畫 674, 675, 844, 1616
열람규칙 554, 1886
열지재悅止齋 1457
염과초鹽課鈔 560, 1718
염다인 559
염운사鹽運司 606, 660, 681,
694, 943,
염인鹽引 464, 465, 560, 1718
염초다인지鹽鈔茶引紙 397
염초당念初堂 1285, 1404, 1444
엽격葉格 79
엽자격葉子格 35, 78, 79, 1693
영슈 218
영가군재永嘉郡齋 245
영괴재永魁齋 925, 1098
영금서방榮錦書坊 925, 1363
영당루映棠樓 1443
영릉군상零陵郡庠 227
영명선사永明禪寺 97, 102
영보재榮寶齋 766, 925, 979
영본零本 1550
영분각靈芬閣 1365, 1454

영산사靈山寺 183, 226
영산서원瀛山書院 749
영산지英山紙 565
영설재映雪齋 555
영송影宋 1144, 1666
영송본影宋本 1144
영수당寧壽堂 215, 619
영순당서방永順堂書坊 795
영순재永順齋 1100
영승당永承堂 1451
영은사靈隱寺 97, 102, 1088
영지令紙 1566
영최領催 1186
영풍면지永豐綿紙 909, 910
영풍필永豐筆 610
영형당榮荊堂 1284
영화서원英華書院 802, 957, 1012,
1034, 1041, 1362, 1530, 1531,
1579
영화현서寧化縣署 1359
영화현寧化縣 학본學本 190
예도다장隸都茶場 367, 583, 584
예림고藝林庫 488
예문재藝文齋 1365, 1450
예사전睿思殿 386
예상霓裳 142
예수회 639, 648, 819, 834, 955,
956, 964, 994, 995, 1002,

1004, 1010, 1195, 1203, 1220, 1554, 1755

예운서사藝芸書舍 1517

예장서원豫章書院 494, 515

예풍당藝風堂 1468

오경五經서원 749

오군학사吳郡學舍 164

오대유당서국吳大有堂書局 1364

오면학교간吳勉學校刊 660

오목판[凹版] 1018, 1055

오문절서吳門節署 1359

오본吳本 163

오봉루五鳳樓 1118

오사란烏絲欄 314

오사란초본烏絲欄抄本 314

오사장烏斯藏 533

오삽五卅사건 1839

오색운룡전五色雲龍箋 908

오수전五銖錢 912, 1890

오운계관五雲溪館 1303, 1304, 1448, 1472

오전吳箋 400

오지吳紙 880, 909

오채복제본五彩復製本 263

오채석인五彩石印 1018

오채체吳蔡體 439

오천서원五泉書院 749

오천정사五川精舍 1303, 1403,

1464

오쿠라 슈고칸[大倉集古館] 250, 251

오환烏丸 297, 392

오홍군학 203

옥간玉簡 9

옥근전玉筋篆 1132

옥당玉堂 6, 592, 1251

옥대생玉帶生 390

옥란당玉蘭堂 1307

옥봉서당玉峰書堂 868

옥수재남玉樹齋藍 1465

옥저玉箸 701

옥저은구玉楮銀鉤 328

옥책玉冊 9

옥판玉版 395-397, 906

옥허관玉虛觀 454

옥형차玉衡車 816

온릉각판 198

온보파溫補派 441

온주주학溫州州學 1665

와룡사臥龍寺 277, 530

와운산방臥雲山房 1153

왕씨도원王氏韜園 1454

왕씨세한당王氏世翰堂 177, 180, 197

왕좌방王佐榜 1447

왜점倭點 1553

왜판倭板 1559

외반外盤 1371

외보外報 1155

외올아畏兀兒 540, 541, 838, 1599

요관본姚寬本 195

요동도사遼東都司 690

요람본搖籃本 303, 578, 818, 1275, 1292, 1424, 1829, 1842, 1871

요씨동판饒氏仝板 1312

요씨세채당본廖氏世綵堂本 1632, 1640

요양판遼陽版 690

용계서원龍溪書院 246

용뇌龍腦 91

용도각龍圖閣 197, 198, 361

용릉군재春陵郡齋 231

용릉본春陵本 127

용미차龍尾車 816

용봉단차龍鳳團茶 373

용산당龍山堂 180, 310

용서본龍舒本 127, 235

용성서원龍城書院 1373

용수보살 285

용수지龍須紙 397, 909

용위각龍威閣 925, 927, 1363

용장龍章제지공장 1191

용장판 1117

용조본龍爪本 171

용조전龍爪篆 1132

용천요龍泉窯 115, 116

용향묵龍香墨 904

용향제龍香劑 393

용호지단龍虎之丹 66

우국사佑國寺 168

우내기공宇內奇工 847

우두법 1115

우무본尤袤本 519, 1144

우문寅文 647

우설묵牛舌墨 900

우설지牛舌紙 398

우순虞舜 20

우순사佑順寺 1123

우씨가숙虞氏家塾 179, 213

우씨본于氏本 181, 1519

우양서원羽陽書院 748

우조지右曹紙 397

우키요에[浮世繪] 1175, 1557, 1558

우평재虞平齋 236

운각芸閣 1284, 1466, 1547

운각활자雲閣活字 1465

운간묵雲間墨 905, 906

운구서원雲丘書院 748, 1465

운남성도서관 480, 530, 1797

운남성박물관 3, 481, 593

운룡서원雲龍書院 1333

운서韻書　　　69, 104, 377, 433,
　490, 505, 615, 673, 714, 771

웅비관雄飛館　　　　　　869

원각선원圓覺禪院　122, 161, 277,
　278, 1706, 1872

원고모집 광고　　550, 874, 875

원고본　　186, 599, 773, 1193,
　1209, 1373, 1600, 1605, 1837

원관서인元官書印　225, 227-230

원광능폐元光綾幣　　　　464

원광진보元光珍寶　　464, 1710

원국자감숭문각관서元國子監崇文閣
　官書　　　　　　　1620

원문초轅門鈔　363, 958-960, 962,
　1158, 1159, 1165, 1211

원보元寶　　　　1045, 1078

원본院本　　　　　485, 518

원우당元祐黨　　　　　1485

원우당적　　　　　　1653

원우학술元祐學術　　350, 351

원주본　226, 323, 360, 1479

원풍경감본　　　　　　256

월광마月光馬　　　　　1177

월독서원粵秀書院　　　948

월동粵東　900, 933, 935, 936

월동불진粵東佛鎭　　　935

월본粵本　　　　　　1137

월본越本　152, 155, 191, 197

월애서당본月崖書堂本　　198

월요越窯　　　　　115, 116

월주본　　　　　　64, 152

월판粵板　532, 933, 1561

월호越毫　　　　　　84

월화서원粵華書院　　　948

위경僞經　　　　　　341

위과巍科　　　　　　190

위구르　　500, 532, 540

위부인자衛夫人字　　858, 1547

위제僞齊　205, 461, 462, 1706

위조지폐　　635, 878, 890,
　891, 951, 1207, 1488, 1681

위조회자법僞造會子法　　372

위편삼절韋編三絶　　　11

유구국이자琉球國夷字　　840

유당서원柳塘書院　　　749

유도留都　　　　612, 613

유람遊覽　84, 647, 784, 1511

유량보판俞良甫板　　　1513

유리창琉璃廠　145, 396, 539, 641,
　925-928, 941, 979, 1069,
　1130, 1363, 1364, 1446

유문당판柳文堂版　　　1562

유방각流芳閣　　　　　1442

유사 庾司　　　　　　188

유사본庾司本　　　　　155

유수연油搜烟　　393, 398

유연묵油煙墨　　　　　189, 465

유엽전柳葉篆　　　　　　1132

유운거사留雲居士　　1364, 1446

유인본油印本　　　　156, 1866

유정서국有正書局　　1019, 1063

유클리드　　　　　　　816

육군자　　　　　　　　238

육신주본六臣注本　　251, 252

육어미六魚尾　　　　　　871

육일니六一泥　1229-1231, 1802

육임六壬　　　　　　337, 338

육조설六朝說　　　29, 30, 40

육합전六合箋　　　　　　85

육합지六合紙　　　　　　395

육화탑六和塔　　　　97, 151

윤가서적포　144, 150, 307,
　　1482, 1636

윤위閏位　　　　　　　216

윤장전輪藏殿　　　　　280

윤장綸章제지공장　　　1191

율령　217, 218, 786, 1236, 1568

율소律疎　　　　　61, 1695

율양학궁溧陽學宮　　　244

율학　　　　　　　　115

융복사隆福寺　　637, 639, 641,
　　751, 925, 927, 1130

은반주고殷盤周誥　　　　7

은분인銀粉印　　　　　879

은표銀票　　　　　　　1171

은허殷墟　　　　　　　　7

을자고乙字庫　　　　　908

음선태의飮膳太醫　　　526

응상지凝霜紙　　　　　397

응현관음상應現觀音像　102, 1698

의가당宜稼堂　1105, 1152, 1153

의관원醫官院　　　272, 576

의약서적　187, 265, 266, 440,
　　523, 819

의약학醫藥學　　　　　265

의양서원義陽書院　　　748

의장義莊　　　　　　1368

의정서옥宜靜書屋　　　857

의춘각宜春閣　　　　1365

의춘군상　　　　　　229

이갑二甲　　　　　　778

이문彝文　　　　　840, 841

이선주본李善注本　　　251

이안서옥易安書屋　1366, 1404,
　　1409

이용李瑢　　　　　　1854

이유당二酉堂　637, 926, 927, 1097

이자耳子　　　　　　319

이정규李廷珪　85, 90, 111, 112,
　　391, 397, 1187

이정제향二丁祭享　　　494

이제耳題　　　　　　319

이조당摘藻堂 1151
이태사李太史 771
이판철二板鐵 1236, 1238
이회자二繪子 339
익양필弋陽筆 610
익오재益吾齋 1063, 1067
익왕부益王府 683, 745, 810
익주판益州板 168, 280, 444
익화당翼化堂 1057
인경원印經院 133, 161, 406, 413,
　475, 1120, 1121, 1559, 1698,
　1799
인경작두印經作頭 1488, 1490
인경포印經鋪 625, 626
인두법 1115
인력관구印曆管勾 512
인력소印曆所 133
인문자소印文字所 140
인발 25, 90, 581
인새印璽 25
인서印書 1488-1790, 1803, 1810,
　1812, 1832, 1833, 1835, 1868
인서작印書作 140, 142
인쇄 공임 1508
인쇄신문 81
인쇄지도 205
인쇄체 597, 860, 861, 1141,
　1403, 1725

인수印手 1532
인신印信 25, 984
인월방백집麿月方伯集 1388
인인리印人李 1516
인인왕印人王 1516
인장印匠 1488, 1491
인장경회印藏經會 448
인쟁각사人爭刻寫 38
인정소설人情小說 793
인조보초고印造寶鈔庫 556
인조염印造鹽 1714
인조염다등인국印造鹽茶等引局 556,
　560
인지印紙 82, 83, 1694
인초印鈔 889
인출공 628, 631, 635, 1194
인터라인[夾條] 1355
인판 88, 125, 191, 375, 412,
　426, 427, 505, 539, 628, 928,
　1329, 1345, 1705, 1713, 1785
일경당一經堂 179, 1634
일방일파一房一派 1368
일자판一字版 1554
일주차日鑄茶 262, 373, 583
임강군학臨江軍學 226
임소서옥臨嘯書屋 1458
임여서원臨汝書院 494
임읍林邑 3

임정군상臨汀郡庠　　　238

임판전賃板錢　322, 323, 579, 625

임하사우林下四友　　　452

ㅈ

자단紫端　389, 390, 480, 1184

자단축紫檀軸　　　377

자란당滋蘭堂　　760, 761

자복선사資福禪寺　162, 277, 279, 1872

자사인紫砂印　　　1323

자서字書　68, 345, 408, 420, 433, 472, 673, 771, 1081

자설묵紫雪墨　　　901

자양겸호紫羊兼毫　　1183

자양서원紫陽書院　748, 947, 1360, 1454

자인瓷印　　　1323

자제서子弟書　918, 1097

자중루資重樓　　358

자청지磁青紙　385, 908

자판字板　1258, 1267

자판磁版　1258, 1325, 1327

자호필紫毫筆　83, 84, 387

작도雀刀　　　896

작산서원鵲山書院본　198

작악산방岝崿山房　1442

잠신상蠶神像　　288

잡극雜劇　485, 518, 519, 699, 706, 789, 796, 797, 1100, 1197

장관인張官人　144, 145, 150

장교판藏教版　　444

장단가長短歌　　92

장마長麻　　86

장문귀張文貴　　899

장배裝背　318, 381, 1179, 1492

장배장裝背匠　　1491

장본長本　　961

장사掌司　　628

장사長史　704, 793

장서가　68, 108, 109, 147, 152, 155, 294, 314, 328, 330, 355, 357, 360-362, 377, 386, 460, 461, 492, 542, 555, 605, 634, 637, 655, 680, 699, 703, 704, 772, 773, 783, 797, 801, 846, 848, 850, 880, 885-887, 891, 911, 966, 990, 1069, 1088, 1105, 1106, 1144, 1152-1154, 1214, 1243, 1286, 1294, 1301-1303, 1308, 1316, 1362, 1421, 1423, 1425, 1549, 1619, 1620, 1845, 1854, 1871

장소章疏　343, 345

장씨匠氏　1505, 1606

장안본章安本　　126

장연藏煙 904

장월壯月 884

장인공식전裝印工食錢 323

장인태감掌印太監 627

장작감 137, 142, 263

장전藏傳불교 1253

장정裝訂 381, 990, 1179

장정長亭 151

장주군재贛州郡齋 232

장지의 붓[張芝筆] 22

장천석張天錫 붓 898

장체長體 237, 290, 1145,
1204, 1403, 1625

장체자匠體字 860, 1141, 1145

장판소藏版所 661

장황수裝潢手 1491, 1492

장황장裝潢匠 1492

재관齋館 1310

재당齋堂 339

재목梓木 28, 897

재보宰輔 216

재장梓匠 1505, 1606

재행梓行 28, 32, 35

재활용지 911

저마苧麻 14

저보邸報 363, 364, 582, 888,
889, 960, 1156, 1158, 1206,
1207, 1366

저이당著易堂 1053, 1064

저작권 353

저초문詛楚文 9

저폐장楮幣匠 1549

적계지績溪紙 397

적봉籍縫 26

적사연성원磧砂延聖院 165, 277,
447, 530, 649

적산서원籍山書院 749

적수당積秀堂 833, 1210

적재간積齋刊 1481, 1635

적정지赤亭紙 397

적투摘套 762

전각아鐫刻衙 984, 988

전국지부서傳國之符瑞 1544

전기傳奇 519, 647, 796, 881,
1070, 1100, 1200

전당판 126, 195

전보箋譜 763, 1513

전본殿本 46, 211, 918, 921-923,
944, 966, 983, 1068, 1082,
1132, 1150, 1730

전사계장前思溪藏 1872

전상全相 623, 674, 844

전상全像 623, 674, 844, 873

전수鐫手 1480

전숙전轉宿篆 1132

전시록殿試錄 778, 779

전시루傳是樓 204, 222, 224, 228, 234, 236, 241, 270, 1152

전시일갑殿試一甲 778

전시책殿試策 1274, 1464

전연澶淵 368

전연澶淵의 맹약 417

전왕사錢王祠 95, 96

전운사轉運司 120, 121, 169, 176, 177, 196, 201, 235, 274, 336, 337, 354, 434, 581

전유당기全幼堂記 868

전인무錢引務 366, 370

전지箋紙 395

전지마포종가箋紙馬鋪鍾家 145, 150, 252, 287

전진교全眞教 450, 451, 453, 454, 591

전초본傳抄本 773, 802

전판殿版 920, 923, 1125, 1140, 1187, 1189, 1518, 1730

전판몽문殿版蒙文 1123, 1729

전활자동인鐫活字銅印 1298

절강농판浙江銅版 1307

절강서국 942, 947, 967, 1090, 1796

절동다염사浙東茶鹽司 154, 155, 1627

절리지단본切利支丹本 1555

절본浙本 126, 191

절본節本 541, 772

절서조해浙西漕廨 231, 1629

절요초折腰鈔 557

절장본折裝本 164, 578

절지단본切支丹本 1555

절첩기折疊機 1055

절첩본 527, 530

절첩장 379, 444, 635, 834, 1413

점석재點石齋 1051, 1060, 1063-1067, 1070, 1218, 1737

점석재석인서국點石齋石印書局 1051, 1058, 1060, 1065

점판墊版 1355, 1356

점혈粘頁 381

접본摺本 380, 589

접자接字 319

접장摺裝 280, 322

접장蝶裝 381

접지공 628, 631

정갑본程甲本 1099, 1421, 1424

정강靖康 138, 176, 286, 299, 424, 461, 571, 1126, 1741

정강의 난[靖康之亂] 118, 125, 138, 194, 389, 753

정계원淨戒院 143

정관설 29-31, 568, 1887

정기당正氣堂 1465

정기서방程記書坊　　　　1097

정덕본正德本　　　1286, 1307

정륭완보전正隆完寶錢　　　462

정목頂木　　　　　　1355

정묵程墨　　　　　　800

정문지呈文紙　　　1190, 1208

정사程士　　　　　　801

정삭正朔　　65, 348, 1571

정서政書　　　　509, 774

정시석경正始石經　　　　26

정심서원正心書院　　711, 716,

　725, 748

정연頂煙　　　　　　904

정요定窯　　　　　　115

정우보권貞祐寶券　464, 1710, 1788

정을본程乙本　　1099, 1421, 1424

정의서원正誼書院　748, 948, 1503

정일파正一派　　　　　451

정제간본鄭濟刊本　　　　788

정주관서汀州官署　　　1359

정판整版　　　1279, 1290

정학서원正學書院　　　748

정혁필程奕筆　　　388, 586

제거다염사　　　198, 1661

제당提塘　　　　　1158

제로보초제거사諸路寶鈔提擧司 556

제명비題名碑　　　　777

제본공 628, 631, 635, 991, 1194,

　1477, 1491-1493, 1498, 1502,
　1516, 1525, 1533, 1605, 1606,
　1614, 1782, 1833, 1887

제봉묵齊峰墨　　　610, 900

제서制書　　　611, 770, 802

제첨題簽　　379, 416, 423, 546,
　585, 895, 1182

제품형당齊品亨堂　　　1448

제행파지齊行把持　　　1532

제형사提刑司　　　　120

조경승雕經僧　　1485, 1497

조경작두雕經作頭　1480, 1490

조령詔令　　200, 216, 510,
　987, 1083, 1155

조룡수雕龍手　　　　847

조문서국漢文書局　1018, 1063,
　1218

조방漕房　　　　　907

조보朝報　　363, 364, 889

조보條報　　　　　81

조사漕司　　120, 121, 128,
　169, 176, 326

조선만세지보朝鮮萬世之寶　1544

조성판趙城板　　　　445

조오흥체趙吳興休　　　542

조이도본晁以道本　　　195

조인인雕印人　　　1480

조자雕字　　　　　1480

조자趙字 542

조자승雕字僧 1485, 1497

조자장雕字匠 1500

조적전鳥跡篆 1132

조조승雕造僧 1497

조종서옥朝宗書屋 1364, 1441, 1445, 1461

조주전가潮州全歌 1096

조주판본 270

조천궁朝天宮 832

조체趙體 542

조판槽版 1354, 1356

조판처造辦處 1007, 1008

조활자인서법造活字印書法 1254, 1271, 1272, 1276, 1359

조흑구粗黑口 316

족足 323

족보장[譜匠] 1432, 1524

존경각尊經閣 1272

존고학당存古學堂 1361, 1442, 1443, 1454

종규鍾馗 286, 287, 1702

종덕당種德堂 180, 269, 311, 665, 667, 668, 671, 790, 820, 865

종두법 1113

종송서옥種松書屋 1443

종정문鐘鼎文 7, 291

종정이기鍾鼎彝器 1089

종학宗學 115, 139, 148

종학항宗學巷 148

좌랑사국左廊司局 142

좌백의 종이[左伯紙] 22

좌식전佐食錢 1523

좌우쌍변左右雙邊 313, 868, 1407

좌정언左正言 1237

주감冑監 140

주묵투인朱墨套印 933, 1410, 1447

주묵투인본朱墨套印本 856, 1374

주문咒文 135

주비朱批 759, 997, 1155

주사란朱絲欄 314, 1180

주서朱書 128

주선진朱仙鎭 287, 933, 1176

주씨석인본朱氏石印本 263

주유지硃諭旨 1155

주의奏議 200, 201, 345, 510, 572, 775, 888, 1083, 1420

주인朱印 879, 880, 949, 1124, 1156, 1366, 1410, 1413

주인본朱印本 1119, 1140, 1149

주장鑄匠 1547

주정硃訂 759

주회괴周會魁 771

죽간 10-12, 16, 17, 22, 39, 142, 313, 376, 1408, 1613

죽계서원 248

죽전竹箋 85

죽지竹紙 98, 170, 181, 395, 396,
398, 400, 586, 637, 657, 911,
920, 990, 1156, 1190, 1349,
1366, 1413, 1423

죽지鬻紙 399

중국국가도서관 58, 356, 492,
594, 1842

중국도서공사中國圖書公司 1065,
1077

중도中都 125, 426, 427, 444,
450, 454, 538, 1709

중봉中縫 81, 316, 317

중상감관重詳勘官 325

중서성 133, 135, 215, 235, 350,
389, 485, 492, 512, 516, 541,
560, 889, 890, 1262

중수내부원판重修內府原板 752

중심목中心木 1355

중연中涓 901

중통보초中統寶鈔 556, 1712

중통은화中統銀貨 464, 556

중화서국 215, 573, 586, 892,
1073, 1212, 1213, 1604, 1759,
1761, 1780, 1814, 1828, 1832,
1877

중화인무총국中華印務總局 1167

중화헌왕댁中和軒王宅 430

증씨의장曾氏義莊 1469

지각地脚 523

지경실之敬室 234, 236

지공원紙工院 468

지나본支那本 828

지무관紙務官 112

지보支譜 1368

지부족재知不足齋 1153

지성동판芝城銅版 1308, 1310,
1311

지성팔경芝城八景 1310

지신紙神 13

지양군학池陽郡學 242

지연紙硯 1185

지주군학池州郡學 241

지진재咫進齋 1105

지패紙牌 78, 80, 83, 151,
1586-1588, 1595, 1693, 1721,
1797

지폐 365, 367-370, 373, 374,
463-466, 526, 556-559, 889,
890, 992, 993, 1170, 1171,
1290, 1487, 1549, 1558, 1568,
1577, 1581, 1585, 1586, 1591,
1595, 1618, 1699, 1710, 1738,
1766, 1785, 1789, 1879

지폐학 210

지형紙型 212, 1053, 1076,

1424, 1436, 1733

지화사智化寺　529, 596, 1789

직도直刀　896

직전職田　122

직집현원장直集賢院掌　265

직편회자直便會子　367

진교陳橋　113

진기당振綺堂　1153

진대수필眞大手筆　1251

진댁경적포陳宅經籍鋪　144, 148,
1637

진댁서적포陳宅書籍鋪　144, 146,
147, 149, 320, 1638, 1644

진랍국眞臘國　4

진수당進修堂　171, 198

진씨 만권당　137, 197

진씨서적포　148, 221, 246,
1482, 1646, 1784

진씨필陳氏筆　83

진의당眞意堂　1409, 1455

진주군서陳州群署　1359, 1472

진주원進奏院　132

진청陳清　908

진체루津逮樓　1414, 1448

진체루본津逮樓本　1411

진풍당振風堂　1466

진합재眞合齋　1323, 1327, 1601

진합재자판眞合齋瓷版　1323,

1459, 1729

진해원댁서적포陳解元宅書籍鋪 144,
147

질방質坊　442

집금판集錦板　1258

집문보방集文報房　1156

집복회검재集福懷儉齋　1459

집액헌集腋軒　1140

집자판集字板　1042, 1258

집진재集珍齋　1467

집현원集賢院　195, 325, 355

집희전緝熙殿　148, 149, 252,
253, 1494, 1620, 1843, 1885

집희전서적인緝熙殿書籍印　1493,
1885

징니연澄泥硯　84, 390

징니판澄泥版　1258, 1338

징심당澄心堂　329, 397

징심당지澄心堂紙　90, 110,
112, 397

ㅊ

차곡岔曲　918, 1098

차등인국茶等引局　1714

China　30, 1033, 1163, 1166,
1211, 1212, 1214-1218, 1514,
1602, 1609, 1610, 1757, 1817-
1827, 1865, 1872

China, its State and Prospects 1214, 1215, 1217, 1757, 1825

Chinese Rare Books in American Collections 1429, 1601, 1757, 1823

차탕전茶湯錢 122

착악산방窄崿山房 1365

찬도纂圖 844

찬소纂疏 673

찰목다판察木多版 1120

찰자札子 133, 312, 343

참본槧本 1676

참파(Champa) 의학 1563

참파왕국 5

창고窓稿 800

창본唱本 638, 794, 795, 966

창사廠肆 925

창준인唱准人 1547

창판서廠板書 628

채기일경당蔡琪一經堂 1646, 1653, 1664

채방서목采坊書目 362

채색 투인 551, 761

채인본 761

채자문동숙蔡子文東塾 177

채전采箋 399

채후지蔡侯紙 17-19, 37

책자본冊子本 560

처방전 43, 266-268, 270, 326, 410, 576, 711, 1388

척독尺牘 255

천경天京 950, 984, 988, 1397

천교祆教 78, 1580

천녕사탑天寧寺塔 412

천두天頭 523

천록림랑天祿琳琅 224, 290, 434, 570, 1151, 1243, 1244, 1681, 1873

천리사泉吏司 264

천마지川麻紙 395

천문 도참 337-339

천본川本 159, 172

천성원보동전天盛元寶銅錢 468

천시장원天試狀元 987

천안고려지遷安高麗紙 1188

천연두 271, 1113

천영사天寧寺 98

천원십가千元十駕 1153

천원일술天元一術 257

천인川引 366

천일각天一閣 97, 269, 570, 575, 593, 598, 634, 720, 751, 775, 779, 781, 783, 813, 886-888, 891, 892, 911, 1006, 1008, 1105, 1153, 1179, 1195, 1197, 1199, 1200, 1206, 1209, 1300,

1317, 1319, 1320, 1423, 1462, 1482, 1506, 1608, 1621, 1676, 1853-1855, 1863, 1877, 1885, 1890

천일생수天一生水　887, 1855

천장각天章閣　197, 198, 361

천주공사고본泉州公使庫本　351

천주군주본泉州軍州本　241

천축국　3, 97

천허재天許齋 서방　794

철권鐵券　8

철금동검루鐵琴銅劍樓　1152-1154

철본綴本　1558

철작방鐵作坊　940

철초음관鐵蕉吟館　1451

철필장鐵筆匠　1505

첨산군재灊山郡齋　227

첩문牒文　353, 354, 572, 675

첩보처捷報處　1158

첩적자疊積字　1022, 1026

청강서당본淸江書堂本　865

청강지淸江紙　565, 909

청객淸客　1564

청련사靑蓮寺　168, 169, 277, 527

청릉운각각본淸凌雲閣刻本　1101

청린수靑麟髓　902

청명상하도淸明上河圖　128, 129, 851

청문淸文　1129, 1130, 1134

청분관淸芬館　1448

청송연靑松烟　22

청수백견선淸水白絹線　1181

청수원淸水院　415

청아靑牙　377

청연淸煙　904

청욕도원廳峪道院　415, 444

청자경관淸字經館　1118

청진교淸眞敎　1124

청평산당　794

초미점炒米店　1173, 1174, 1520

초인고鈔引庫　463-465

초인지鈔引紙　464, 465, 558

초장草裝　1181

초조抄造　324

초지草紙　14

초지椒紙　142, 400

초지抄紙　558, 889

초지방抄紙坊　558, 598

초택　264

촉각蜀刻　86, 170, 172, 225, 236, 312, 573, 685, 1194

촉견蜀繭　396

촉금蜀錦　609, 880

촉대자구본蜀大字舊本　294

촉대자본　172, 1481, 1651

촉본蜀本　107, 152, 172, 189,

200, 203, 205, 212, 221, 223-230, 234, 237, 238, 240, 304, 327, 331, 332, 569, 574, 650, 880, 1830

촉산서원蜀山書院　　　　1448

촉전蜀箋　　　　　　　　398

촉판蜀板　　133, 168, 170, 174, 311, 312

촉학중각대자본蜀學重刻大字本　294

촌찰寸札　　　　　　　　647

총감조總監造　　　　　　997

추지硾紙　　　　　　　　397

추포군재秋浦郡齋　　　　196

춘명방春明坊　　　　　　361

춘우도春牛圖　　　348, 1173

춘휘당春暉堂　　　　　　1143

출상出相　　623, 674, 844

출상出像　　622, 844, 845

충군充軍　　　　338, 344

췌문서옥萃文書屋　1099, 1421, 1422

취금당본聚錦堂本　　　　1149

취려각吹藜閣　　1145, 1384, 1404, 1472

취려각동판　　　1297, 1384

취사가숙取斯家塾　　　　1409

취사당取斯堂　　　　　　1466

취성서방聚盛書坊　　　　1097

취슬당取瑟堂　　　　　　212

취월헌醉月軒　　　　　　1448

취진당聚珍堂　　925, 927, 1099, 1363, 1364, 1471, 1602

취진당서방　　　　　　　1457

취진재聚珍齋　　　925, 1364

취진판聚珍版　971, 1141, 1254, 1345, 1441, 1449, 1554

취진판聚珍板　　　　　　1258

취진판聚鑫板　　　　　　1258

취항보방聚恒報房　　　　1156

취화헌翠華軒　　　　　　1149

칙자敕字　　　　　　　　370

칙지敕紙　　　　　　　　1566

칠보전륜장七寶轉輪藏　1332, 1446

칠색지七色紙　　　　　　397

칠연漆烟　　　　　　　　393

칠요력七曜曆　　　　　　337

칠재자七才子　　　605, 1149

칠진인七眞人　　　　　　452

칠한림七翰林　　　　　　771

침구동인鍼灸銅人　272, 831

침구치료　　　　　　　　272

침목鋟木　　　　　　　　1243

침술　　　　　　　　　　272

침안針眼　　　1181, 1182

ㅋ

카라코룸[和林]　　　　483

카이산[海山]　　　　1744

Catalogue of the Pei-tang

　Library　　　1202, 1757

칼리프　　　　1006

콜로이드(colloid)　　　1019

콜로타이프(Collotype)　　1019

ㅌ

타브리즈　　　1582, 1714

타운헌朶雲軒　　　766

타타르[達達] 문자　　　837

탁니사卓尼寺　　　1121

탁니판　　　1121

탁발　60, 61, 143, 173, 174, 452,

　467, 530, 1695, 1701, 1711,

　1712, 1717

탁본장　　　1522

탁옥방琢玉坊　　　1486

탁특자托忒字　　　1134

탄사彈詞　　　638, 918, 1095,

　1096, 1145, 1404

탐화探花　　　1565

탑권塔卷　　　98

탑도塔圖　　98-100, 109, 1698

탕구트문[唐古特文]　　　469

태련지台連紙　　　1190

태련지抬連紙　　　1190

태묘전윤가서포太廟前尹家書鋪 1646

태사太史　　　31, 906

태사국太史局　　　133, 258

태사력太史曆　　　65

태사련太史連　　　1413

태상어명太上御名　235, 297, 579

태상황제보太上皇帝寶　　1629

태상황제지보太上皇帝之寶　1652,

　1681

태의국　143, 266, 270, 271, 576

태의령　　　266

태의승太醫丞　　　271

태일뇌공太一雷公　　　337

태전苔箋　　　396

태청궁太淸宮　　　450, 453

태청루太淸樓　　　250

태청본太淸本　　　384

태평군 기의　　　108, 1170

태화중보대전　　　462

택선당擇善堂　　　195

토번자吐蕃字　　　533, 534

토산만土山灣 인쇄소　　1019,

　1054, 1058

토호필兎毫筆　　　83

통화판統和版　　　420

퇴사당간본退思堂刊本　　1149

투격套格　　1353, 1355, 1407

투르판   76, 80, 288, 487,
  534, 536, 541, 553, 561
투수套數   518, 924, 1363
투인   371, 551, 552, 611, 694,
  685, 754, 755, 759, 760, 762-
  764, 766, 876, 879, 881, 923,
  966, 967, 971, 1150, 1199,
  1407, 1410, 1411, 1506, 1726,
  1758, 1799, 1800, 1876
투판套版   759, 1353, 1407
티베트문   500, 532-534, 542,
  587, 830, 836, 839, 937, 1119,
  1122, 1129, 1132, 1134, 1182,
  1221, 1729-1731, 1798, 1799

ㅍ

파교묘瀾橋墓   13, 14
파극십巴克什   1129, 1130
파사波斯   1581
파서擺書   1355, 1356
파스파[八思巴] 484, 533, 540, 838
파스파문자   837, 838, 1599
파자판擺字板   1258
파피루스   3, 4, 14, 1584, 1585
파피루스지   20
판각 공임   1508, 1532
판각본   41, 69, 103, 124, 126,
  169, 171, 193, 553, 577, 604,

622, 626, 630, 631, 638, 640,
  646, 647, 650, 661, 676, 677,
  696, 715, 785, 787, 797, 798,
  809, 812, 813, 816, 817, 874,
  883, 937, 988, 991, 992,
  1079, 1088, 1099, 1100, 1103,
  1114, 1125, 1130, 1135, 1145,
  1200, 1293, 1365, 1403,
  1406-1408, 1412, 1413, 1416,
  1423, 1434, 1560, 1845
판광版框   293, 313, 383, 527,
  561, 621, 845, 1014, 1202,
  1254, 1645
판구版口   316
판권   284, 311, 335, 353,
  529, 877, 1784
판대리시判大理寺   218
판두전板頭錢   625
판본목록학   1614, 1875
판본학   360, 1868
판식版式   170, 172, 313, 416,
  519, 561, 633, 676, 880, 1553
판심版心 162, 313, 316, 317, 381,
  492, 523, 541, 545, 656, 716,
  870, 871, 986, 1068, 1182,
  1194, 1202, 1210, 1281, 1284,
  1291, 1303, 1312, 1343, 1353,
  1361, 1393, 1397, 1407-1409,

1415, 1480, 1482, 1492, 1496, 1520, 1615

판편版片　141, 313, 924, 947, 1117, 1210, 1437, 1521, 1539, 1618, 1797

판화가　840, 854, 896, 1178, 1204, 1485, 1507, 1509, 1526

판화예술　844, 1509

팔고문八股文　626, 673, 770, 776, 798-801, 862, 917, 927, 938, 1072, 1093, 1200, 1282, 1468

팔기군八旗軍　916, 1169

팔천권루八千卷樓　1153

패가稗家　647

패기牌記　306-312, 508, 524, 595, 716, 867, 868, 877, 1205, 1318

패엽경貝葉經　3, 561, 596

패자牌子　248, 307, 616, 663, 1285, 1293, 1362, 1416, 1599, 1601, 1620, 1846

페르시아문　1137

Paper and Printing　1514, 1757

편년체　197, 199, 200

편민고便民庫　557

편수소編修所　142, 487

편수원編修院　326

편체扁體　290, 1051, 1145, 1403-1405

편칙소編敕所　132

편판便板　1258

평강부　163, 164, 184, 263, 269, 277, 530, 562, 1621, 1649, 1711

평로당 간본　816

평수관운平水官韻　490

평수서적　433

평장平裝　316, 381, 383, 563

평진관平津館　1517

평화評話　548, 795, 1096, 1606

포각包角　893

포경루抱經樓　1153

포기지蒲圻紙　384, 398

포난헌抱蘭軒　1457

포두전布頭箋　395

포방각抱芳閣　946, 1057

포배장包背裝　316, 560-563, 584, 598, 635, 720, 803, 880, 891-893, 1180, 1182, 1414, 1845, 1856

포정사布政司　606, 613, 635, 642, 673, 682, 684-692, 694, 806, 940, 1445

포정사간본布政司刊本　1266

표광表光　395

표구장　377, 1516, 1522

표배장表背匠　561, 1491

표지表紙   25, 167, 237, 353, 379, 385, 386, 397, 400, 563, 585, 598, 634, 637, 638, 869, 876, 894, 1050, 1068, 1076, 1123, 1323, 1493, 1558, 1568, 1576, 1579, 1676, 1714, 1794

표충관表忠觀   95

표활자瓢活字   1543, 1810

푸나카   1121

푸나카판   1121

풍과風科   270, 523, 576, 595

풍수 서적   436

피영희皮影戲   1584

피지皮紙   400, 906, 907, 1171, 1188, 1190

필교방弼教坊   148, 643, 1525

필기체   289, 1403, 1463

필사본   12, 35, 40, 46, 74, 76, 78, 81, 167, 168, 173, 186, 193, 210, 215, 219, 231, 268, 269, 275, 276, 303, 306, 330, 384, 411, 471, 472, 477, 478, 480, 481, 518, 551, 578, 592-594, 605, 773, 797, 841, 842, 870, 888, 889, 911, 1002, 1093, 1097, 1098, 1124, 1179, 1180, 1203, 1220, 1248, 1249, 1251, 1262, 1310, 1315, 1317, 1323, 1370, 1375, 1398, 1492, 1528, 1564, 1580, 1583, 1599, 1601, 1603, 1608, 1613, 1624, 1647, 1666, 1754, 1843, 1853-1855

필승의 묘비   1237, 1597, 1802, 1835

필씨畢氏활자본   1285

필연국筆硯局   465

필지匹紙   398

필화사건   352, 916, 1080

ㅎ

하국夏國   467

하방下放   1852

하서자河西字   533, 534, 537, 596, 840, 1715

하성종가본何聖從家本   169

하씨夏氏활자본   1285

하어미下魚尾   317

하흑구下黑口   1409

학궁   94, 121, 135, 166, 217, 1347

학사원지學士院紙   397

학선거사學善居士   1529, 1579

학선자學善者   1529, 1579

학양사學養士   405

학해당學海堂   947, 948

한간漢簡 11, 12
한남자서漢喃字書 935
한대설漢代說 29, 36
한량파寒凉派 440
한림관각 885
한림국사원관서翰林國史院官書 172, 225, 554, 1620, 1843, 1886
한림대조翰林待詔 285
한림학사원인翰林學士院印 1251
한우충동汗牛充棟 134, 991, 1225
한원翰苑 1251
한청汗靑 10
한해석당捍海石塘 95
합묵법合墨法 390
합자판合字板 1258
항각杭刻 1588
항본杭本 137, 221, 226, 227, 243, 259, 304, 685
항승차恒升車 816
항주본 152, 173, 228, 257, 1830
항주부杭州府 642, 648, 780, 836, 943
해奚 82, 85
해남송연海南松煙 392
해사諧史 647
해산선관海山仙館 629, 1105
해원각海源閣 1153, 1154, 1308
해원解元 777, 779, 1078, 1201

행격 313, 314, 880, 1353, 1372, 1407, 1408
행권行卷 800
행성行省 560
행용行用 889
행이문책行移文冊 911
행인사行人司 885
행재소 139
향교 62, 139
향시 45, 146, 176, 346, 634, 777, 780, 800, 1244, 1282, 1530, 1531
향시록鄕試錄 770, 778, 779, 878, 892
향진지鄕鎭志 208, 1087
허곡서원虛谷書院 494
혜인강원慧因講院 143
혁명파 1169
혁서弈書 219
현량사賢良寺 1117
현묘관玄妙觀 832, 1175
현성사顯聖寺 133, 312
현재縣齋 120
현침전懸針篆 1132
현필玄筆 388
현학縣學 115, 121, 139, 167, 1282, 1303
혈 자리 272, 1202

협일당協一堂 1380

협행夾行 314

형가서방荊家書坊 1496

형서刑書 7

형설지공 192

형정刑鼎 8

형주주방荊州駐防 1131

혜광탑慧光塔 126

혜동오파惠棟吳派 917

혜인원慧因院 282, 1702

혜주군주학惠州軍州學 240

호관滬館 230, 253, 1456, 1461, 1465, 1472, 1626, 1635, 1646, 1667, 1678

호광조湖廣調 1098

호광회자湖廣會子 401, 911

호로활자葫蘆活字 1543

호반본湖頖本 294

호북서국 944, 947, 1090

호북제거다염사湖北提擧茶鹽司 1629, 1685

호상서국滬上書局 1055

호약糊藥 382

호접장蝴蝶裝 82, 316, 321, 322, 327, 379-385, 394, 409, 437, 478, 523, 560-564, 587, 598, 604, 885, 891, 892, 1179, 1180, 1182, 1482, 1491, 1492,

1558, 1620, 1623, 1626, 1643, 1664, 1674, 1818, 1856

호주필 388

호필湖筆 1183

혼상渾象 258

혼의渾儀 258

혼초昏鈔 558

혼초고昏鈔庫 556

홍려시鴻臚寺 426, 903

홍려시부鴻臚寺簿 1237

홍면紅面 1367

홍면서紅面書 1367

홍법사 407, 444, 489, 529, 537, 1500

홍법장弘法藏 444, 1788

홍양교紅陽教 795

홍제원洪濟院 1497

홍치세재弘治歲在 1409

홍콩자[香港字] 1034, 1041, 1042, 1051, 1053, 1145, 1398, 1734

홍피역서 1366, 1367

화간파 93

화덕묘火德廟 832

화란花欄 621, 845, 866, 868

화문각華文閣 160

화문어미花紋魚尾 317

화본소설話本小說 791, 794

화어미花魚尾 548

화영교서방華英校書房 1024, 1025, 1050

화영서원英華書院 1036

화인伙人 658

화인지花人紙 1172

화장華章제지공장 1191

화전花箋 565

화점和點 1553

화정본華亭本 323

화초畵鈔 557

화판和版 1559

화학畵學 115

화화성경서방華花聖經書房 1028, 1031, 1032, 1042, 1050

환계서원環溪書院 270, 271

환관宦官 13, 16, 37, 389, 601, 627, 629, 749, 750, 752, 754, 830, 880, 901, 1084, 1194, 1492

환상소설 792

환혼지還魂紙 401

활박지滑薄紙 85

활서판活書板 1258, 1717

활석滑石 86

활자본 511, 524, 553, 594, 688, 786, 787, 879, 882, 971, 1084, 1099, 1114, 1148, 1240, 1243, 1244, 1247, 1255, 1258, 1271, 1274, 1275, 1279, 1286, 1290, 1293, 1300, 1306, 1310, 1325, 1352, 1353, 1363, 1365, 1402-1416, 1418, 1419, 1421-1425, 1431, 1433, 1434, 1436, 1438, 1452, 1458, 1460, 1516, 1541, 1599, 1765, 1766, 1803, 1835, 1853, 1879

활자서판活字書板 1258

활자인서국活字印書局 1364

활자판 124

활투서판活套書板 1258, 1297

활판活板 1258

활판집 934

황권黃卷 168

황납판 956

황니인黃泥印 1323

황단지黃壇紙 397

황련사지黃連四紙 912

황릉면黃綾綿 894

황마지黃麻紙 564

황면黃面 1367

황모변지黃毛邊紙 912

황문시랑 44

황방지黃榜紙 1190

황백마지 85

황벽종黃檗宗 1552

황벽판黃檗板 1553

황본서黃本書 386

황산송연黃山松烟 393

황색죽지본 1349

황신월장黃神越章 26

황암등지黃岩藤紙 397

황양판黃楊版 1054

황전지黃箋紙 565

황지채교간 660

황지黃紙 400

회계군재會稽郡齋 195

회계會魁 1282

회동창사淮東倉司 237

회문回文 1135

회문산방會文山房 1097

회상繪像 844

회선배열回旋排列 1240

회시會試 45, 641, 643, 777, 778, 780, 800, 927, 941, 1066, 1244, 1282, 1423

회시록會試錄 634, 778, 779, 892

회연각懷煙閣 1457

회옥서원懷玉書院 748

회요會要 268, 335, 342, 348, 349, 509, 1420, 1703

회요소會要所 142

회원會元 777, 778, 799, 1010, 1022, 1024, 1468

회자會子 366-370, 372, 373, 583, 584, 878, 993, 1135, 1487, 1707

회자무會子務 367, 1707

회자소會子所 369

회자지回子紙 1190

회자지會子紙 400

회통관會通館 1290-1293, 1296, 1297, 1301, 1302, 1316-1318, 1409, 1413, 1425-1429, 1440, 1441, 1444, 1445, 1447, 1458-1460, 1472, 1600, 1810, 1835

회통관본 808

회통관활자동판인會通館活字銅版印 1409

횡경직중橫輕直重 1403

횡란橫欄 316

후등지厚藤紙 398

후사계장後思溪藏 1872

훈몽 교본 867

훈점訓點 1553

휘묵徽墨 85, 610, 658, 900, 904-906, 919, 1183, 1185, 1186, 1188

휘방徽榜 657

휘진루彙珍樓 1365, 1471

휘파徽派 판화 760, 846, 898, 1369, 1509, 1791, 1832, 1879

흑구黑口 316, 724, 727, 881,

1203, 1385

흑구본黑口本   505, 541, 712, 713,
   722, 725, 881, 1409

흑기墨記   307

흑면黑面   1367

흑선구黑線口   316

흑연黑硯   84

흑자黑字   273, 878

흘묵석吃墨石   1013

흠일당欽一堂   682, 836

흠정欽定   624, 803, 922, 940,
   988, 1102, 1379

흠천감감정欽天監監正   1085

흡석연歙石硯   388

흡연歙硯   84, 110, 147, 388,
   564, 900, 1184

흥국군학興國軍學   1644

흥문서興文署   486, 487, 554, 593,
   1500, 1714

흥정보천興定寶泉   464

흥현서원興賢書院   494, 502, 516

흥화군학興化軍學   232

희평석경熹平石經   10, 26

히라가나[平假]   1553, 1558